打虎前鉴

——清朝民国贪官档案判读

王 旭 著

群众出版社
·北 京·

图书在版编目（CIP）数据

打虎前鉴：清朝民国贪官档案判读/王旭著．—北京：群众出版社，2015.8

ISBN 978-7-5014-5415-0

Ⅰ.①打…　Ⅱ.①王…　Ⅲ.①政治人物—评传—中国—清代~民国②反腐倡廉—中国—清代~民国—通俗读物　Ⅳ.①K827=2②D691-49

中国版本图书馆 CIP 数据核字（2015）第 192092 号

打　虎　前　鉴

——清朝民国贪官档案判读

王　旭　著

出版发行：群众出版社
地　　址：北京市西城区木樨地南里
邮政编码：100038
经　　销：新华书店
印　　刷：北京兴华昌盛印刷有限公司

版　　次：2015 年 8 月第 1 版
印　　次：2015 年 8 月第 1 次
印　　张：17
开　　本：787 毫米×1092 毫米　1/16
字　　数：292 千字

书　　号：ISBN 978-7-5014-5415-0
定　　价：55.00 元

网　　址：www.qzcbs.com
电子邮箱：qzcbs@ sohu.com

营销中心电话：010-83903254
读者服务部电话（门市）：010-83903257
警官读者俱乐部电话（网购、邮购）：010-83903253
公安综合分社电话：010-83901870

前　言

回望上下五千年，清朝与民国是一段距今最近、记载最为详尽、社会动荡变革也最为频繁急剧的历史记忆。在这三百多年间，中国完成了由古代到近代、现代、当代的三次转身，经历了两次民主革命。在这一历史阶段中，政治腐败也在以不同的形态伴随着、影响着，重要关头甚至是改变了历史的进程。从清王朝的由盛而衰，到中国沦为半封建半殖民地社会，到古老帝制的终结，再到民主共和的立与废、军阀割据的战与乱、蒋家王朝的溃与逃，无不伴随着政治腐败的身影。从“康乾盛世”冠冕堂皇的巨蠹，到慈禧“牝朝”内外通吃的硕鼠，再到打着革命旗号窃国分疆的军阀遗老，以及其后把持中国社会的四大家族和投机政客，不同权力形态和政治背景下层出不穷的贪官、“老虎”们，也向我们展示了贪欲的难除、权力的易腐，展示了贪腐所具有的不断尾随人类社会进步的嬗变和穿越能力，以及抚今追昔所能预见的反贪防腐的长期性、复杂性和艰难性。

“殷鉴不远，在夏后之世”一语出自《诗经·大雅·荡》，曾被孟子引用来诠释孔子有关“仁政”的思想。其实，“荡”字所指原本是殷商覆灭的根源——法度的废坏，而诗的一开头，就将造成这一状况的罪魁祸首归结为纣王朝中那些“彊御”、“掊克”的贪赃暴敛之臣。正是这类贪腐分子的“在服”、“在位”，将禹、汤缔造的夏商两代强大帝国推向万劫不复。这之后，周以殷为鉴，汉以秦为鉴，都试图在廉政方面汲取前代教训，但历朝历代的统治者似乎都没能走出这首诗中所说的“靡不有初，鲜克有终”的慎始不能慎终的怪圈。

跨过世纪的门槛，清朝、民国政权败于贪腐的教训仍是“殷鉴未远”。只有不忘历史、不断进步，才有可能避免重蹈覆辙，走出历史的轮回。

王　旭

2015年5月

目 录

第三章 “乾隆盛世”尚贪侈 簠簋不饬因“源浊”

那些“不顾影响”的贪官们

第四章 和珅虽倒势难挽 “俭以养廉”收效微

那些“熬不住清苦”的贪官们

第五章　贪腐败国引“戎狄”　内忧外患倾“牝朝”
那些“末代妖孽”式的贪官们

第六章　“立宪共和”难绝腐　“皇权民权”皆可蠹
那些“浑水摸鱼”的贪官们

第七章　一朝叛义陷沉沦　跨越“红黑”作恶深
那些曾经“革命”的贪官们

第八章　“打虎运动”收场忙　“腐败亡国”终亡党
那些“亡党亡国”的贪官们

第一章 “胜朝”旧奸贪不改 “使过”用人藏患深

那些『潜伏』下来的贪官们

当年顺治帝提出『使功不如使过』的用人之策，只不过是迫于清朝入关之初人才稀缺的权宜之计；一大批明朝叛节奸臣复出后『故习不移』的表现，也充分显现了干部『带病上岗』的种种弊端。在国家人才济济、公考人满为患的今日，如此用人之道不仅已无必要，而且尤不可取。

土国宝：嗜利偷生做“贰臣”

——“深染明末劣习”坏了清廷形象

明朝覆亡，一大批所谓“胜朝旧臣”降服清朝新朝廷，这些人命运都很可悲。将近一百年后，清乾隆帝颁旨，命国史馆将这些人编入《明季贰臣传》，指责他们“遭际时艰，不能为其主临危授命”，虽对清朝有“臣事兴朝”之功，终究“有亏于大节”。乾隆皇帝借此摆出一副“大中至正”的姿态，实有讨巧卖乖和作秀之嫌；但《明季贰臣传》中，身仕前朝既已“行素不端”，叛降再仕后“惟务靦颜持禄”，甚至“嗜利偷生”、继续贪腐，因而被列入“乙编”中的冯铨、土国宝之流，其行丑秽，确应昭之于史，以警后人。

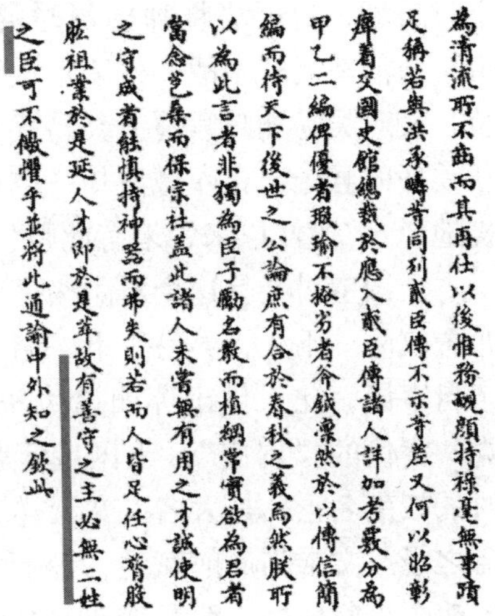
為清流所不齒而其再仕以後惟務靦顏持祿毫無事蹟
足稱若與洪承疇等同列貳臣傳不示等差又何以昭彰
癉着交國史館總裁於應入貳臣傳諸人詳加考覈分為
甲乙二編俾優者瑕瑜不掩劣者斧鉞凜然於以傳信簡
編而待天下後世之公論庶有合於春秋之義焉然朕所
以為此言者非獨為臣子勵名教而植綱常實欲為君者
當念苞桑而保宗社蓋此諸人未嘗無有用之才誠使明
之守成者能慎持神器而弗失則若而人皆足任心膂股
肱祖業於是延人才即於是萃故有善守之主必無二姓
之臣可不儆懼乎並將此通諭中外知之欽此

乾隆帝“上谕”对清初投满“贰姓之臣”十分鄙夷

土国宝，山西大同人，在明朝曾任总兵。中华书局版《清史列传·贰臣传》载，清顺治元年（公元1644年），清朝入关统治不久，土国宝即“投诚”清军，以原官被清朝录用。据《明实录》载，土国宝是在崇祯十六年年底被明廷任命为都督佥事总兵官，派他“镇守河南”，镇压农民起义。而清军入关后，李自成的“大顺”政权及张献忠的“大西”政权仍在抵抗。此时的清军，正承受着与农民军残部和南明军队两线作战的重负，所以土国宝降清后，立即被清廷继续留任当地，以对付中原一带的农民军。此间，土国宝曾奉檄前往河南内黄，与清将一同讨剿“土贼”，俘获多名农民军首领，战绩颇丰。到了顺治二年，土国宝随多尔衮胞弟、豫亲王多铎等进攻南明，攻陷江宁，并奉命会同清将李率泰“招抚苏州、松江诸郡”，因功被清廷授职江宁巡抚。但这时，土国宝却做出意外之举：《清实录》载，顺治二年九月，“江宁巡抚土国宝自以武夫不堪巡抚重任，疏请罢职，不允”。强调自己是一介武夫，声称不堪督抚之任，无非都是借口。弘光政权刚刚沦陷，江宁百姓亡国之痛犹剧。身为降将，不敢面对故都民众，这恐怕才是他推辞的真正原因。

土国宝没想到，他的“谦辞”竟歪打正着。事实证明，面对当时的复杂局面，土国宝的才干确实难当其任。当时，清军虽已攻陷江宁、扬州等地，但不少地方仍有零星抵抗。身为一介武夫，土国宝一开始在军事上尚且发挥正常，原南明漕运总管田仰以崇明为根据地，经常袭击周边地带，骚扰清军，土国宝率军前往剿灭，“俘斩甚众”。但接下来的一个对手，却让土国宝吃尽了苦头——原南明兵部尚书史可法抗清阵亡后，扬州城惨遭十日屠城，史可法督师扬州时的手下监军吴易仍组织残部，出没太湖一带，与清军展开水战。残明皇族唐王朱聿键在福州称帝后，欲发展敌后武装，又对吴易加封官爵。吴易武装力量不断壮大，曾攻入吴江，杀掉清朝新委任的县令，将库藏洗劫一空，并在水上大败清军援兵。清将吴胜兆沮丧地说：“渡江以来，未有此败！”（事见计六奇《南季南略》）

土国宝对吴易这个对手头疼不已，派人招降，不从，便“檄兵防剿”，布置攻防。不久，吴易手下一名“侦卒”在松江被擒，土国宝如获至宝，亲自审讯，此人供出苏州诸生王伯时、隐居处士文乘等，都是吴易的同党、潜伏的“内应”，土国宝于是“缚二人杀之，籍其家”。但文乘是当时的江南名士，是大名人文天祥、文徵明的后代，也是崇祯朝大学士文震孟之子。文乘临刑前赋绝命诗云：“三百年前旧姓文，一心报国许谁闻。忠魂今夜归何处，明月滩头吊白云。”此诗一经流传，人们纷纷将文乘的死与抗元英雄文天祥联系起来，民族情绪更加昂奋。这一事件，也使清朝收拢汉族士人的政策受到很大打击，所以朝廷闻知非常愤怒，特意下旨“切责国宝擅杀”，最终“下所司察议”，给予“降调”处分。

顺治四年八月，土国宝受命“以布政衔管江南按察司事”，逐渐得到复用。顺治五年五月，土国宝官复原职，“仍授江宁巡抚”。土国宝复出时，江宁一带战事已停，他也随之转向经济管理领域，动起了“创收”的脑筋。清朝接管江南后，苏、松、常、嘉、湖五府仍沿用明朝惯例，每年需向朝廷缴纳专供宫廷和百官享用的粳、糯一类额外漕粮，称为“白粮”。同时，清廷为了安抚民众，决定取消过去“民以为苦”的由民户输运的做法，恢复明朝初年曾实行的白粮官运制。土国宝为此进言说，过去民户为运送白粮“往往倾家”，如今改为官运，则增加了官府的经费负担，请求准许在苏、松、常三府向民间摊派运费，并表示这样做在为朝廷节省经费的同时，百姓负担并不会因此增加很多，应是“民皆乐从”。但此时清廷统治伊始，正极力推行“仁政惠民”的举措，当即降谕驳斥：加派运费做法有违减负民间的弘旨，岂容轻议！为慎重起见，朝廷下令有关部门查核，以弄清输运白粮中是否果有“官运经费不敷”的问题。部臣查后回禀，认为经费“未尝不敷”，如果能杜绝“克减、虚冒诸弊”，还能富富有余。土国宝的“创收”动议于是遭到驳回。

土国宝作为一名深染明末劣习的军阀，降清后仍惯于各种虐民敛财的做法。早在他担任江宁巡抚之初，还在为扑灭残明武装而焦头烂额之际，即已将贪婪的目光瞄向了江南土地。自古官绅中开明仁义之士有置办义田、恤贫助困的良好传统，明嘉靖年间名士顾正心家境殷富，曾在华亭县（今上海松江一带）置义田四万零八百余亩，用以“赡宗族、助差徭者”。土国宝初抚江宁，即以供给兵饷为名，趁战乱到这片义田中强收稻米四万三千余石。土国宝受处分被“降调”之后，此事暴露，清廷户部尚书巴哈纳、谢启光等核议：“兵饷、匠粮，皆有正项取给”，不应擅用义田之米，主张“责国宝偿还”。顺治六年，土国宝再次疏请“加派民赋”以佐军需，给事中李化麟疏言：“加派，乃明季弊政；民穷盗起，大乱所由。我朝东征西讨，兴师百万，未尝累民间一丝一粟。今国宝遽议加派，开数年未有之例，滋异日无穷之累。”于是，朝廷批复：“黜国宝奏不行。”又一次将其敛财冲动打压了下去。

顺治八年，少年顺治帝爱新觉罗福临亲政，开始推行其崇儒亲汉、廉政抚民的施政理念。当年十月，即有巡按御史秦世祯疏劾土国宝的贪敛丑行，说他以增造营房为名，于苏州府城内“按廛纳税”，敛银数万两；又“逾额滥设胥役”，借机婪取数千两。此外，土国宝接受嘉定知县随登云的赃贿，纵容他采用绑票手段，“每指富家为盗党，入财乃释”，公然敲诈民间财富。土国宝还接受其外甥、武官杨国海每月馈银三百两，放纵他违法经营，“市私盐及硝磺”牟利。疏上，土国宝等人被革职候审。就在即将被逮捕前，土国宝“畏罪自经”，悬梁而死。随后，其犯罪事实“鞫证皆实”，家产也被追赃入官。

三千年前商周之变，伯夷、叔齐不食周粟而死，“一臣不事二主”的士节观念便已深入人心。于今看来，这种“抱节守志”虽忠君色彩浓厚，但作为“忠孝节义”的组成部分，却也支撑了古人做人为官的完整信仰。

反观土国宝贪蠹败政之始于败节，亦足见信仰对于廉政的不可或缺。

耿焞：封祖荫子皆浮云

——曾为“优抚汉臣”对象死后遭追赃

清朝国史馆编写的《明季贰臣传》虽奉旨数度增删，得皇上御览钦定，却也并非无所疏漏。例如，顺治朝继土国宝之后受到弹劾、同样被治以重典、引发“天下肃然”的另一贪官典型耿焞，就成了其中的漏网者。耿焞曾为明末监军，与左良玉共事南明，降清后高官厚禄，享正二品服俸，父祖坟墓也得到顺治皇帝题碑封赠；却因为“贪婪昭著”、“犯赃狼藉”被连降十级，革职议罪，病死后家产籍没入官。

耿焞生于关外，世出名门。据清修《临榆县志》载，其先耿炳文，“明太祖时以功封长兴侯”，是朱元璋诛杀功臣后硕果仅存的几位开国大将之一。“靖难之变”，耿炳文随建文帝兵败，耿家世爵被朱棣所夺，“后裔避居辽左，世隶辽阳籍”。耿焞的父亲耿国才博学贤明“著闻乡里”，见明末国事日非，“乃决计不求仕进”，任侠结客，放浪形骸，终老于抚宁一带山海之间。与其父道路不同，耿焞自幼在家乡读书求进，关外沦陷后入关从军，当上将领，崇祯末年“入楚监军”，并与宁南侯左良玉共事南明。南明弘光元年（公元1645年，清顺治二年），宁南侯左良玉起兵“清君侧”病死舟中，其子左梦庚不久降清，耿焞也跟着“投诚”清朝。后协助清军攻占江西有功，被委任为当地布政使，随即官升江西巡抚。

耿焞的先祖耿炳文，是朱元璋诛杀功臣后硕果仅存的几位开国大将之一

耿焞降清后，一度官运亨通。据《清世祖实录》载，顺治四年，耿焞由江西巡抚升为都察院右佥都御史，巡抚顺天等处。顺治五年，又擢升兵

部右侍郎兼都察院右佥都御史、总督宣大山西兼理粮饷、宣大山西总督等职。但当年十二月，耿焞却突遭变故，因手下另一降将姜瓖兵叛大同而被免职。姜瓖原任明朝大同总官兵，后接连降于李自成农民军及清军，也是个惯于投机反复之人。此番又倒戈反清，则是因为以阿济格为首的清军将领肆意凌虐当地官民。耿焞同为明朝降将，又是大同总督，自然要受到牵累，于是先被革职“下法司议罪”，后降为巡抚，又降为左布政使，次年改任山东布政使司左布政使。后来，多尔衮病死，阿济格发动叛乱被镇压，耿淳的境况才有所改善。

顺治帝亲政后，优抚汉臣，于是顺治八年，耿焞亡父耿国才获得追封：“奉天承命，皇帝制曰：扬名显祖，为子者愿以令德归之父考……尔耿国才为山东布政使司左布政使耿焞之父，义方有训式，榖无惭念，尔嗣之勤劳，既克家而报国……兹以覃恩，特赠尔为通奉大夫。”耿焞立即跑回山海关，为其父修墓勒碑，将皇帝制诰刻在碑阳，又将父祖事略志于碑阴。并将自己降清后曾担任过的那些要职统统刻上，借此荣宗耀祖，“以光泉壤”。两年后，耿焞获赐蟒袍一袭。顺治十一年，终于晋为都察院右副都御史、巡抚山东，基本官复原职。顺治十四年，皇帝下诏：“巡抚山东、都察院右副都御史耿焞考满，加兵部右侍郎，荫一子入监读书。”至此，耿焞自投降清朝后，封祖荫子的“理想”都已实现。就在耿焞志得意满之时，他所精心掩藏的种种问题，却像雪山崩塌一般纷纷暴露。以下便是关于耿焞所受弹劾及处分的记载：

顺治十五年十一月丁酉：“湖广道监察御史冯班参奏，山东巡抚耿焞庇贪纵恶，溺职欺君。下所司察议。”

顺治十五年十二月丁丑：“以山东潍县等处欺隐废藩地亩九百余顷，降巡抚耿焞七级调用，其经管道府县等官俱下部议处。”

顺治十五年十二月乙酉：“吏部议覆御史冯班疏言，山东巡抚耿焞纵所属营弁肆虐地方，捏报开垦屯地及地亩钱粮，应革职。得旨：耿焞著再降三级，调用。”

顺治十六年闰三月丁亥：“山东巡按程衡劾奏山东巡抚耿焞贪婪昭

《清实录》中的《清世祖实录》部分有多处关于耿焞所受弹劾及处分的记载

著，列款以闻。得旨：耿焞著革职逮问。”

……

由上述记载可见，耿焞庇纵下属侵占田亩、骗报官银、贪财聚敛的事被连连爆出，短短几个月，他就从一名堂堂封疆大吏、清廷正二品大员被连降十级，锒铛入狱，成为顺治帝整顿吏治、打击贪官的一个突出典型。

顺治十七年春正月，经过将近一年的审理，耿焞案件有了初步结果：“刑部奏言，原任山东巡抚耿焞婪赃六千有奇，鞫审真确，情罪重大，应立斩，家产籍没入官。济南知府贾一奇为耿焞心腹，婪赃六百余两，应立斩。济南同知杨桂英婪赃一千五百有奇，应立斩，家产籍没入官。中军张有才过付银两。潍县知县尚祜卿擅动库银媚献耿焞，俱应立绞。疏入，下三法司核拟。”这样，一个以巡抚耿焞为首，府县各级官员上行下效、层层勾结的贪污受贿网络被揭开，山东政界为之震动，朝野一时议论纷纷。

顺治十七年夏四月，耿焞案件审理继续深入：“三法司复议，原任山东巡抚耿焞贪婪情实，应照初议立斩，籍没。得旨：据审耿焞被参各款，进香用库银，不准开销；送家眷用民车，不发工钱；票取潍县库银。此三款俱有供证。而耿焞未经招承其余各款，俱称审无实据，今遽拟斩决，以示严惩，但事关重辟，应加详慎，著并贾一奇、杨桂英、张有才等再行详审确供具奏。”从记载中不难发现，耿焞不仅是一名侵贪了数千两钱粮的巨贪，而且在生活中随处苛剥民众，欺压百姓，也是个激惹民愤的腐败官僚。

随着顺治年间整顿吏治力度的加大，两位宰相级的大人物也被揭出。顺治十七年六月，都察院左都御史魏裔介劾奏：“大学士刘正宗阴毒奸险，而大学士成克巩相为比附，蠹国乱政，不止一端。”劾章进而揭发，刘正宗之弟刘正学在清末“亡命入海”，担任过郑成功的总兵，后未经自首而“潜归”，耿焞为讨好刘正宗，便遵其嘱托，将刘正学题授为文登守备。接着，浙江道监察御史季振宜也劾奏：耿焞不仅利用山东巡抚之职为刘正宗的弟弟安排职务，还利用兵部侍郎的权力，将刘正宗的家人李弼也安排进军中“钻充兵部差官头领”。刘正宗兄丧，耿焞又“借送奠礼为名，馈以三千金”，向他大行贿赂。

就在案件越审暴露问题越多时，耿焞在狱中惊惧交加，竟然一命呜呼了。顺治十七年十二月，内阁大臣会同刑部审奏耿焞一案，提出“耿焞已经病故，相应免议”。耿焞虽免受诛戮，但追赃问题仍未了结。在顺治帝责成下，内阁大臣同刑部议奏：“贪官未经流徙身故者，家产例不籍没。

今耿焞身系巡抚，不思尽心报国，赃私累累，情罪重大。除耿焞妻子外，家产仍应籍没入官。”顺治帝下旨“从之”。

据报道，在河北省秦皇岛市抚宁县九门口村，耿焞于清顺治八年所立石碑至今仍存，碑文款识宛然，只是已倾倒在田地里，无人扶立。墓中的“封翁”耿国才若泉下有知，想来宁可不要那“奉天诰命”的追封，也不愿看到儿子为此变节堕腐的可悲结局吧。

吴惟华：害民敛财遭鄙弃

——多尔衮一死“恭顺侯”跟着倒台

崇祯十七年，清朝睿亲王多尔衮督师攻打北京，吴惟华“缒城投顺”，从此开始了他效命清廷二十多年的复杂经历。吴惟华投降清军时的身份是明末诸生，尚未仕于明朝，所以从严格意义上讲，被写进《明季贰臣传》中有点冤枉。但他一心讨好清朝、甘效主子犬马的做法，比起其他“贰臣”来有过之无不及；至于“害民敛财”、婪赃无数，更是不逊于其他所有贪官。

对于刚刚占领了北京城的清朝摄政王多尔衮来说，吴惟华这个投效于他的年轻人有点特别。《清世祖实录》载：顺治元年（即明崇祯十七年、公元 1644 年）五月，“应袭恭顺侯”吴惟华请求帮助清军完成对宣化和山西等地的招抚。摄政和硕睿亲王“许之”。从史官加给他的这个称谓看，吴惟华当时对自己身份的介绍，大概也着实费了不少口舌。吴惟华是蒙古人，其先祖吴允诚原名把都帖木儿，本是甘肃塞外蒙古部落一名高官，官至平章。《明史·吴允诚列传》载，把都帖木儿当年率众投靠明朝，引起塞外番邦“降附者益众”，对制约瓦剌势力发挥了重要作用，被明成祖朱棣封为恭顺伯，赐以汉姓。吴允诚死后，其子晋为侯爵，又经历七代传袭，传到吴惟华的哥哥吴惟英头上。吴惟英在崇祯十六年年底亡故，兄终弟及，恭顺侯的爵位正要由吴惟华继承，便赶上明朝覆亡。“恭顺”这个封号，本来就是为奖励投降者而特设的，轮到吴惟华继承，又正好回归了它的本意，恰如专为他定做的一般。

吴惟华降清后，为显示他效命于大清的能力，提出可以利用自己家族在朝野所享有的余望，帮助动员各地残明守将“投诚”归降。多尔衮对其家族情况审查属实，决定让他着手一试。当时，江南一带明军抵抗激烈，清军因“粮道阻绝”，难以继续向前推进。吴惟华于是进言：明朝负责统理漕运事务的官员，是驻扎淮阳的总兵朱国弼，而其手下部将张国光，则是吴家的世交。可以作书劝降，“谕令来归，俾通漕运，以给兵食”，信件通过张国光传递，还可以适时加以侧面诱导。多尔衮“从其请”，朱国弼的工作果然被做通，“得书遂纳降”。吴惟华由此受到清廷重用，专以“招抚”为任，既而“宣示恩威”，山西一带代州、繁峙、崞县等地悉数“归诚”。

在吴惟华的动员之下，山西一带残明守将大多选择缴械投清，但当地农民起义军余部和不少民间爱国志士仍在抵抗。吴惟华“欲率兵进取”，以解决这些“据城抗命”者，但“恐力弱难决胜”，于是又向多尔衮呈上所谓的《征西五策》，提出命平西王吴三桂、大学士洪承畴等统旅西征，并调北方蒙古兵“由边外渡河套”增援，截断敌方西面的退路等一系列作战方案。多尔衮“韪其议”，总体上赞同他的意见，只是没有派出吴三桂等降将参战，而改由两位清朝将领统军西征，作为主攻兵力，命吴惟华“悉心襄赞”，全力予以配合。崇祯十七年九月，吴惟华“随大兵征太原，克之”，之后“汾州、平阳、潞安俱下”，由此被“擢授总兵”，受命镇守太原。不久，“有旨嘉其勤劳”，令他“回京候用”。

吴惟华“迎顺”之功突出，于清顺治二年被清廷加授太子太保，奉职招抚广东，并正式被授予了他本应得到的那个祖传的“恭顺侯”头衔。只不过，由于朝代已改，这次清政府的授衔文书中，写的是“封”恭顺侯，而不再是“袭”。顺治三年，由于对明朝国土的占领和接管任务基本完成，清廷决定撤回派到各省的招抚官，吴惟华从广东被征调回朝，次年兼任户部右侍郎，总督漕运。顺治六年，朝廷裁减凤阳巡抚一职，命吴惟华代管其事。吴惟华平定那一带地面上的农民起义有功，次年又被加授右都御史。清制，右都御史、右都副御史为各地督抚的兼衔，获此兼衔者除对其境内除拥有行政权外，还可兼行监察权，也即不再接受中央监察院的监督纠核。至此，吴惟华在充分获得清廷信任的同时，无疑也得到了一种特殊的“治外法权”。

吴惟华集行政、监察两项职能于一身，由此“得专事权”，开始了他的腐败之旅。传载，他“恣意贪黩”，偏听手下副将毕振武、同知陈标、推官蔡国杰等腐败官员的主意，利用职权，寻找机会“蠹剥欺公”，以此作为生财之道。

手段一：高高在上，让下级官府给自己“上供”。泰州、高邮一带发生洪涝灾害，粮食减产而“漕糈无出”，不能再按原定量向朝廷进贡好米精粮。当地知州请求“具疏改折”，提出由朝廷予以减免。吴惟华接到请求，最初“不可”。待下属官员们“纳贿三千金”，而后“许之”。

顺治八年，两河总督吴惟华于扬州三汊河岸筹建七级浮屠，名为纾缓水患，其实也是为了缓解其内心的罪恶感

手段二：作威作福，逼当地富人大户“破财免灾”。明末阉党、“废官”李寓庸的家仆因“为盗”死于狱中，吴惟华知其家底殷厚，便将李寓庸拘捕拷讯。李寓庸出于恐惧奉上财宝，“重赂乃释”。

手段三：利用公益，将敛财之手伸向民间。吴惟华借“修筑城工”等公益项目，大兴土石，假称“率属捐助”，发动下属在基层“苛派闾阎”，从百姓身上榨财。

此外，吴惟华所委任的州县长官及各税务佥差、查缉等官员，也都纷纷倚权贪赃，“因事受财，动辄千百”，且“复纵奸宄侵蚀漕粮”，吴惟华收取贿赂后便视而不见，假装“漫无觉察”。

顺治七年十二月，摄政王多尔衮病死，依附多尔衮的众多朝臣由此失去保护，吴惟华正是其中之一。吴惟华先是受到朝中言官弹劾，《清史列传·贰臣传》载，“给事中李宾尹、御史魏琯并劾其营私误漕，下部议，革职”。其后，巡按当地的御史进而“列款劾其贪婪不职状”，吴惟华被依法问罪。《清世祖实录》载，顺治九年八月，“刑部议覆巡漕御史张中元劾奏：原任漕督吴惟华，婪赃一万一千六百余两”。经审讯，对吴惟华以上犯罪事实“鞫问皆实”，本应论死，但“上念其投诚有功”而免其一死，给予“革职，永不叙用，赃追入官”的处分。后又因“行贿赂、交结犯监”等行为被处“责四十板，并父母兄弟妻子流徙宁古塔”。直到康熙帝继位，才被“恩旨赦还原籍”。

吴惟华回京后不甘寂寞，竟于康熙七年上“密疏”，提请向各州县镇市开征房屋交易税，又提出在“江南沿江洲田三十余处”向百姓加收田租等敛财措施。他提出的这套过了时的苛政引起康熙帝反感，“上恶其害民敛财”，又将他“交刑部议罪”。虽得免，不久即抑郁而死。明遗民张怡《謏闻续笔》载，吴惟华降清时曾以抚孤济困为名，假意收养前朝勋旧家“子女贫困无依者”，却“选其女子之有色者”二十人进献多尔衮，供其享乐之用。多尔衮见之犹有不忍，“令择良家子嫁之”。由此不难看清，史上那些惯行苛政、破坏执政者与民众关系的贪败者，往往也都是内心丧尽天良的无耻之徒。

冯铨：徒将乌纱换花翎

——魏阉干儿改仕清朝仍奸习难改

在清朝国史馆《贰臣传》乙编中，冯铨即属“在明俱曾跻显秩”，降清后“仍忝为阁臣”，却“进退无据，谬托保身”的那一类奸宄之臣。此人晚明时期曾靠谄事魏忠贤而躐跻阁僚，因贪贿及坐逆党案被明廷弃用多年。清朝入关，他应征“复出”又入清廷内阁，旧习不改，再犯赃贿，遂引恶议不绝，明、清两史皆载骂名。

冯铨，字振鹭，顺天涿州人。于明万历四十一年考中进士，以庶吉士身份留馆，担任翰林院检讨。《清史稿·冯铨列传》载，冯铨“谄事魏忠贤，累迁文渊阁大学士兼户部尚书，加少保兼太子太保”，又“以微忤罢去”。关于他谄附魏忠贤、加入阉党的过程，《清史列传·贰臣传》所记更详：冯铨留朝不久，因其父冯盛明坐罪被弹劾一事受牵连，也被一同发回原籍涿州。涿州离魏忠贤的老家不远，天启四年，魏忠贤回老家进香，冯铨候其车马驶来，突然“跪谒道左，泣诉父为东林党陷害”。接下来，“忠贤怜之，起故官”，冯铨才得以重回朝廷。另据《明实录·熹宗实录》载，冯父是在努尔哈赤兵进辽东时，因畏战逃离前线受到逮治的。当时主张处罚他的是兵部尚书兼右副都御史熊廷弼，所以冯铨便对熊廷弼恨之入骨。冯铨得势后陷害熊廷弼致死，以及用廷仗手段残害东林党人等，皆与此有关。

冯铨着汉装像

冯铨靠魏忠贤的扶持，很快进入内阁，做上大学士。至于他的“以微忤罢去”，则是因为他与阉党同伙崔呈秀交恶，二人为争宠发生内斗，因而逐渐失宠。为了将他挤走，崔呈秀发动言官“上疏力攻之”，又命御史将他弹劾出局。而弹劾的理由则俯拾皆是，御史随便找出他以权谋私、“纳贿居间”的几件事，便凑成铁证，将他罢职。不久，崇祯帝继位，大兴“逆案”，清理阉党。按道理，冯铨既已罢职，应该不在风口浪尖，但偏偏他离职后不甘罢休，仍利用各种机会百般讨好魏忠贤，以至给事中李遇知核查赃罚库时，从中翻出了冯铨罢官后为魏忠贤贺寿写的一首百韵长诗。冯铨因此又被“论杖徒，赎为民”，赶回涿州老家。

冯铨回到老家后，仍在为寻机复出而努力。崇祯十一年，皇太极遣多尔衮征明，攻克京畿及山东六十余城，冯铨“率乡人守涿”，总算保住家业。崇祯十四年，周延儒复相，冯铨因与周延儒曾一起考中进士，有“同年”之谊，在为其复相活动时没少出钱出力，周延儒重回内阁，便马上替冯铨张罗复出之事。周延儒向崇祯帝上疏，强调冯铨在清军入侵时守卫涿州、护运红衣大炮进京等事迹，说他保家卫国有功，应“复其冠带”，召还原职。无奈冯铨不仅在前朝劣迹斑斑，在本朝也口碑太差，言官们纷纷反对，此事终于作罢。自此，一直到明朝覆灭，冯铨的“复出梦”也没能变成现实。

冯铨怎么也没想到，最后帮他圆了这个“复出梦”的，竟然就是他曾率乡人抵抗过的那位清朝王爷多尔衮。《清史稿》载：“顺治元年，睿亲王既定京师，以书征铨，铨闻命即至。”更令冯铨喜不自禁的是，当他兴冲冲赶到京城，多尔衮不仅向他颁以重赏，“赉冠服、鞍马、银币”，更为他捧出了那顶让他想念了将近二十年的乌纱帽，“令以大学士原衔入内院佐理机务”。只不过，原本汉人的乌纱，这次变成了清朝的红缨和花翎。冯铨进入清廷内阁后，即与同僚洪承畴“疏请复明票拟旧制”，又与大学士谢升等“议定郊社、宗庙乐章”，积极帮助清朝建立各种朝制和礼仪。顺治二年三月，清廷确定三院六部官制，冯铨被授弘文院大学士兼礼部尚书，地位虽难与满人同官相比，但在汉人中已算是位至极品。

冯铨得意了不到半年，麻烦又随之找到眼前。《清史列传》载，顺治二年五月，御史吴达弹劾冯铨“为逆党魏忠贤干儿”，进入清朝后“故习不移”，曾向降将姜瓖索银三万两，许以封官拜爵。因姜瓖“止馈金马等物”，冯铨即感到“大拂其意”。其平日之“揽权纳贿”由此可见。劾章进而揭发：内院乃“政本所关”，冯铨却令其子冯源淮擅自入内，随意“张宴”，并引来一些不相干的官员朋友在此欢饮竟日，将内院变成他们的结纳之地。冯铨纵子往来贵要，招摇纳贿等亦由此可知。

弹劾冯铨的口子一开，朝中立刻形成了群起而攻的态势。给事中许作梅、庄宪祖、杜立德，御史王守履、罗国士、邓孕槐、桑芸等亦交章弹劾冯铨进入清廷以来受贿、行贿，先是“索招抚侍郎江禹绪金百两”，既而又为其子冯源淮“贿招抚侍郎孙之獬”，谋取其属下中军一职。并揭露冯铨任人唯亲，将“庸懦无行”的李若琳荐为礼部侍郎，引为党羽，共谋奸利。御史李森先继而上疏弹劾冯铨，语气“尤峻”，愤然指出：“明朝二百余年，国祚坏于阉臣魏忠贤之手，而忠贤当日杀戮贤良，通贿谋逆，皆成于铨一人，此通国共知者。正如商之飞廉、恶来，岂可再列周朝之上？”又说，冯铨家有“百万之富”，又“惯于夤缘”，朝中一些关键人物已被其买通，不妨“遍访通国士民商贾、妇女小儿”，倘若有一个不称冯铨为奸臣的，甘坐欺罔之罪。此时，一部分冯铨的同党，也跳出来对他进行维护。摄政王多尔衮眼见朝中言论汹汹，难以控制，连忙出面训话，以“明季诸臣党害无辜以至明亡”，今日科道各官不应再蹈此陋习为由，叫停了这场口舌混战。

这以后，在多尔衮“以汉治汉”的政策下，冯铨作为汉臣相互牵制的一枚棋子，被继续留在内阁中。顺治帝亲政后，命吏部具列各部院官员表现以“亲加甄别”，对冯铨的表现非常不满，认为冯铨当初因受贿等被群臣弹劾，殊失大臣之体，即应引去。其后居官七年，毫无建树，令其致仕，离开朝廷。其实，顺治帝有所不知的是，多年后查明，冯铨为掩盖其在明天启年间加入阉党的丑行，还利用担任《明史》总裁之机，窃走皇史宬保存的《明实录》，天启年间部分记载，造成珍贵史料缺失。但清朝统治之初，类似冯铨这样乐效犬马、且又“博洽典故、谙练政事”、有一定才能的汉臣相对稀缺，这对于亲政不久、正欲“求贤图治”的顺治帝来说，确是比较纠结。于是到了顺治十年，顺治帝又下谕令：“国家用人，使功不如使过。原任大学士冯铨素有才学……特召用以观自新。”

冯铨再蒙复召后，次年即因与吏部侍郎陈名夏“营私巧计”，共同以权谋利，被大学士宁完我弹劾；又以荐人失当之过，被顺治帝降三级留任。此后起起落落，一直被清廷作为污点干部控制使用。直到康熙十一年，冯铨死于任上。次年获谥“文敏”，又被降旨削谥。当年顺治帝提出“使功不如使过”的用人之策，不过是迫于人才稀少的权宜之计；冯铨复出后“故习不移”的表现，也充分说明了干部“带病上岗”的种种弊端。在国家人才济济、公考人满为患的今日，如此用人之道不仅已无必要，而且尤不可取。

吴三桂：降而复叛实权奸

——借“三藩之乱”当过几天伪皇帝

清初汉臣中，也有一些所谓“已经归顺，复行叛逆”者，比如曾挑起“三藩之乱”的平西王吴三桂、平南王尚之信、靖南王耿精忠等，近百年后被乾隆帝斥为“行同狗彘、靦颜无耻之人”，指示国史馆“另为一编”、“特立逆臣传”收录，“不得与诸臣并登汗简”。为“三藩”之首的吴三桂一向被视为引清兵入关的头号汉奸，叛降清朝后又倚功“骄恣尤甚”，多年间在云南开藩设府，欺罔朝廷，鱼肉百姓，已成贪官恶霸，确当打入另编，予以“斧钺之诛”。

《清史稿·吴三桂列传》载，“吴三桂，字长伯，江南高邮人，籍辽东”。之所以落籍辽东，是因为其父吴襄在明崇祯初年官居锦州总兵。吴三桂考中武举人后，即依靠父亲的门荫，被授都督指挥；吴襄一度因贻误军机被治罪，吴三桂则顶替其父继任总兵，受命防守宁远。吴三桂“平西伯”的爵号，也是得自明崇祯年间。《清史列传·逆臣传》载：当时，明廷正陷入与清朝和李自成起义农民军双线作战，吴三桂“守宁远有功”，崇祯帝“欲倚以御流贼”，故将他封为“平西伯”，以便进一步发挥他在镇压农民起义中的作用。

李自成进京后，胁迫其父吴襄“以书招之”，吴三桂引兵西还，准备投降大顺政权。行至滦州，闻其妾陈圆圆被李自成部将刘宗敏掠去，一怒之下杀了前往接手防务的农民军将领，派人向清军多尔衮“乞师”复仇。

多尔衮正欲西征，闻讯大喜，即令吴三桂部队“以白布系肩为识，前驱入关”，与他合兵击败大顺农民军，直下京城。吴襄遭农民军怒杀，吴三桂则因功得到清廷赏赐，晋爵平西王。此后数年，吴三桂又因参与剿灭农民军及残明抵抗力量有功，多次得到清廷奖励。其子吴应熊娶了清朝公主，成为和硕额驸，加封少保兼太子太保。

顺治十八年，留镇云南的吴三桂率清军攻入缅甸，抓获流亡的南明最后一届政权永历政权皇帝朱由榔，并于次年（康熙元年，公元1662年）将永历帝父子处死于昆明。此后，吴三桂便一直拥重兵盘踞在云南，并“阴有异志”。《清史稿》载，以资历而论，吴三桂不及早年降清的三位汉人藩王孔有德、耿仲明、尚可喜，但却因“开关迎师”立下首功而“位望出诸降将辈右”。孔有德为清廷殉阵，尚、耿分别镇守广东、福建，在东南一带与镇守云南的吴三桂并称“三藩”，其中吴三桂“功最高”，势力最为雄厚，故而“骄恣尤甚”。

引清军入关后割据为王的吴三桂

吴三桂之所以看中云南这块宝地，是要模仿明初建国功臣沐英的先例“世镇云南”，以图“山高皇帝远”，建立自己的独立王国。留滇后，吴三桂将那里的军政大权一手独揽，占据永历帝朱由榔所居五华山故宫为藩府，并扩建翻修，“增华崇丽”。还籍没沐英第十一世孙沐天波的庄田七百顷，作为自己的藩庄。为了在当地榨取财富，吴三桂假借“浍渠筑城”一类公益为名，提高税赋，“重榷关市”；又垄断盐井、金铜矿山之利，“厚自封殖”。他还兴办官商牟利，贩卖辽东的人参、四川的黄连、附子等高附值商品。敛财至“货财充溢”，又将这些钱“贷诸富贾”，谓之“藩本”，坐收高息。吴三桂广积财富，除一部分用于挥霍，其余则用于养士和招兵，他手下“部兵多李自成、张献忠百战之余，勇健善斗”，文武将吏则“选用自擅”。由于待遇优厚，吸引了四面八方的人才前来投奔，“各省员缺，时亦承制除授，谓之‘西选’”，就连京城的朝官、各省的将吏也有不少人远赴云南，甘愿辅佐效力。

吴三桂在云南的所作所为，曾引起清朝监察系统警觉。据《清实录》

载，早在顺治十七年，四川道御史杨素蕴即向朝廷奏言，反映平西王吴三桂在当地专揽用人大权，且“尽天下之官、不分内外、不论远近皆可择而取之”，已间接对中央及各省人事形成干扰。杨素蕴指出：“古来人臣忠邪之分，其初莫不起于一念之敬肆”，该藩如此出规逾距，不可不予警惕，以便“防微杜渐”。没想到，此事竟引起吴三桂的强烈反对，他倒打一耙，指摘疏中“防微杜渐”等语别有用意，还不依不饶，“请旨”要求顺治帝对杨素蕴进行诘问。直到杨素蕴“覆奏”，解释说自己与吴三桂“素不识面”，并无嫌隙，防微杜渐等语“原属概论古今通义，未尝专指该藩臣”，并非“别有意见”，事情方了。为试探朝廷反应，吴三桂在康熙六年假意上疏，说自己“两目昏瞀，精力日减”，要求辞去总管云、贵两省事。朝廷应其请求，派去新任总督接管相应工作，却处处受到吴三桂辖制。吴三桂为延揽事权，特意“构衅苗、蛮”，以“藉事用兵”，继续强化他对云、贵一带的实际控制。

康熙十二年二月，镇守广东的平南王尚可喜上疏“引疾乞归老”，要求将爵位交由长子尚之信承袭，引起朝中群臣强烈反对。为进一步试探虚实，吴三桂于当年月“亦疏请移藩”。康熙帝早就觉察“三藩分镇擅兵”已为国患，见吴三桂上疏，即交由议政王大臣会户、兵二部评议。诸王大臣揣度吴三桂上疏“非由衷”，担心撤藩会引发叛乱，但两部尚书米思翰、明珠则认为云、贵“苗、蛮既平”，吴三桂已“不宜久镇”，提议将吴三桂所部移回山海关外，另派满洲兵前往云南戍边。面对这两种意见的分歧，康熙帝胸有成竹地说：吴三桂“蓄异志久”，如今是“撤亦反，不撤亦反”，不如来个先发制人，准其所奏，以观动向。果然，当年九月，吴三桂接旨后“大失望”，即“与所部都统吴应麒、吴国贵，副都统高大节及其壻夏国相、胡国柱谋为乱”，率先举兵造反。

《清史稿》载，吴三桂造反后，自号“周王天下都招讨兵马大元帅”，其所部全部蓄发，举白色旗，步骑皆以白毡为帽。并传檄远近，致书平南、靖南二藩，及贵州、四川、湖广、陕西诸将吏与相识者，一时响应者颇多。康熙十三年正月，吴三桂僭称“周王元年”，部署诸将攻克长江以南多个重镇，军事上一度取得主动。但是，由于吴三桂降清后多年卖身投靠清朝，凌虐百姓，因而其政治公信力极低，如今虽打出“反清复明”旗号，并不能获得各方盟友和百姓的真心拥戴。加之两年后“三藩”阵营瓦解，尚之信、耿精忠等向康熙帝投降，吴三桂逐渐丧失了优势。

康熙十七年，吴三桂“兵兴六年”后，已是“年六十有七”，眼看

“地日蹙，援日寡”，于是“思窃号自娱”，打算在有生之年过过皇帝瘾，自娱自乐一把。于是改元称帝，“以衡州为定天府，置百官，大封诸将”，称居舍为“殿”，构庐舍万间为“朝房”。没有像样的砖瓦，竟然“以漆髹之”，将就着行了郊天即位之礼。是日“大风雨”，吴三桂由此染病，只做了五个月的“皇帝”，便一命呜呼了。《清史列传》附乾隆帝“御批”，借吴三桂之事，感叹“自古权奸无时无之，亦无地无之”。如此望洋兴叹，倒不如认真研究一下，这权何以生奸，以及如何防范。

吴三桂称帝后发行的“昭武通宝”

尚之信：秽迹尤著“藩二代”

——娶格格袭藩位贪欲依旧填不满

参与“三藩之乱”的三位汉人藩王中，除吴三桂系直接降清的明将，尚之信、耿精忠二人都是入清后继承父祖爵位的“藩二代”、“藩三代”，自幼沾染了许多纨绔恶习。其中，尚之信“生平秽迹”尤著，残暴贪横，每岁所收私税“不下数百万”。

尚之信，汉军镶蓝旗人，平南王尚可喜长子。《清史列传·逆臣传》载，尚之信自幼“随父镇所”，先后从于明将毛文龙、袁崇焕麾下。毛、袁二帅死后，辽东群龙无首，明崇祯六年（公元1633年），守将孔有德、耿仲明因军饷问题叛明降金，尚之信的父亲尚可喜亦于次年叛降，受到皇太极出城相迎的殊荣，封其所部为“天助兵”。这一年，尚之信十九岁。明崇祯九年，皇太极改后金国号为清，将尚可喜与孔有德、耿仲明一道封为清初“三顺王”，并将海州（辽宁阜新一带）赐为尚家封地。尚可喜随清军入关后，又受到顺治帝极高礼遇，被封为平南王。其后，顺治帝“念可喜功多，授之信秩与公爵同”，尚之信作为“藩二代”，开始渐登荣显。

转眼到了康熙十年（公元1671年），尚可喜年近古稀，尚之信也已届天命。在尚可喜要求下，康熙帝许可尚之信赴广东“佐理军事”，尚之信于是在广东“别营新宅以居”，一心做好了“接班”的打算。康熙十二年，尚可喜“欲归老辽东”，向朝廷提请“以之信袭封留镇”，让尚之信正式继承自己的藩位。但此事经“部议”，被朝廷以“藩臣无乞休子袭之例”予以驳回，同时下令尚氏父子“撤藩偕归”，一起离开广东回京。其实，这一事件的主因，与尚之信从政后日渐骄奢有关。据《清实录》载，早在顺治十六年，顺治帝即曾命人传谕尚之信及耿仲明之孙耿精忠两位汉人勋贵子弟：皇家“以格格下嫁汝等”，优加廪禄，只需铭记皇家“殊恩”。对他们进献“精造五爪龙样”等“款式隆贵”的礼物提出批评，认为他们“过为靡费，更劳营造”，心中“殊不安也”。这条记载中透露了有关尚之信的两个重要信息：其一，尚之信作为汉人勋贵之后，不仅家境富足，而且已与清朝皇族联姻，娶了格格为妻，成为皇家外戚；其二，作为清初宫廷中的新一代纨绔膏粱子弟，尚之信等人在向皇上进贡时亦不忘斗富比阔，以致穷奢极糜，连顺治帝都有些看不过去。

尚之信身为平南王尚可喜膝下长子，虽在藩府接受其父耳提面命长大，被寄予厚望，却十分不成器，难以担当大任。这一点，当年跟随尚可喜幕下“赞谋画策最久”的师爷、浙江义乌人金光早有判断。金光多次以“之信凌虐藩属，不可袭封”警告尚可喜，主张在其诸子中另择继承人。《清实录》记载，对于尚可喜提出由尚之信继承藩位的奏请，吏部议覆以“查藩王见存，子无移袭之例，应毋庸议”予以驳回。但实际情况则是，康熙朝内君臣人人皆知尚之信的为人，害怕一旦藩权落入尚之信手中，从此将对他难以掌控。《清史列传》接下来的记载，也印证了这一幕后原因。吴三桂造反后，康熙帝命尚可喜留镇广东，又遣其次子尚之孝参与讨剿“叛贼”。这说明康熙帝的“撤藩”之举，矛头并非针对尚可喜，而只是出于对其指定继承人尚之信的不信任。尚可喜似乎由此明白了皇上的意图，于是又再次上奏，请求以次子尚之孝袭封。这次，康熙帝准许了他的请求，“诏可喜如旧理事，俟贼平，以之孝袭”，又“晋可喜平南亲王、之孝平南大将军”。同时，特命尚之信“以讨寇将军衔协谋征剿”，作为对他的安抚，也进一步表明了朝廷希望由他的弟弟，而不是由他本人来继承其父藩位的态度。

尚之信画像

尚之信一心想当藩王，对朝廷的这一决定自然深怀不满。不久，机会来临，吴三桂势力越做越大，已波及广东周边，进而攻陷广东多个郡邑，远踞台湾岛上的“海敌”郑锦（又名郑经，郑成功长子）也“遣众万余”入扰，尚之孝应战失利，退驻惠州。康熙十五年，尚可喜卧疾，只好仍由尚之信代理藩务。精明的吴三桂看出尚氏内部在继承问题上存有矛盾，趁机前来策反，尚之信于是向吴三桂投降，又“遣心腹环守可喜藩府”，将病中的尚可喜软禁起来，对他封锁外界消息，又将一向不看好他的谋士金光杀掉，致使其父尚可喜“以忧愤卒”，被他活活气死。此后，尚之信在吴三桂军中担任了招讨大将军、辅德公等伪职，与“海敌”郑锦议和，同时夺取了其弟尚之孝的兵权。再后来，尚之信与吴三桂发生利益冲突，他表面上对吴三桂“赂以库金十万两”，接受吴三桂授予的“辅德亲王”伪印，暗中又“遣使赴江西通款大军，密疏愿立功赎罪”，企图靠出卖吴三桂来重新获得康熙帝的信任，实现自己的藩王野心。

对于尚之信的主动归顺，康熙帝自然表示欢迎，并亲下手谕：“自吴逆叛乱以来……授尔为讨寇将军。正期克奋勇略，扫除逆贼；不图粤省变乱，道路梗阻。今览尔密奏……知尔父子不忘报国，念笃忠贞；因仓猝变乱，朕心深为悯恻！已往之罪，概行赦免。果能相机剿贼、立功自效，仍加恩优叙。”其实，康熙帝心中并未改变以往对他的糟糕印象，这番手谕，不过是康熙帝为孤立吴三桂而采取的权宜之计。

关于尚之信的投降，《清史稿》叙述较为简明：康熙十六年，尚之信在吴三桂军中挑起内讧，借机拘捕吴三桂任命的伪两广总督董重民，率师向清廷官军献降。鉴于“三藩之乱”未平，“时方多故”，尚可喜“有大勋”，康熙帝于是“优容之”，命其“袭平南亲王”，终于满足了他的要求。尚之信大喜之下，故伎重演，遣使入朝贡上重礼以表感谢。对此，康熙帝谕示：“昔尔先人在时，屡献方物……每念尔先人忠贞不贰，为国忘家，朕甚愍焉！……王其安辑粤东，以继尔先人未尽之志。贡献细务，劳人费事，今当暂止。”说到底，还是当年顺治帝那句话：“不必破费，炫财耀物的事更是免了，以后给朕老老实实做人做事便是！”

但偏是这当老实人、做老实事，对尚之信来讲最难办到。这年秋天，康熙帝组织兵力收复湖南，命尚之信出兵，尚之信“不赴”。其后，命尚之信移师梧州，“又不赴”。次年春，皇上派兵深入广西，“命之信策应”，他又赖在省城不动。吴三桂病死后，尚之信出兵稍见主动，但仍是一有困难就“自言病作，遽还”。与此同时，尚之信在藩府中则愈发“残暴猜忌”，每每“醉辄怒，执佩刀击刺，又屡以鸣镝射人”，擅杀部下，随意处置皇上派去的大臣。最终，尚之信被康熙帝拿下，赐死。其后“罢之信诸虐政”，所收私税每岁不下数百万“尽充国赋”。尚之信的覆败，使人看到权力世袭的可怕。即使公权力不再被世袭，财富等领域的权力世袭现象仍然存在，防止其间各种负能量的产生，仍将是不可忽略的社会问题。

余国柱：阿主行奸“余秦桧”

——帮皇上演“廉政秀”自己却是巨贪

余国柱出身顺治九年进士，以代序而论，已属清朝朝廷一手选拔培养出来的异族政治精英。但纵观余国柱的发迹之路，仍与那些靠出卖民族气节、压榨中土百姓来讨好清朝统治者的“贰臣”们别无二致。余国柱爬上显位、官居宰辅，更与满族权贵勾结为奸，赃私狼藉，《清史稿》称之为康熙朝的“余秦桧”。

余国柱，字两石，湖北大冶人。《清史列传》载，余国柱进士中榜后，被授兖州府推官，在基层一干就是十几年。康熙年间，余国柱被调入朝廷，在行人司担任行人，其后又先后充任科考考官、户部任主事等业务官员。余国柱在朝廷考选中得到晋升，被授户科给事中，正式进入言官行列。

康熙十五年（公元1676年），参与“三藩之乱”的靖南王耿精忠首先投降朝廷，康熙帝欲乘胜反击，集中精力克复南方反乱之地，余国柱从中看到自我表现的机会，积极发表“帮忙”言论。是年十月，他上疏道：“迩者关中底定，闽逆投诚。荡平虽可克期，然一日未罢兵，即一日不可无粮饷。宜于浙江、江西、湖广开捐例，纳米豆、谷麦、草束，以济军需。山东、河南岁值大稔，并宜捐米，贮临河州县，支应本省兵粮，多则运解京仓。”

余国柱提出的这套增捐加税的方案，的确能解救康熙帝面临的粮饷之急，但康熙帝也十分明白，“三藩之乱”之所以响应者众，正是利用了多年来仍未消除的满汉民族矛盾。从这个角度上说，增加汉区，尤其是中原地区百姓的税赋，虽可满足一时军需，却必将进一步刺激民众不满情绪，不利于清朝政权的统治，无异于饮鸩止渴。经各部评议，余国柱的提案被部分采纳，朝廷以“山东、河南需粮无几，运京徒滋耗费，浙江兵已进征福建”的实际情况，决定不增以上三省捐纳。但准许开例湖广、江西、福建三省现任官员纳捐加级纪录：“四品以下降革官捐复原职，余分别录用先用及顶戴荣身，”也就是向部分官员、特别是那些犯了错误的官员派捐，允许他们用金钱赎罪，一并解决部分问题官员的“复出”，以及那些曾经附逆者的“归队”问题。至于这些人日后如何加倍去捞钱，靠“羊毛出在羊身上”来实现自我补偿，也就只好睁一只眼闭一只眼了。

余国柱殷勤献策尝到甜头，于是更加卖力。康熙十七年五月，他再次上疏，算出全国盐税每年课征定额“不下三百余万”，但只有陕西省征税细则较为严密，有所谓“遇闰加银”，即每逢闰月之年增加一个月税收的规定。如果下令各省今后都以此为例，百姓既无反对理由，又可在相应年度为朝廷“增银二十余万”，如用于军需则“不无小补”。不久，又对京城及通州粮仓“岁进漕白三百余万”严加监督，“自后应令每十抽验一，不足则照数科算，令旧监督赔补”，依此又能增加朝廷收入。康熙帝将这两份疏请“并下部议行”，并于当年十二月为余国柱升官，转为礼科掌印给事中。

余国柱似乎摸索出了一条“成功”的经验：只要甘唱“白脸”，处处站在维护皇上和朝廷利益的立场，无论出现什么样的无聊问题及发表何等离谱的乖谬言论，都能得到首肯，受到提拔和奖掖。康熙十八年，余国柱发现一桩“用人问题”：“浙江水师提督常进功年老耳聋，非高声大呼，不闻一语。”于是，余国柱向朝廷提出弹劾，理由如下：这位老将的耳聋问题看似无甚大碍，其实性质十分严重，事关保密问题。试想，下属军官每次汇报情况都要大声叫嚷，一旦事涉要务，“秘密军机，因之泄露”，则是“所关非细”，损失重大，谁能担得起这个责任？康熙帝闻奏，想想也有道理，于是将此奏疏“下部察议”，常进功因此被罢任。

余国柱的上疏，也不都是这等鸡零狗碎之事。身为言官走狗，有时他的嗅觉也是十分灵敏。尚之信一案中，有关这位藩王的资产来源问题，就是依靠他的警觉，从相关蛛丝马迹中推断而出的。康熙十九年七月，余国柱上疏：“曩者平南王尚可喜驻镇广东，颇知奉法。自逆子尚之信叛后，恣意妄为，横行暴敛，虽势蹙归正，而鱼肉闾阎，滋害如旧。”余国柱对尚之信家中所藏逆产的认定，正是从其被捕后一段自我辩护中得到“自证”的。尚之信为反驳属下护卫张永祥对他的举报，曾反告其贪污公款，“每年私收税银一千六百两”。余国柱于是推证：上有所行，方致下有所效。既然尚之信的属下每年私收税银一千六百两，“即此可知尚之信所自收之税，当不下百万”。康熙帝听到这个数目，当即两眼放光，即命“疏下王大臣等议行”，随之“令督抚查核归公”，将这笔巨资尽收账中。至于对其具体贪污细节的进一步审查，以及人证物证什么的，也就一概免了。

鉴于数年来余国柱在朝廷汉臣中的突出表现，康熙十九年九月，余国柱被升为鸿胪寺少卿；十二月，转为光禄寺少卿。次年二月，余国柱又迁左佥都御史；五月，擢左副都御史。康熙二十三年，余国柱“内升左都御史，寻迁户部尚书”。康熙二十六年二月，授武英殿大学士，跻身内阁，官职正一品，位列汉臣之首。其间，余国柱曾任江苏巡抚，很想利用掌管地方经济的机会为主上谋点福利，于是“疏请增设机房四十二间，制造宽大缎疋”，以便向朝廷进贡。对他的一番“美意”，康熙帝在“心领”的同时，下旨责问：“宽大缎疋非常用之物，何为劳民靡费？”于是“斥所奏不行”，借机表演了一次廉政秀。为了在当地创造政绩，余国柱屡次奏请对淮、扬二州府属的“水退涸出地”补征税收，这又给朝廷创造了一次展现“爱民仁政”的机会：朝廷派新任巡抚汤斌进行核查，认为这些涸出地“皆未耕种”，且有五千九百四十余顷仍然水淹，于是予以免征税赋。

余国柱的事败，起于他爬上高位后对满族重臣、大学士纳兰明珠的百般依附。《清史稿·余国柱列传》载，汤斌继任江苏巡抚后，余国柱曾

“索斌献明珠金”，命他替自己向明珠“进贡”行贿。《清史列传》则载，康熙二十七年二月，御史郭琇弹疏劾余国柱“在内阁票拟，承顺大学士明珠指麾，轻重任意，即有舛错，同官莫敢驳正”。余国柱还利用各地督、抚、藩、臬职缺的“资源”，与明珠等权要“展转援引，总揽贿赂”，并利用“保送学道及科道内升出差”，向当事人“居功要索”。是年，余国柱以“党援、贿赂诸弊”受到革职处分；次年三月，又因被黜后“挟辎重往江宁省城，购买第宅，广营生计，呼朋引类，垄断攫金，借势招摇，显违禁例”等受到追究，“寻卒于家”。

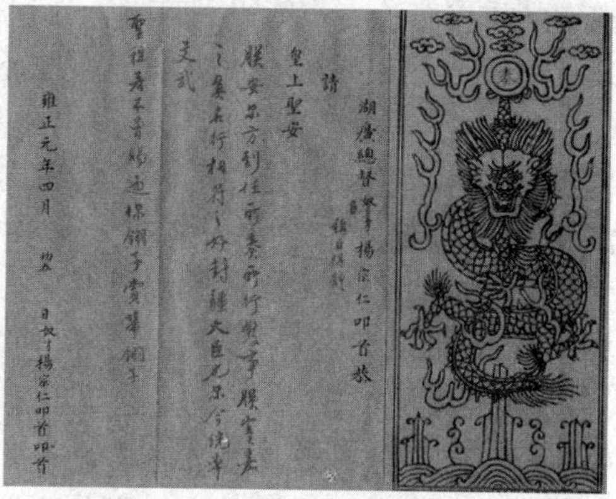
湖廣總督奴才楊宗仁叩首恭
請
皇上聖安
雍正元年四月　日奴才楊宗仁叩首叩首

在清帝看来，只有满族“自己人”才配称“奴才”。直到余国柱死后多年，雍正帝上台，仍不许汉臣称奴才。图为雍正帝朱批奏折，抬头“湖广总督奴才杨宗仁叩首恭”处批道：“称臣得体。”

余国柱落马的主因，自然是他“党援”满臣，踩了汉臣的“红线”。但这个一向以廉察别人自居的走卒，自己竟如此赃私狼藉，大约也是康熙帝当初没想到的。后世欲行廉政者，遇如此下属亦不可无察。

第二章

“康雍大帝”岂明主

“宽严皆误”缘制度

那些属于『自己人』的贪官们

清初的『康雍乾大帝』如今正被一些人奉为『千古伟帝』，似乎要取唐尧虞舜和历来公认的贤君汉文帝唐太宗而代之。殊不知这些『威风大、派头足』的清朝皇帝在吏治方面都还远够不上『明主』的称谓。争权夺嗣的需要及清廷固有的狭隘政治观和制度缺陷，常使他们在反腐问题上处于『宽严皆误』的被动局面。

鳌拜：结党专权死狱中

——金庸《鹿鼎记》充分写出其任性

顺治十八年（公元1661年）正月，年仅二十三岁的顺治帝福临因病晏驾，遗诏立七岁的皇三子玄烨为皇太子，继帝位，命索尼、苏克萨哈、遏必隆、鳌拜为辅政大臣。四辅臣随即鸣誓，要“协忠诚，共生死，辅佐政务。不私亲戚，不计怨仇，不听旁人及兄弟子侄教唆之言，不求无义之富贵，不私往来诸王贝勒等府受其馈遗，不结党羽，不受贿赂，惟以忠心仰报先皇帝大恩”。但四人一俟受事，逐渐言行背离，其中尤以排名最后的鳌拜叛誓最甚。

居功堕腐的鳌拜

鳌拜，瓜尔佳氏，满洲镶黄旗人，皇太极时代勋将卫齐第三子。《清史列传》载，鳌拜最初以护军校从征，屡立战功。天聪八年，授骑都尉世职，任参领。崇德二年，与明军在鸭绿江口海面进行夺岛作战，冲锋在前，“敌军披靡”，进三等男爵，并赐“勇将”称号。几年后清军围攻锦州，与明总督洪承畴作战中“辄当先陷阵，五战皆捷”。后“长驱入边，败明守将，进薄燕京，略地至山东，三败明兵，斩杀甚众”，于崇德八年论功晋三等子爵，“赉金帛甚厚”。顺治元年，随大军打进北京城，次年“考核群臣功绩”，以“忠勤戮力”，晋为一等子爵。由上可见，鳌拜出身勋贵，却作战骁勇，他的地位，是靠自己在战场上一步一个脚印拼杀出来的。

清朝入关后，鳌拜的命运却突然间一度陷入低谷，而这一切，又都是从他得罪了当时的摄政王多尔衮开始的。顺治二年，鳌拜随从英亲王阿济格南征湖广，搜剿李自成余部。其间，多尔衮以贻误战机、谎报军情将阿济格治罪，命鳌拜等于军中“集众”宣布其罪状，鳌拜抗命不遵，“匿之不以示众”，被论罪罚锾，损折了不少银子。后来，跟随肃亲王豪格进剿大西农民政权，在四川斩张献忠于阵中，立了汗马之功。但顺治五年，又因属下参领希尔根“冒功争赏”而坐失察之罪，被革去世职。接着，鳌拜被告发曾于顺治帝继位前谋立肃亲王豪格，犯有“私结盟誓”等罪，被论死罚赎，当初得到的金帛奖励，几乎已罚没殆尽。再后来，鳌拜平息姜瓖兵变，又立大功；紧接着，多尔衮病重，贝子锡翰擅自报请顺治帝探视被责，鳌拜又以“目击其非不报”而坐罪，降为一等男爵。

顺治七年年底，多尔衮病死，顺治帝亲政，朝廷重新洗牌，鳌拜被晋为三等侯爵，并于顺治八年担任议政大臣，叙功，再次晋为一等侯爵。顺治九年，鳌拜“自陈劳绩”，向顺治帝表白自己因忤逆多尔衮，多年来被“屈抑战功”，受到不公平待遇。顺治帝责成有关部门议定，将他晋为二等公爵，赐予世袭，免死两次，先后加授少保兼太子太保，少傅兼太子太傅等衔。顺治帝驾崩后，鳌拜又奉遗诏，受顾命，与大臣索尼、苏克萨哈、遏必隆共为辅臣，辅佐年幼的康熙帝继位登基。

鳌拜长期被多尔衮辖制，深受其害，原本恨透了其专横跋扈的执政作风。但非常令人不解的是，一旦摆脱多尔衮的压制，得以重权在握，鳌拜反而却步其后尘，为官作风之恶劣竟有过之而无不及。受事伊始，鳌拜即威福由己，以显示自己的强势：他与大臣费扬古素有矛盾，又因费扬古的儿子侍卫倭赫等人在御前值守时“不加礼辅臣”，对他态度有些简慢，便以其“擅乘御马，取御用弓矢射鹿”论罪，处斩弃市。费扬古表达丧子之怨，也被弃市，剩下几个儿子一同论死，家产籍没。鳌拜的连襟苏克萨哈隶属正白旗，与鳌拜话不投机，“积而成仇”。鳌拜“恨屋及乌”，于是打算将本属于正白旗的蓟州、遵化、迁安三地庄园改拨给镶黄旗，而“别圈民地给正白旗”。正白旗对这一政策十分不满，主管户部的大学士苏纳海出面议阻，又与直隶总督朱昌祚一同提出应叫停此事。两旗之间也由此“较量肥瘠”，相持久而不决，致使大片耕地抛荒，百姓失业流落。鳌拜感到十分难堪，于是迁怒于苏纳海、朱昌祚，以“拨地迟误”、妄奏扰政为由，将二人逮治，一并弃市，“以洩其忿”。此事既然牵连了这么多人，鳌拜的连襟苏克萨哈自然也难逃厄运，不久便被定上“蓄异志”等子虚乌有之罪，处以磔刑。对此，少年康熙帝曾予反对，认为苏克萨哈有冤，鳌拜闻旨，竟“攘臂强争”，硬是将苏克萨哈处以绞刑，并“诛其族属”。

鳌拜最初接受顾命时，列于遏必隆之后，排名垫底。但自从首席辅政大臣索尼死后，每逢班行章奏，鳌拜皆列辅臣之首。他整日与其弟穆里玛、侄塞本特、讷莫及满籍大学士班布尔善、尚书阿思哈、噶褚哈、玛尔赛、都统济世、侍郎泰必图、学士吴格塞等党比营私，很多朝廷要事在家中定议，然后施行。侍读熊赐履应诏陈述时政得失，指出他们一伙把持朝政，“但知趋目前尺寸之利，以便其私图”。鳌拜“闻而恶之”，于是请求禁止言官议政，不得上书陈奏。康熙六年（公元1667年），十三岁的康熙帝开始“躬亲大政”，对鳌拜实施怀柔政策，为他加一等公，命其子纳穆福袭二等公爵，次年，又为鳌拜加太师，其子纳穆福加太子少师。但鳌拜并未如康熙帝所期冀的那样“感恩悔罪，克保功名”，反倒益发专恣强蛮。当时，有盗贼窃走其马，鳌拜将盗马贼捕杀，竟连御马的牧长也一并杀掉。另据《清史稿·鳌拜列传》载，时逢户部满籍尚书缺员，鳌拜欲任命亲信玛尔赛补缺，康熙帝则想让另一大臣玛希纳充任此职，鳌拜为达到目的，竟编造理由，为户部配置了两名满族尚书名额，然后“强请除授”。当时，户部由汉族尚书王弘祚主持工作已久，玛尔赛刚刚补任，“不得自擅”，于是“因事龉而去之”，寻机将王弘祚排挤掉。

少年康熙帝已全面接掌朝政，鳌拜仍不以为意，唯务专权，终至玩火自焚。《清史稿·圣祖本纪》：康熙八年五月，“上久悉鳌拜专横乱政，特虑其多力难制，乃选侍卫、拜唐阿年少有力者为扑击之戏。是日，鳌拜入见，即令侍卫等掊而絷之”。有关康熙帝如何命一群小太监假装游戏，又如何“智擒鳌拜”的故事，金庸在《鹿鼎记》中有生动描写，虽不一定完全真实，但有一点可以肯定，那就是鳌拜的过于自信，已使他丧失清醒。鳌拜被捉后，被众臣“列陈大罪三十，请族诛”。康熙帝随即下诏，认定鳌拜“结党专权，紊乱国政，纷更成宪，罔上行私”，罪当正法。特念其效力年久、迭立战功而“不忍加诛”，决定“姑从宽革职、籍没，仍行拘禁”。不久，鳌拜死于狱中。

武英殿位于北京故宫外朝熙和门以西，十六岁的康熙皇帝在此擒拿鳌拜

清人许指严掌故集《十叶野闻》载，

顺治帝虽英年早逝，但生前崇佛，曾多次计划出家，所以对身后之事应早已有所打算，不至于如此所托非人。进而推断，鳌拜等人受顾命辅政的遗诏乃是伪造。其实不论这一推断是否可靠，就算遗诏是真，皇帝火眼金睛，其钦定的辅臣，也难保证日后就一定不会腐败。毕竟，人是会变的，反腐防变，靠的不是眼力，而是制度。

索额图：贪侈饶裕倾朝右

——养犬论暴露康熙帝“纵贪养忠”

索额图是康熙早年顾命辅臣索尼之子，后协助康熙帝清除鳌拜势力有功，一度深得信任宠用，成为朝中首屈一指的权臣。索额图“权势日盛”之时，即因“怙权贪纵”、“朋比徇私”等，不止一次遭康熙帝训斥，却“怙恶不悛”，“罔知愧悔”。直至晚年骄纵皇太子胤礽，与之合谋篡夺皇位事败，才真正受到康熙帝制裁，被定为“本朝第一罪人”。

索家父子原为赫舍里氏，满洲正黄旗人。关于索额图究竟是索尼的第二子还是第三子，《清史稿》与《清史列传》相关传记中的记载存在分歧。但有一点是相同的，那就是尽管索尼生前曾为康熙四辅臣之首，但索额图并未能从他的这个地位显赫的父亲那里继承到任何世袭爵位。索额图的兄长噶布拉因为是康熙帝原配孝诚仁皇后的生父，被“推恩”封为一等公，而索额图的两个弟弟心裕和法保，则一个“袭索尼初封一等伯”，另一个“袭索尼加封一等公”，唯独索额图两手空空，入仕要从底层熬起。他当过史官，做过侍卫，又慢慢从三等“洊升一等”。直到索尼去世一年后的康熙七年，索额图才被朝廷授予了一个吏部侍郎的从二品官职。据此，有些学者认为索额图应该不是索尼嫡子。但不论嫡出也罢，庶出也罢，经历多磨的索额图早年却是兄弟中最精干的一个，而且最终成为了其父政治地位的继承者。

索额图的政治发迹，是从协助少年康熙帝推翻鳌拜专权实现亲政开始的。传载，康熙八年五月，索额图“自请解任效力左右，复为一等侍卫”。为什么要放弃做得好好的吏部侍郎官职，而要继续回到宫中去当一名侍

索额图的大学士府

卫？这要从当时宫中的形势说起。康熙六年，索额图的父亲、位列顾命四辅臣之首的索尼因病去世后，鳌拜失去制约，开始专权擅政，骄横跋扈。日渐长成的少年康熙帝对此十分不满，以索额图的身世及经历，也自然会厌恶鳌拜，站在康熙帝一边。《清史稿·圣祖本纪》载，康熙八年，“上久悉鳌拜专横乱政，特虑其多力难制，乃选侍卫、拜唐阿年少有力者为扑击之戏”，并于五月的一天，乘鳌拜入见，“即令侍卫等掊而絷之”。这个时间，与索额图回到康熙帝身边重做侍卫的时间大体相当。但仔细分析，以索额图的年龄辈分，已不可能充当康熙帝身边侍卫中的“年少有力者”，所以结论只有一种可能：索额图对此事的参与，不仅像金庸笔下的韦小宝那样，凭着几招花拳绣腿出把力气，而是更加深入：他才是整个“智擒鳌拜”事件的幕后策划和导演者。

关键时刻，索额图确实充当了少年康熙帝的智囊和主心骨。据清皇族、礼亲王昭梿所著史料集《啸亭杂录》中记述，鳌拜曾“托病不朝，要上亲往问疾”。康熙帝“幸其第，入其寝”，发现鳌拜有造反预谋，返驾后当即以“弈棋”为由，“召索相国额图入谋划”。数日后，伺鳌拜入见之日，康熙帝及一群少年侍卫才有了“智擒鳌拜”、“声色不动而除巨慝”的一番壮举。由事后索额图地位的突飞猛进，也不难看出他在此事中功劳之大。传载：“及鳌拜获罪，大学士班布尔善坐党诛，授索额图国史院大学士，兼佐领。九年，改保和殿大学士。十一年，世祖实录成，加太子太傅。”

索额图做上保和殿大学士，已是位居阁臣，官至极品。但清初官制，内阁有四殿二阁，阁臣实行“复职”的双轨制，各有满、汉大学士一人，也即共有十二位阁臣。这比明朝的大学士数量增加了很多，因而权力也被大幅度稀释化。为了更加专权，索额图开始发动权力斗争。汉人大学士熊赐履因“素有才能，居官清慎”，颇受康熙帝器重，索额图则于康熙十五年，联合大学士巴泰、杜立德等，以熊赐履工作中“票本有误”予以疏劾，将其罢归。康熙十八年，在朝廷举行的京察大考中，侍讲学士顾八代因“随征称职”，被翰林院以“政勤才长”注考，索额图则改注“浮躁”，将他降调贬职。索额图权势日盛“朋比徇私，益加贪黩”，与阁臣纳兰明珠“互植私党”，“贪侈倾朝右”。

索额图画像

《清实录》载，康熙十八年秋天，北京城发生大地震，“军民房屋，多有倾倒”，死者甚多，“不能棺殓”。康熙帝下诏罪己，以期“挽回天心”，其中提到“朕躬不德，敷治未均，用人行政多未允符”，以致“大臣不法、小臣不廉”，“或罔上行私，或贪纵无忌，或因循推诿，或恣肆虐民”。《清史稿》载，此时，左都御史魏象枢乘机入对，具陈索额图“怙权贪纵”，请求予以“严谴”。翌日，康熙帝召索额图及诸大臣训话：“兹遘地震，朕反躬修省。尔等亦宜洗涤肺肠，公忠自矢。”康熙帝特别警告索额图等人，指出他们自任用后“家计颇皆饶裕”，其巨额家产之来源殊为可疑，“若事情发觉，国法俱在，决不尔贷”。其后，又书写“节制谨度”榜额，赐给索额图等人，作为警示。

但教育不是万能的，索额图继续市权贪贿，大发不义之财。传载，索家“巨富”，达到“通国莫及”；其家人倚仗其权势，个个也都生活腐化。其弟心裕“素行懒惰”，在朝廷值守时“屡次空班”，被康熙帝发现，交由索额图处置，索额图却加以庇护，只以“罚俸一年”应付了事。其弟法保早先即曾因“懒惰”被革职，又“不思效力赎罪，在外校射为乐”，索额图对他“亦不教训”。索额图专权跋扈，“在朝诸大臣无不惧者”；皇帝对其“骄纵”之状“时加戒饬”，他竟也当做耳旁风，“并不悛改”。康熙二十三年，皇帝将其劣迹交议政王大臣会议评议，议政王大臣等议覆，建议将索额图兄弟罢官、夺爵，予以严惩。这次，康熙帝又是“高举轻打”，批示从宽处置。此后近二十年，索额图曾奉命赴东北参与中俄尼布楚谈判，赴西北随御驾征讨噶尔丹、平定准噶尔等。战斗中，索额图曾因表现不够英勇、不肯穷追敌军而被连降四级，至噶尔丹败亡，才被官复原级。

索额图在政治上的失足，与康熙帝晚年废太子事件密不可分。康熙四十一年，皇上视察黄河至德州，中途皇太子胤礽（一名允礽）染疾。《清史稿》载，当时，皇太子已“渐失上意”，而索额图已是“以老乞休”致仕的闲人，又是胤礽的母系长辈，故受命“自京师至德州侍疾”。一年后，索额图却突然被康熙帝下令逮捕，不久即“死于幽所”。又过数年，皇太子“以狂疾废”，康熙帝宣谕其罪状，才道出了当年索额图之死的真正原因：“索额图助胤礽潜谋大事，朕知其情，将索额图处死。”

据年老的康熙帝透露：当年索额图“怀私”，借侍疾“倡议皇太子服御俱用黄色”，致使皇太子存心谋篡之意。故而认定：“索额图诚本朝第一罪人也。”《清史列传》详载索额图被捕时康熙帝的训话，内有“养犬尚知主恩”数语，将多年来故纵其贪以换取他效忠的心思一语道破。然而，事实却再次无情地印证了这种狭隘政治观的失败。

明珠：市恩立威行鸷害

——暗结科道言官屏蔽康熙帝“圣听”

《清史稿》论定：“康熙中，满洲大臣以权位相尚者，惟索额图、明珠。”与索额图相似的是，明珠早年因力赞撤藩有功，一时也是“气势熏灼”。索额图作为皇太子母舅，终以助太子“潜谋大事”得罪，祸延子孙；而明珠由于与皇长子胤禔之母惠妃是堂兄妹，故而在皇嗣斗争中“不附皇太子”，得以自我保全，却也“卒以贪侈败”，被弹劾罢相。

《清史稿·明珠列传》载，明珠，字端范，纳喇（今音译纳兰）氏，满洲正黄旗人。其祖父金台石曾是叶赫那拉部贝勒，当年在与女真另一部落爱新觉罗部首领努尔哈赤作战失败时自焚而死。后来清太祖努尔哈赤统一女真，明珠的父亲尼雅哈投降，被授佐领，得到世袭爵位。明珠是家中次子，未能袭爵，长大后进入皇宫，做过侍卫、内务府郎中、总管等职。康熙七年，明珠因治水有功，先后被授刑部尚书、都察院左都御史。康熙十一年，明珠官迁兵部尚书，“军容整肃，上嘉其能”。“三藩之乱”前后，明珠作为朝中权力新秀力主撤藩，得罪了索额图等朝中重臣，却博得康熙帝青眼相加。

明珠于“三藩之乱”前的表现，以《清史列传》所载较详。康熙十二年，平南王尚可喜表示要移居辽东养老，申请撤藩，吴三桂、耿精忠二

明珠画像

藩也假装附和，以探虚实。康熙帝心中早有撤藩之意，遂将此事交给议政王、大臣、九卿等评议。评议中，很快形成两派意见：多数议政王及索额图等内阁大臣出于维持政局稳定的考虑，主张“吴三桂当久镇云南”，不赞成将其撤回，只有任兵部尚书不久、刚刚跻身九卿之列的明珠态度坚决，与户部尚书米思翰、刑部尚书莫洛等力主撤藩。最终，康熙帝下诏依从明珠等人的提议，索额图等朝中重臣十分恼怒。《清史稿》载，康熙帝下旨撤藩后，吴三桂随即造反，耿精忠、尚之信“皆叛应之”，众臣“争咎建议者”，一致将“三藩之乱”的责任推到明珠等人身上。索额图更是十分激进，要求斩明珠以谢罪，被康熙帝阻止。康熙十六年，明珠被擢升为武英殿大学士，开始与索额图分庭抗礼。三叛既平，旧事重提，康熙帝表示：当初在撤藩问题上，“惟明珠等能称旨”，才有了今日一举扫除藩镇割据的大好局面。明珠俨然成为舍命捍卫皇家利益的铁杆忠臣。

明珠凭借在“三藩之乱”问题上的表现迅速蹿红，势头很快超过了多年来独领风骚的大学士索额图。据民国年间流传的《贪官污吏传》所记载，明珠“于康熙戊午迄戊辰（即康熙十七年至二十七年）十余年间权势最盛”，一度位居“满首相”，也即满人大学士之首。康熙帝对他“恩眷颇优”，赐给他御书大轴，上写：“朕万岁余暇，留心经史，时取古人墨迹临摹……卿等佐理勤劳，朝夕问对。因思古之君臣，美恶皆可相劝，故以平日所书者赐卿，方将勉所未逮。”逢上元节于乾清宫赐宴群臣，赋诗纪盛，总有明珠参与，并赐其马匹。康熙帝于二十三年年初下江南，亦命明珠“扈从”，在苏州虎丘、镇江金山、江宁雨花台等处都留下遗闻轶事，多年后，“江南人犹有能道之者”。

关于明珠在蹿红期间的表现，《清史稿》则载：“明珠既擅政，簠簋不饬，货贿山积。”这说明他居官相当放肆，利用康熙帝的信任及朝廷所赋职权，着实捞了不少不义之财。为了争权和实现权力寻租，明珠将多位甘当“权托”者“援引至高位”，满汉阁僚中，“佛伦、余国柱其党也”。各地督抚中，也遍植党羽，“蔡毓荣、张汧皆明珠所荐引者也”，后来都因贪腐“得罪按治”。明珠与索额图互相倾轧，与索额图的生性“倨肆”、“有不附己者显斥之”不同，明珠则处处假装“谦和”、“轻财好施”，以此招徕“新进”，聚集势力。至于异己者，则“以阴谋陷之”。索额图“善事皇太子”，而明珠“反之”，因在皇嗣争夺中倾向其堂妹惠妃所生皇长子胤禔，也就规避了“太子党”的嫌疑。

位于后海北沿的醇亲王府，初为大学士明珠的府邸花园

明珠自以为做得巧妙，却也有朝士不买其账。《清史稿·德格勒列传》载，大学士明珠柄政，为了结纳士大夫，时常“馈金为治装”，以向朝中清寒之士赠送“置装费”为名，施行拉拢腐蚀。时任侍讲学士、起居注官的德格勒对其十分反感，“固辞不受”。后来天气久旱，康熙帝命德格勒卜卦，得“夬”卦，德格勒于是以该卦五阳爻居一阴爻之下的卦象，强调“小人居鼎铉，故天屯其膏”，直指明珠正是朝中当道的小人。明珠闻知“大恶之”，此后“时以蜚语上闻”，不断对德格勒施以报复。

德格勒的议论固然引起了康熙帝的警觉，但真正揭露和扳倒这个奸贪之臣，还是要用事实说话。康熙二十七年，朝中的监察系统终于发挥了作用，御史郭琇一纸疏劾，将明珠、余国柱一伙罪恶置于众目睽睽之下。疏中揭发：“明珠、国柱背公营私，阁中票拟皆出明珠指麾，轻重任意。”数年来，明珠正是以此“市恩立威”，从中“挟取货贿”。明珠每次进宫奏事完毕，一出皇宫中左门，即有满、汉部院诸臣“拱立以待”，等着向他打听皇上旨意，探问请托之事进展办理。这些权力掮客时而“密语移时”，朝中机密“罔不宣露”，“部院事稍有关系者，必请命而行”。明珠广结党羽，以满人佛伦、格斯特及汉臣余国柱等为其“囊橐”，将“会议会推”等选举用人的机会“力为把持”，又利用督抚藩臬员缺的资源“展转徵贿”。升职名额被“率往论价”，缺额皆被“预定”。明珠“自知罪戾”，故对人“柔颜甘语，百计款曲”，而“阴行鸷害，意毒谋险”。更为严重的是，明珠由于“惟恐发其奸状”而最忌言官，考选科道言官时“辄与订约”，说好日后“章奏必使先闻”，先要报知其本人，才能报送朝廷。因而多年来“负恩乱政”，鲜有言官向朝廷举报。

明珠瞒上欺下的把戏被御史尽行揭穿，康熙帝览奏震怒，随即罢明珠大学士职，改为内大臣，此后“二十年竟不复柄用”。《清史稿》中，记录了康熙帝专门为明珠一事写给吏部的一段手谕：“国家建官分职，必矢志精白，大法小廉。今在廷诸臣，自大学士以下，惟知互相结引，徇私倾陷。凡遇会议，一二倡率于前，众附和于后，一意诡随。廷议如此，国是何凭?”

康熙帝上述话表达了对当时官场争附权贵的不满，认为正是这些官员们的附和诡随，将明珠这样的重臣给捧坏了。殊不知，带头造成这种唯喏事上局面的，正是皇帝本人。近观有识者撰文，认为今天荧屏上的“千古一帝”不是三皇五帝，也不是从来公认的贤君汉文帝和唐太宗，而是“威风大、派头足”的康熙、乾隆帝；与此同时，有些人对单位领导刻意地吹捧，也已经达到了顶峰。这番犀利观察，足以引起当今干部管理部门的警惕。

噶礼：金帐奉母非孝子

——仗义执言母亲向康熙帝告御状

《清实录》载，康熙四十八年，上谕：“所谓廉吏者，亦非一文不取之谓。若纤毫无所资给，则居官日用及家人胥役，何以为生?”又说：“贪黩无忌者，自当参处；若一概从苛纠摘，则属吏不胜参矣。”这些言论，反映出康熙帝执政后期对吏治有所放宽。而对噶礼、蓝理等贪官的多次从轻发落，也使他们在罪恶之路上越走越远。

噶礼，栋鄂氏，满洲正红旗人，是“清初五大臣”之一何和哩的第四世孙。《清史稿·噶礼列传》载，噶礼因是名门贵胄，故而以荫生的资格被授予吏部主事，再迁郎中。康熙三十五年，皇上亲征噶尔丹，噶礼跟随左都御史于成龙督运中路兵粮，召对时言辞“当上意”，被擢为盛京户部理事官，并“岁余三迁”，晋为内阁学士。康熙三十八年，噶礼被授山西巡抚，从此成为坐镇一方的封疆大吏。

噶礼以一言合上意得到提拔，事后证明，他“当官勤敏，能治事”，康熙帝果然慧眼识才。在短暂的接触中，虽不难发现某些人的优点和长处，但其缺点和不良品性，却往往被掩饰，需日久才见。噶礼“抚山西数年”后，官声逐渐转恶，其为官“贪甚，纵吏虐民”，致“山西民不能堪”。御史刘若鼐疏论噶礼贪败，“得赃无虑数十万”，并指太原知府赵凤诏为其“腹心”，使用敲诈手段，专用酷刑，逼取官民钱财，“以济贪壑”。康熙帝览奏，“下噶礼复奏”，令其自己作出解释，噶礼极力辩解，被免于追究。潞安知府缺员，噶礼疏荐手下亲信出任，后此人出事，噶礼“匿不以奏”，下九卿议罪，“拟夺噶礼职”，康熙帝“宽之”，得到“降二级留任”的处理，继续待在原位上。

噶礼身为地方贪官，自然不会放过“火耗”这一敛财“法宝”。自从明朝万历年间，首辅张居正实行“一条鞭”改革，民间赋税一律以银两上交，百姓所交碎银重铸必有耗损，就有了“火耗”一说。官府通常在征税时加征“火耗”，其中多于实际耗损部分，便成了一笔“灰色收入”。对这一潜规则，康熙帝执政晚期予以认可，并曾批示说：“如州县官止取一分火耗，此外不取，便称好官。”但正如老子《道德经》所言：“一生二、二生三……”康熙帝“止取一分”的标准，很快就在噶礼一伙那里得到演进。不久，平遥百姓郭明奇等以噶礼包庇贪婪知县王绶等事进京上访，巡城御史袁桥循线索调查，发现噶礼将山西钱粮一律“加火耗十之二”，所得除部分补大同、临汾等县亏损外，“余并以入己，得四十余万”。鉴于噶礼涉嫌贪污情节严重，袁桥遂将此事奏知康熙帝。

除借“火耗”贪敛钱财之外，噶礼还被查出以修祠建庙为名义，用巡抚官印向民间勒捐；命令家仆赴平阳、汾州、潞安三府索贿，“迫富民馈遗”；利用狱讼手段，逼取临汾、介休两户富民金钱；放纵包庇汾州同知马遴、洪洞知县杜连登等贪吏为非作歹。为了混淆视听，噶礼连忙发动舆论攻势，指使山西学政邹士聪出面，“代表”太原士民“疏留”噶礼，为他歌功颂德。康熙帝闻奏，仍命噶礼“复奏”作出解释。噶礼于是鼓舌如簧，极力否认御史指控的事实，为自己在山西的行为作出种种辩解，并指责上访的平民郭明奇等“屡坐事走京师诬告”，都是些当地的“上访专业户”，其所言“皆无据”；御史袁桥等人的弹劾是故意与之串通，煽动民乱。此案“下九卿察奏”，结果，平民郭明奇等皆被“下刑部治罪”，御史袁桥等竟也“坐诬谴罢”，遭受严重打压。而噶礼则迁为户部侍郎，又于康熙四十八年擢升江南江西总督。

噶礼一到江南，表现益发“恣肆”，不断弹劾打击当地官吏，先后有江苏巡抚于准、布政使宜思恭、按察使焦映汉等接连中招，“皆坐罢”。对于那些不买他账的廉直之士，噶礼更是视为眼中钉，必欲除之而后快。苏州知府陈鹏年为人“素伉直”，忤怒噶礼，不仅被诬陷罢免，所作《虎丘诗》也被诬为“反诗”，幸而“上不为动”，才留下性命。新任巡抚张伯行素有廉声，到任后“与噶礼忤”。康熙五十年，张伯行上疏反映当年举行的江南乡试中“取士不协舆论”，疑有舞弊行为，担任正考官的副都御史左必蕃上疏，亦检举同考官知县王曰俞、方名所荐举子中有“不通文字者”。康熙帝命尚书张鹏翮赶赴扬州，会同噶礼及张伯行察审此事，果然发现考官中有多人收受贿赂，从中舞弊。张伯行“欲穷其狱”，正要开展深入调查，噶礼则因惧怕转而“盛怒”，迫害证人，企图“罢谳”了结此案。张伯行于是弹劾噶礼，将舆论盛传的“总督与监临提调交通鬻举人”，出卖中榜名额，事发后又“索银五十万”，许以“不竟其事”予以包庇一事报知朝廷。

南京秦淮河北岸的江南贡院。三百年前发生在这里的两江总督噶礼接受贿赂、纵容舞弊一案曾令江南学子大哗、民愤难平

噶礼屡遭弹劾而不倒，变得肆无忌惮，这次也并不把张伯行等人放在眼里，立即倒打一耙，反诬张伯行挟私构陷，并罗列张伯行不堪履职等数事。康熙帝命二人一并解任回京，听候审查；负责对二人争讼进行审查的朝官果然又站在噶礼一边，认为张伯行“妄奏”噶礼，应当“夺职”削官。至此，康熙帝对噶礼观察已久，终于有了正确判断：“噶礼才有余，治事敏练，而性喜生事，屡疏劾伯行。朕以伯行操守为天下第一，手批不准。”康熙帝历数了噶礼过去所犯赃私，及其挟私害贤的一贯表现，又说：“噶礼操守，朕不能信；若无张伯行，江南必受其朘削且半矣。”最后，命

张伯行继续留任，将噶礼夺职罢官。

关于噶礼被罢官后的经历，《清史稿》《清史列传》所述皆不详。据清人钱泳笔记《履园丛话》记载：噶礼被夺职后，曾一度被罚赴承德“修热河城工，以赎前愆”。其后，才有其母于康熙五十三年“叩阍”告御状，言噶礼“置毒食物中谋弑母”，噶礼被勒令自尽一事。而关于噶礼被其母控告原委，则以清皇族昭梿所著《啸亭杂录》所记，看似更符合当时宫廷的实际情形：噶礼贪婪一时，“家赀巨万”，曾“造金丝帐以眠其母”；又因其母奉佛，竟在家中“畜女尼数百”，以讨好其母。但其母素恶其贪，不以其行为孝。恰巧这位正直的母亲系孝惠章皇后近戚，又是后宫常客，闻知噶礼与张伯行互相参劾，康熙帝“初颇右礼”，欲将张伯行打入诏狱，心中很为张公不平。一日逢康熙帝前往问安，不及避，康熙帝“因询其子所为”，于是“乃言其子贪状，且言张之冤谴”。康熙帝听后“怫然曰”：其母尚耻其行，其罪不容诛矣！噶礼遂被制裁。

读到“后其母贫窭，以织衽为生”的结局，不禁为史上有这样正直高尚的母亲而动容。“大义灭亲”的佳话日渐少了，仿佛正为“小三反腐”之类的现实笑话所取代，但家庭环境中正义感的缺失，实际上也使许多堕腐官员失去了最后一丝被挽救的可能。

蓝理：贪人移改诚难事

——起用戴罪之臣就得冒政治风险

相对于文官而言，康熙帝执政后期对武将贪敛行为的优纵更为明显。康熙四十八年，他曾谕示内阁成员说：“武官与文官不同。即尔等文官，能一无所取乎？己即不取，能禁家人一无所取乎？故抑武人，乃明代陋习。武人粗鲁，不宜抑之太甚。”但仅仅过了两年，当武将蓝理贪赃事件败露后，康熙帝即悔得连吐苦水：“蓝理凶恶盈满，朕始闻而褫革之。倘当伊罪恶未著之前先行罢黜，于地方岂不更有裨益耶。”

蓝理，字义山，福建漳浦人。《清史稿·蓝理列传》载，蓝理“少桀骜，膂力绝人”，为此曾惹来牢狱之灾。当时漳浦一带海盗横行，蓝理纠集族人中的勇健善搏者，将海盗头领卢质击杀，欲向官府邀功请赏。无奈碰上庸吏，以为是海盗火拼，将蓝理等一并系之于狱。康熙十三年，福建藩王耿精忠反叛清廷，“悉纵系者”，蓝理获释，又被耿精忠军中“猎头”挑中，令其赴福州靖南王藩府授职。蓝理不想为叛军服务，从小道逃到闽浙要隘仙霞关，投了官军。康熙十五年，蓝理随官军平叛有功，被授建宁游击军衔，迁任灌口营参将等职，数年间作为清军军官，与闽台一带郑成功后代领导的反清武装回旋作战。

蓝理画像

蓝理正式当上军官不久，即表露出明显的军阀作风，并开始了他的贪赃行径。康熙十九年，总督姚启圣驻师漳浦，令蓝理分兵把守高浦，蓝理推辞不赴，受到弹劾。经审查，蓝理在军中不光作风跋扈，还“虚兵冒饷”，采取多报士兵数目的方法，欺骗上级，从朝廷多领饷银。蓝理由此坐罪夺官，下刑部议罪，按律应予杖刑流放。后提出“剿海寇自赎”，请求以剿灭郑家军立功抵罪，“上允之，发军前效力”。这大约也就是康熙帝后悔“当伊罪恶未著之前”没能对他“先行罢黜”的原委。

康熙二十一年，长期盘踞台湾抗清的郑成功之子郑经病死一年后，其年仅十二岁的儿子郑克塽嗣立为王，福建水师提督、早年即“背郑降清”的施琅欲乘虚而入，出征台湾。施琅军中乏将，知蓝理作战勇武，奏请以蓝理为右营游击，带领舟师渡海。据《清史列传》载，施琅疏请初经部议遭格，原因是蓝理“前经获罪”，不宜再获重用。但康熙帝不以为然，再次“特旨允行”，蓝理于是被任命为渡海峡作战前锋，带领诸弟蓝瑶、蓝瑗、蓝珠等一起启程进发。

蓝理在渡海作战中确实表现了足够的英勇。《清史稿》列传载，澎湖一役，郑克塽遣其将刘国轩、守令曾遂等“率众数万迎敌”，一时“战舰蔽海”。蓝理“督兵与战”，自辰至午而“战益力”。一发炮弹击中蓝理，

“弹掠理而过”，蓝理“腹破肠流出”，其族子蓝法上前“掬而纳诸腹”，其弟蓝瑗、蓝珠等以破衣为其缚住创口，做了简单包扎。蓝理随即高呼杀敌，麾兵前进，“击沉敌舰二，敌大溃”。战役中，施琅所乘战舰搁浅，“敌舰环围之”，情势危急。蓝理闻讯赴援，“书姓名”于战舟篷帆之上，敌舰望而畏怯。于是乘胜追击，“大败之”，救出施琅，并“逐敌至西屿，杀伤殆尽，遂克澎湖”。清军拿下台湾后，蓝理因功被授参将，加左都督。

康熙帝御赐蓝理的牌匾

但就在此役前夕，一段被正史略掉的史实，则从另一个角度反映出了蓝理带兵的跋扈。《清稗类钞》载：蓝理被任命为渡海作战前队先锋后，“遂在厦门练水师”。一日，队中有二卒出营采购薪蔬，与施琅手下两名侍从发生冲突。蓝理兵卒被“擒而挞之”，对方“且痛诋及理”，捎带着也骂了蓝理许多不堪之语。二卒归来哭诉，蓝理说：“斗殴，常事也！”对士卒违反军纪外出打架不予训斥，反倒怨其出手不狠，尽丢自己脸面。随后“命二卒卧板扉上，刺鸡血淋之”，将这两名满身是血的士兵抬到施琅帐前，要求施琅交出两名“行凶”的侍从，并声称两名侍从当众“辱詈”自己，“损先锋威重，摇军心”，必须领他们到营中当众赔礼，挽回影响。施琅“不得已付之”，蓝理回营，竟又突然派人“具牒飞报”：“今日上吉，先锋官启行。”于岸边将两名侍从斩首“祭江”，随后“轰巨炮，顺风扬帆去”。主帅施琅虽“闻之不怿”，也只好说：“虎将也！”随之部署进攻。

蓝理打了胜仗，自是一好百好，主帅施琅以识人善荐而脸上有光，康熙帝也以力排众议、敢于起用戴罪之将而倍感自豪。康熙二十六年，蓝理家中丁忧服阕，奉旨诣京师，被召至御前。康熙帝“问澎湖战状，命解衣视其创，慰劳甚至”，将蓝理破格超授为陕西神木营副将，随即擢升为宣化镇总兵，挂镇朔将军印。此后二十几年间多次移镇，官越做越大，“赏赉有加”，被赐花翎、冠服，先后得御书“所向无前”、“勇壮简易”等，镌榜赐赠。

康熙五十年，福建出了大事。《清史稿》载，这一年，农民起义头领陈五显等“纠二千人扰泉州永春、德化诸县”，时任福建提督的蓝理在康熙帝“事闻逾数月”后，才上奏疏陈此事，并且遮遮掩掩，避重就轻。于是“上斥其诳”，蓝理以重大政治事件瞒报、虚报被夺职。事后查明，这起百姓闹事皆因监理在当地婪赃欺众而起，蓝理按罪当“论斩”，被“从宽免死”，命“入京旗”充军。后于康熙五十四年病卒。

蓝理到底在福建做了什么？关于此，传载不详，由《清实录》记载可以揣知。康熙五十年，康熙帝“谕大学士等”，开头写道：“闻福建百姓聚集数千，在泉州所属地方抢夺食物，奔入山中。提督蓝理三路率兵进剿，一路兵少为折挫。如果有所获，蓝理必早已题报矣。此事督抚提督等俱未奏闻。将军祖良璧虽大略奏闻，亦不明白。”可见当时蓝理封锁消息之严，正与今天一些地方出事后主管官员的表现如出一辙。康熙帝随后说，他见到造反百姓散发的揭帖：“揭帖内，称皇上以我等阖省老幼，如同赤子恩养，屡次蠲免钱粮……但地方官负皇上之恩，不曾施及百姓。”由此，康熙帝才明白蓝理等人的贪婪，已使他的许多“惠民之举”打了水漂。接下来他异常愤怒地表示：“蓝理人材壮健，而居官甚劣，克扣兵丁钱粮，故地方官兵俱怨。即伊同乡人，无有不言其贪者。”又说：“蓝理居官贪劣已极。蓝理为游击时，因克扣兵丁钱粮，曾拏问革职。因伊在朕前数次跪请进剿台湾海贼赎罪，始发往效力。后累加擢用，授为福建提督。伊当思朕洪恩，改悔前非。乃仍然不改，以致人人含怨。可见贪婪成性之人，冀其改移，诚难事也。”

至此，康熙帝终于明白了在贪官“复出”背后，实则隐藏着巨大的政治风险。无奈世上却无后悔之药，即便是骄傲的“康熙大帝”，也只能为自己惩贪不坚决的恶果埋单。

年羹尧：骄踞堕腐罪难辩

——被雍正帝所杀只因“知情太多”

《清史稿》载，康熙六十一年（公元1722年）岁末，“上大渐”。弥留间，皇四子雍亲王胤禛被“召于斋宫，宣诏嗣位”，历时十三年的雍正朝自此开始。学界一向有观点认为雍正帝是矫诏篡位，并借助定西将军年羹尧的军事实力，才使时任抚远大将军的皇十四子胤祯失去了举兵夺回继位权的可能。进而认为：年羹尧于雍正四年被杀，也正是因为他对这一事变内幕“知情太多”。不论上述“阴谋论”是否成立，年羹尧数年间“恃上眷遇”所犯“狂悖”、“专擅”、“贪黩”、“侵蚀”诸罪确属十恶不赦，该当惩治。

年羹尧，字亮工，汉军镶黄旗人。年羹尧虽生于官宦之家，其父年遐龄曾为湖广巡抚，但年羹尧在仕途上更多的是依靠自己。康熙三十九年，年羹尧以较高名次考中进士，改庶吉士，累迁内阁学士。康熙四十八年，年羹尧被擢为四川巡抚时，其父已于五年前被弹劾罢官回家。年羹尧因“治事明敏”，被“特授四川总督，兼管巡抚事”，并于康熙五十九年被授定西将军印，次年又奉命“兼理四川陕西总督”，几年间为西部局势的平定出力不小。除曾因疏请加征火耗垫补兵饷受到批评外，终康熙一朝，表现倒也可圈可点。

年羹尧画像

年羹尧的另一身份，是雍正帝胤禛的大舅哥。其妹年氏，早年“事世宗潜邸，为侧福晋”。康熙末年，年氏已为雍亲王胤禛生养了两子一女，而哥哥年羹尧也已是川陕总督，在西部拥有很强的军事实力。康熙帝驾崩时，最有可能继承皇位的皇十四子胤祯，正以抚远大将军身份，奉命拥十几万大军驻防西陲。这对于在京匆忙继位的雍正帝胤禛来说，“压力山大”是正常的。《清史稿·年羹尧列传》载，雍正帝一即位，马上将胤祯召回，“命年羹尧管理大将军印务”。显然，只有年羹尧这个铁杆外戚最可信赖，也最有条件对手握重兵的胤祯形成抑制，迫使他乖乖交出兵权。从事后来看，雍正帝坐稳帝位，年羹尧立即被授世职，加官太保，其妹年氏被封为贵妃，也印证了年羹尧在雍正帝登基一事上所立下的功劳。

年羹尧在雍正初年的地位可谓蒸蒸日上。很快，雍正帝即以“平西藏功”，再封年羹尧世袭三等公，通谕“四川、陕西、云南督、抚、提、镇，军事皆告羹尧”。十月，年羹尧进而论功“进公爵二等”。次年，因讨剿罗卜藏丹津叛乱，“青海部落悉平”，年羹尧又被论功进为一等公爵。雍正帝别授年羹尧一个子爵爵号，令其子年斌袭承，并封其父年遐龄为一等公爵，加太傅。雍正二年十月，年羹尧进京入觐，获赐双眼花翎、四团龙补服、黄带、紫辔、金币。又加一等子爵，令其次子年富袭承。

年羹尧“才气凌厉”，“师出屡有功”，又倚恃雍正皇帝眷遇，变得十分骄纵狂妄。每遇行文传檄，对各省督抚动辄点名训斥。雍正帝派身边侍卫从军随征，竟被他“使为前后导引，执鞭坠镫”。进京入觐时，则有依附其势的直隶总督李维钧、陕西巡抚范时捷等高官“跪道送迎”，且“行绝驰道”，令京师为他沿途戒严，连议政王大臣们也要为他行“郊迎”之礼。至于边地蒙古诸王公，更是见之“必跪”。这一时期，雍正帝对年羹尧也十分尊宠，乃至在各省封疆大吏的人事任免问题上，对年羹尧的意见也是言听计从。年羹尧向雍正帝推荐陕西布政使胡期恒及景灏“可大用”，随后弹劾四川巡抚蔡珽，雍正帝即对蔡珽予以逮治，以景灏接替四川巡抚，又提拔胡期恒担任甘肃巡抚。年羹尧分别将自己的仆从桑成鼎、魏之耀提拔至布政使和副将高位，又请求“发将吏数十从军”，雍正帝也一概“许之”。

有关年羹尧的骄纵之态，清皇族昭梿著《啸亭杂录》载：“年既承天眷，日渐骄迈，入京日，公卿跪接于广宁门外，年策马过，毫不动容。王公有下马问候者，年颔之而已。至御前，箕坐无人臣礼，上皆优容之。”年羹尧进京见皇帝尚且如此，平日在军中，更是跋扈乖戾。清人葛虚存编《清代名人轶事》载：年羹尧“军法极厉，一言甫出，部下必奉令唯谨”。一次大雪天，年羹尧“舆从出府”，从官不敢同车，“扶舆而行”，雪片落满手上，亦不敢将手抽回袖中。年羹尧忽生恻隐，令其“去手”。结果“从官未会其意”，竟“出佩刀自断其手”，顿时“血涔涔遍雪地”，年羹尧“虽悔出言之误，顾已无可补救”。后面这段轶闻细节未可全信，但能流传至今，从中也反映出他素有军令严峻、性情残酷的口碑。

雍正帝表露对年羹尧的不满，是从处理他所弹劾的四川巡抚蔡珽一事开始的。《清实录》载，雍正三年正月，雍正帝谕大学士等，首先说蔡珽所犯之罪按律当斩，但话锋突然一转：“朕思蔡珽所犯，系年羹尧参奏，今若将蔡珽置之于法，人必以朕为听年羹尧之言而杀蔡珽矣。朝廷威福之柄，臣下得而操之，有此理乎。”基于这样一个理由，所以“著将蔡珽从宽免罪”。既然蔡珽确实有罪，雍正帝何以非要予以赦免，又为何借题发挥，说了一番对年羹尧有所暗指的话呢？另据《清史稿·年羹尧列传》载，蔡珽奉召入见时，曾“备言羹尧暴贪诬陷状”，正是由于此，雍正帝才“特宥珽罪”。也就是说，蔡珽为了保住自己，将年羹尧在西部的表现尽行揭发，深深触动了雍正皇帝，并以此为自己赎了罪。

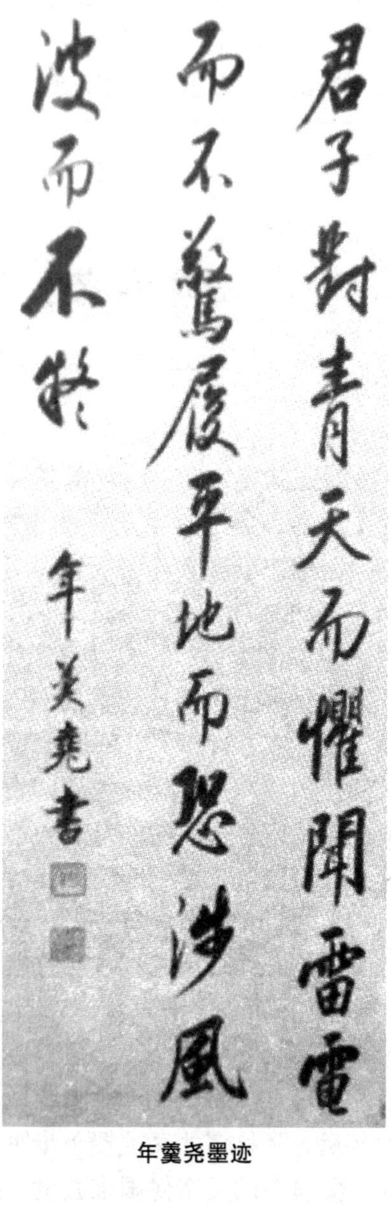

年羹尧墨迹

接下来，年羹尧开始为他的恶劣表现付出代价。雍正三年二月，天象“日月合璧，五星联珠”。按君臣惯例，年羹尧向雍正帝疏贺，疏中为了押韵，将赞美皇帝勤政的“夕惕朝乾”一词倒置，被雍正帝大加指责，并公开表示：“羹尧不以朝乾夕惕许朕，则羹尧青海之功，亦在朕许不许之间而未定也。”不久，又以年羹尧在用人问题上“举劾失当”，在西部“不惜番民”引发当地闹事等，将其免职，改授杭州将军。这样一来，过去一直受其压制的川陕、山西、河南、直隶等地数位督抚及部分朝官争相举劾，“交章发羹尧罪状”。雍正三年年底，年羹尧又被从杭州逮至京师，“下议政大臣、三法司、九卿会鞫”，终以“大逆之罪五、欺罔之罪九、僭越之罪十六、狂悖之罪十三、专擅之罪六、忌刻之罪六、残忍之罪四、贪黩之罪十八、侵蚀之罪十五”等，共九十二条罪状定罪，被令狱中“自裁”而死。

年羹尧作为踞功堕腐的典型，历来无可置疑，但雍正帝对其予以处置时那番高调宣示，却也难免引来赏罚随意、“威福由己”的指责。当年康熙帝治官主张宽和，特意摹写顺治帝“正大光明”匾额，弘扬其义，过多冀望于正面引导，结果收效甚微。雍正帝御下严苛，吏治较严，但不能以身作则，在树正气上存在“软肋”，结果同样不能刹住贪风。反腐确如打铁，既要下得去重锤，也还要自身过硬。

隆科多：贵盛侈汰无所忌

——顾命身份与雍正帝继位皆存疑问

雍正初年，朝中与年羹尧成“内外夹辅”之势的另一重臣，便是“恃元舅之亲，受顾命之重”的皇家贵戚隆科多。隆科多因是康熙帝的小舅子，据称在康熙末年被指定为唯一的顾命大臣，还是那份神秘“传位诏书”宣谕时的唯一局外证人，所以一度被雍正帝“寄以心腹”。最终，也因“贵盛侈汰”、“无复顾忌”，被雍正帝定下了四十一条大罪，禁锢而死。

隆科多，佟佳氏，满洲镶黄旗人。佟佳氏在满族八大姓“佟、关、马、索、齐、富、那、郎”中位列于首，隆科多父子两代都是后族贵戚：其父佟国维，是康熙帝生母、顺治朝孝康章皇后的幼弟，被封一等公；隆科多则是康熙帝孝懿仁皇后的弟弟，康熙二十七年被授一等侍卫，擢銮仪使，兼正蓝旗蒙古副都统。

但隆科多这个国舅爷做得比较悲催，他的姐姐孝懿仁皇后于康熙二十八年封后，翌日病故。自那以后，在皇上身边没了替他说话的人，万事都要靠自己小心。《清史稿·隆科多列传》载，康熙四十四年，康熙帝有意教育一下自己的这个小舅子，就以其下级“所属人违法”，责隆科多“不实心任事”，罢掉他的副都统、銮仪使之职，只保留他的一等侍卫职衔。数年后，隆科多才又被授予步军统领。另据《清史列传》载，康熙五十八年，隆科多的父亲佟国维去世，按理，其一等公爵位应由隆科多承袭，但当有关部门为他上报请旨时，奏疏却被“留中”，未得批复。只在次年，才将他擢为理藩院尚书，仍管步军统领。袭爵的事，终康熙一朝也无音讯。

至于隆科多如何成为康熙帝委托的顾命大臣一事，与雍正帝的继位同样存疑较多。《清史稿》载，康熙六十一年十一月，康熙帝“大渐”，隆科多“召受顾命”。雍正帝继位后甚至还说，康熙帝“升遐之日”，大臣中“承旨者唯隆科多一人”。这一情况，不免与康熙帝晚年对他的态度迥然而异。退一万步讲，姑且不论康熙帝对隆科多的信任程度，仅以他区区一个理藩院尚书的职位，也远远不具跨越当朝衮衮诸公而独任顾命辅臣的资格。

隆科多画像

翻开《清实录·圣祖实录》的记载，也确实让后人一头雾水：当天丑刻（即半夜一点至三点），“上疾大渐”，命人“趣召皇四子胤禛于斋所”，让他“速至”。一个时辰后，“召皇三子诚亲王允祉、皇七子淳郡王允祐、皇八子贝勒允禩、皇九子贝子允禟、皇十子敦郡王允䄉、皇十二子贝子允祹、皇十三子胤祥、理藩院尚书隆科多至御榻前，谕曰：‘皇四子胤禛人品贵重，深肖朕躬，必能克承大统，著继朕登基即皇帝位。’”又过了三个时辰，当胤禛“闻召驰至”，“趋进寝宫”，康熙帝只是“告以病势日臻之故”。当日，胤禛又“三次进见问安”，康熙帝对已宣布由他继位的事竟仍是只字未提，直到天黑后，“戌刻，上崩于寝宫”。记载中，除十三阿哥胤祥外，其余诸皇子名字中的“胤”字都已因避讳改为“允”字，有关文字显然是雍正帝继位后的补记；而聆听康熙帝临终传位口诏的八人中，除隆科多外，七位皇子都不同程度地卷入了夺嗣之争中。这样一来，隆科多也就成了身处局外而唯一能客观见证当时情况的独立证人。所以，无论隆科多成为顾命大臣这件事中存有多少偶然成分，仅凭他在雍正帝继位合法性问题上的“孤证”地位，就足以享受后者的格外“呵护”。

隆科多不仅是关键时刻的证人，更充当了雍正帝走上皇位的“司仪”。《清实录》载，就在康熙帝“宾天”、胤禛“哀痛号呼，擗踊不已”之际，隆科多提出：既然大行皇帝（对已故皇帝的称谓）“深惟大计，付授鸿基”，已经传位给四阿哥，那就“宜先定大事”，继位的事办完了，“方可办理一切丧仪”。在隆科多的主持下，胤禛按旧例“趋至御榻前，抚足大恸”，然后又亲自更衣，于当夜“安奉大行皇帝于乾清宫”。次日，便以“朕”自称，统理国丧，接管朝政；随之“命贝勒允禩、十三阿哥允祥、大学士马齐、尚书隆科多总理事务”，下令一应启奏诸事“俱交送四大臣”。隆科多至此摇身一变，俨然成了新一代朝廷“四辅臣”之一。不久，隆科多袭一等公爵的遗留奏章也被批准，两个儿子也都被授予官爵。雍正帝又谕示内阁：“隆科多应称呼舅舅，嗣后启奏处，书写舅舅隆科多。”雍正元年，隆科多与川陕总督年羹尧同加太保。雍正二年，组织纂修《圣祖实录》《大清会典》，并充总裁，监修明史。又与年羹尧同赐双眼花翎、四团龙补服、黄带、紫辔。

隆科多的下场，竟也如今日那些被“拼爹”事件拉下马的贪官一样，倒霉在他“坑爹”的儿子身上。传载：雍正三年，隆科多的次子玉柱以“行止甚劣”被夺官，交隆科多管束。这是一个十分危险的信号——当时，年羹尧案件已经爆发，《清实录》载，这年六月，雍正帝谕大学士、九卿等：“年羹尧如许大罪显露，而伊子年富、年兴等尚毫无畏惧之形……乃随处为伊父探听音信，且怨愤见于颜色。年富、年兴俱著革职，交与伊祖年遐龄。”说到这里，又突然话锋一转：“再，隆科多之子銮仪使玉柱，行止甚劣，亦著革职，交与伊父隆科多。”果然，当吏部议奏年羹尧之罪时，雍正帝再次突然变脸，严斥“所议甚属悖谬”，毫无缘由地指责“此必隆科多有意扰乱之故”，命将隆科多“著交与都察院严加议处”。随后，隆科多被削去太保及一等阿达哈哈番世职，命往阿兰善等处修城垦地。

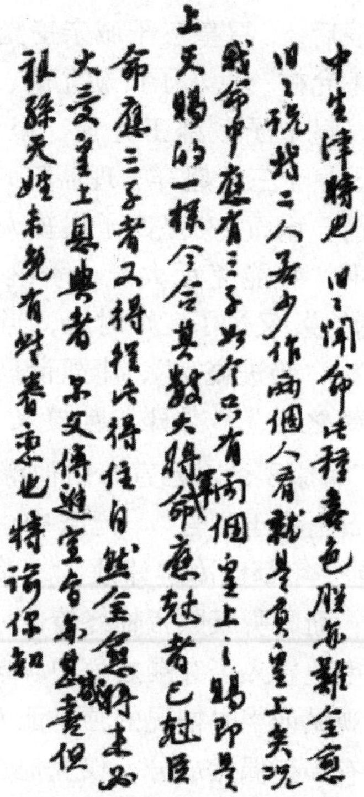

雍正帝朱批，亲自做主把年羹尧的儿子年熙过继给了隆科多

雍正四年，隆科多家仆牛伦“挟势索赇”事发，审讯中，“鞫得隆科多受羹尧及总督赵世显、满保，巡抚甘国壁、苏克济贿”。审结后，雍正帝下令将牛伦斩首，罢去隆科多尚书职务，远赴阿尔泰等地料理边疆事务。雍正五年，宗人府弹劾隆科多私藏皇室玉牒，雍正帝命令削其爵位，召还京城，交议政王大臣会鞫定罪。隆科多被认定犯有大不敬、欺罔、紊乱朝

政、党奸、不法、贪婪等共四十一条罪行，依律当斩。据《清史列传》详载，仅其中的“贪婪之罪”，就涉及“索诈安图银三十八万两”、“收受赵世显银一万二千两”、“收受满保金三百两”、“收受苏克济银三万六千余两”、“收受甘国壁金五百两”、“收受六格猫眼、红宝石”、“收受王廷扬银二万两”、“收受李树德银二万一千四百余两”等十六宗索贿、受贿事实，贿赂者上至王公贵族、下至无名百姓。足见其权势之盛，及敛财范围之广、胃口之大。

隆科多最后的日子是在绝望中度过的，雍正帝为了体现所谓宽宏大量，下令“可免其正法，于畅春园外筑屋三楹，永远禁锢”。一年后，隆科多死于禁所。畅春园位于今北京大学西侧，雍正年间已改为后妃避喧居所，雍正帝把他的“隆科多舅舅”关在那里，大概也是出于强调“家事”和“家法”的用意，以此规避外界议论吧。这其实可谓多此一举：在专制政体下，治贪从来就是权力系统内部的事，轮不上百姓说道。

第三章 "乾隆盛世"尚贪侈 簠簋不饬因"源浊"

那些『不顾影响』的贪官们

如果说，康熙帝失之宽纵，雍正帝失之严猛，背负父祖两代教训的乾隆帝，虽然绞尽脑汁小心整饬，竟也一不留神整出了一项令他十分难堪的纪录。据统计，清代二品以上大员涉贪被杀者共四十一人，仅乾隆朝就占了二十七位之多——正是他的『尚贪侈』，造成了『源浊流不能清』的严重后果；而随之把反贪当成面子工程的做法，又让他把那点『面子』弄成了没面子。

鄂善：因贪赐死犹抵饰

——拒不“自裁”栽了乾隆帝面子

看上去很美的“康乾盛世”，吏治却陷进了“宽严皆误”的怪圈。如果说，康熙帝失之宽纵，雍正帝失之严猛，背着父祖两代教训的乾隆帝，虽然绞尽脑汁小心整饬，竟也一不留神整出了一项令他十分难堪的纪录：据统计，清代二品以上大员涉贪被杀者共四十一人，仅乾隆朝就占了二十七位之多。而这其中的第一位，正是乾隆帝一手提拔的兵部尚书鄂善。

鄂善其人正史无传，根据《清实录》及《清史稿》有关记载，鄂善为郭络罗氏人，也是满洲勋戚之后。鄂善最早为武官，雍正年间曾历任军前署炮营章京、左翼前锋统领等职。雍正五年，已升任镶黄旗满洲都统兼前锋统领的鄂善上奏，为他的祖先申请追封，从而揭开了自己的家世。原来，他的高祖常书，是当年建州女真八部之一苏克苏浒河部沾河寨的寨长，率部“归诚”清太祖努尔哈赤后，努尔哈赤为表感激，曾“将亲妹公主下嫁”。另据《清史稿·常书列传》载，努尔哈赤当时正受到明朝政府的孤立和打压，常书等人的加盟意义重大，故而与之“椎牛祭天”，“幸爱如手足”，继而才将自己的妹妹下嫁给他。鉴于鄂善的这位女老祖后来“在盛京薨逝，未得册封”，雍正帝接到鄂善的申请后，即下旨“著封为和硕公主”，以表对祖先的敬意，以及对鄂善这位皇家远房勋戚的接纳。

鄂善仕途的上升期，应是在雍正后期至乾隆早期的十年之间。《清实录》中，雍正八年，曾有一条“上谕”，夸奖鄂善带兵驻扎山西期间“约束严肃，兵民颇觉相安”；新都统接管后却因管理疏纵造成兵丁“嬉游放肆，不遵法令，扰累居民”等，与之形成鲜明对比。后来，雍正帝将鄂善提拔为内务府总管，在征讨准噶尔的战斗中，多次命他代表朝廷到前线慰问劳军。乾隆元年（公元1736年），鄂善被改授吏部左侍郎兼步军统领。乾隆三年，他先后参奏武闱冒名代考、工部主事盛安代人说事受财等事件，颇受乾隆帝重视；当年年底，被升为兵部尚书，位晋九卿。乾隆五年，鄂善还曾先后以兵部尚书兼刑部尚书、吏部尚书事务；当年十月，获赐“在紫禁城骑马”的特殊待遇。

鄂善代理刑部尚书事务后，仅仅一个月左右的时间，就陷进了一起古怪的民间财产纠纷案中。事情还要从乾隆帝后来批给刑部的一份举报说起。

图为模拟的清代刑部大正堂。鄂善代理刑部尚书事务，仅仅一个月左右的时间，就陷进了一起古怪的民间财产欺诈案中

乾隆五年十月，皇帝谕示：雍正年间，先皇曾降谕旨，禁止民间埋藏大数额黄金白银。这项禁令“不过惩戒贪鄙之意”，原本是为了预防少数贪官隐匿赃资，颁布后并未大面积推行。今闻顺天府平民许秉义（曾任户部员外郎，因事被革职），向官府举报其已故岳父俞君弼家中埋藏银两，顺天府尹张鸣钧随即差人前往刨掘，得银仅二万余两。这个数额，并不在从前禁止范围之内，且此事张鸣钧并未奏闻请旨，便遽然如此办理，十分不妥；许秉义的举报也实属可疑。究竟许秉义是否真为俞君弼之婿，有无挟讐报复、图利诈骗的嫌疑，以及府尹张鸣钧的处置是否失当，其中有没有徇私舞弊、权钱交易情节，交刑部查审定议。

数日后，乾隆帝“又谕”：前批顺天府发掘银两一案，府尹张鸣钧已承认办理错谬，许秉义并非俞君弼亲婿，举报确为谋占其家产。今闻刑部查实，俞君弼原为工部凿匠，积有家赀，且病故无子。许秉义原系俞君弼义女之婿，欺其嗣孙年幼，为图占家产，竟以婿名主丧。理丧期间，许秉义为了让自己的行为名正言顺，便通过与其有宗亲联系的内阁学士许王猷“遍邀汉九卿（即清代六部及同级衙门中的汉族长官）往吊”，意欲借声势弹压俞姓族人。九卿中，除少数托故不往，其余竟都应邀前往者凭吊。身为大臣，而向出身微贱之人俯首拜跪，九卿纵不自爱，其如国体何？著传旨严行申饬！

小小一桩民案，竟将众多朝廷大臣牵扯进来，可见乾隆帝那号称“闻鸡起舞、宿夜在公”的旺盛精力，以及他善察民间微末的当政风格不是虚传。从表面上看，两份批示均在鄂善当年四月卸去刑部之责数月以后，其中所涉官员又未直接点名，鄂善对此似乎可以高枕无忧。但又过数月，乾隆帝再降谕旨，却如天降霹雳，彻底击穿了他的所有侥幸。

乾隆六年三月甲申，谕：“据御史仲永檀参奏，提督鄂善于张鸣钧发掘银两案内，有俞长庚（俞君弼已故子，嗣孙之父）妻父孟鲁瞻，转托范毓馪（民间知名富商）与提督说合，送银一万两，属其照拂。并侍郎吴家骐，亦曾得俞姓银二千五百两……鄂善系朕倚用之大臣，非新用小臣可比……若不明晰办理，判其黑白，则朕何以任用大臣，而大臣又何以身任国家之事耶？著怡亲王、和亲王、大学士鄂尔泰、张廷玉、徐本、尚书讷亲、来保、秉公查审，使其果实，则鄂善罪不容辞；如系虚捏，则仲永檀自有应得之罪。”

六天后，即乾隆六年三月庚寅，乾隆帝又谕诸议政王、大臣等，宣布此案调查结论：“鄂善得受俞长庚贿赂一案……鄂善家人及过付人等俱各应承，是鄂善受贿之处已属显然。”其中特别提到，在众多朝廷重臣旁听下，对其面加询问，鄂善“始犹抵饰”。对此，乾隆帝施以坦白从宽的攻心之策：“汝若实无此事则可；若有，不妨于朕前实奏，朕另有处置，而谕此数大臣从轻审问，将此事归之汝家人，以全国家之体。”鄂善“熟思”之后“乃直认从家人手中得银一千两是实”。

比较搞笑的是，自幼熟读经籍的乾隆帝，在处置鄂善时，竟也插曲连连、花絮不断：先是鄂善招供后，乾隆帝试图仿效汉代贾谊关于重罪之臣应“跪而自裁，上不使人捽抑而行之”的主张，特意“垂泪”对鄂善说：“尔罪按律应绞，念尔曾为大臣，不忍明正典刑，然汝亦何颜复立人世乎？汝宜有以自处也。”意思是不明确宣布杀他，让他自己回家主动“杀身成仁”。待鄂善退下，乾隆帝“犹恐如此办理或有过刻之处”，令有关亲王大臣“再加详议”，均认为“实无过刻之处”。乾隆帝又命将众王及大臣奏帖交与鄂善阅看，并传谕道：“朕于大臣，视同手足。今尔负朕至此，朕万不得已如此办理，自降旨之后，心中戚戚，不能自释，如人身之失手足也。汝心中若有欲言之事，不妨向二人再行陈奏。”哪知那鄂善贪生怕死，竟然“忽奏”称：“我错听皇上谕旨，以为我家人已供我得银一千两，又听得谕旨云‘朕另有办处’……恐皇上办理为难，是以一时应承。”鄂善如此翻供，令乾隆帝非常难堪，只得指天发誓说此案系当堂会审，朕并未“以威慑之、以言诱之、以刑讯之”等，又说“朕为此事数日以来寝不安席，食不甘味，深自痛责，以为不如皇考之仁育义正、能使百尔臣工兢兢奉法”云云。最终，鄂善才在行刑者的监视下于家中“自尽”，勉强全了所谓“君臣之体”。

这正是：见过贪官不要脸的，没见过不要脸还硬要给脸的。可见把反贪当成面子工程的实施难度太大，一不留神，还真能把那点“面子”弄成了没面子。

卢焯：婪赃欺主失“圣恩”

——圣谕暗示进贡不得给皇上招怨

史上帝王中，最善夸夸其谈发宏论者，大约数得上清乾隆帝。乾隆六年七月，刚刚捶胸顿足地将贪官鄂善“劝”得“跪而自裁”后不多日，乾隆帝又有长篇谕旨，说自己“自幼读书，研究义理，至今朱子全书未尝释手”，深明“御众以宽”的古训；而今肃贪是“诸臣迫朕以不得不严之势，非朕之本意也”。在这篇训喻中作为反面典型被点名的，除已死的鄂善外，还有新近因“营私受贿”、收了当事人五万两银子被解任的浙江巡抚卢焯。但就是这个卢焯，多年后被复用仍无长进，再度“落马”，直至乾隆帝对他彻底绝望。

卢焯，字光植，汉军镶黄旗人。卢焯的官最初是买来的。《清史稿·卢焯列传》载，卢焯早年是依靠“入赀”而“授直隶武邑知县”。捐纳买官在当时很普遍，据统计，仅康熙十二年至十五年的三年间，清政府即收银二百多万两，其中捐纳知县达五百多人。买来的官自然不比科场得官来得风光，但只要肯努力，爬到督抚以上高位的也不乏其人，卢焯就是其中的代表。武邑县旧有均徭钱供差费，遇差仍“按里派夫”，属于徭役重合，卢焯上任后即予革除，又在雍正年间较早实施了“归火耗于公”的廉政新举，为后来全国推广“火耗归公”带了个好头。此后，卢焯任职多地，又因“捕盗尤力”抓治安有功、“禁械斗”维稳有成绩，以及行宽政，疏运河，“动帑赈恤”，受到特别召对，先后“迁督粮道”、“授按察使”、“迁布政使”，于雍正十二年“擢福建巡抚，赐孔雀翎”，做了抚台大人，主管一省军政。

卢焯在雍正年间可谓春风得意，乾隆帝继位后，仍将他留在福建巡抚任上，但他的一些做法却招来了主上反感。乾隆帝一即位，就对福建发生的水灾表示关切，下令福建官员对民间受灾面积进行勘察，以便作出抚恤。卢焯似乎并未领会这位新皇帝急欲打造亲民形象的意图，还在奉行老的思路，随即回复说：“被水州县，皆不成灾，勿劳皇上惦念。”乾隆帝揽奏下旨：“被水虽不成灾，仍须加意赈恤，毋使小民失所。”并训示道：“此等赈恤事件，务须一有水旱，立即赈恤，然后民得实惠。若待奏报后，俟朕批谕然后奉行，则无及矣！”最后又强调：“朕之此谕，亦所以戒尔等于将来也。”意思是让他记住这次教训，日后要举一反三。卢焯赶紧领会皇上旨意，随后奏请消减邵武、永安、霞浦等地的粮食科征，免除闽侯等县田税，又以平和、永安、清流等县田少丁多，请求减免摊余丁银等，这才顺应了乾隆帝一上台先要收拢民心的政策走势。

乾隆三年，卢焯调任浙江巡抚，兼理盐政。刚到任，他又连忙按照在福建任上领会到的圣上旨意，奏请“停仁和、海宁二县草塘岁修银，减嘉兴属七县银米十之二”，又“奏陈盐政诸事：请禁商人短秤；饬州县捕私盐毋扰民；毋捕肩挑小贩”等。满以为这样为老百姓提出惠民之举，就会博得皇上满意。哪知，正所谓此一时也，彼一时也，乾隆帝此时龙床坐稳，又开始对卢焯没完没了地讨好百姓产生反感。不久便下谕旨：“所奏各条皆是。汝先过刻，兹乃事事以宽沽名，过犹不及，汝其识之！”这是在提醒他做戏也要有分寸，不要一味矫枉过正，当心做过了头。卢焯接旨，感到一头雾水，心说这位年轻主子实在是书读得太多，圣意难测，可比他先皇老子难伺候多了，自己得加倍小心才行。无奈越是小心行事，却越是不合上意，乾隆五年，乾隆帝干脆下旨训斥：“卢焯至浙江，沽名钓誉……心无定见，惟事揣摩，已彰明较著矣。”还特别对他在浙江“举乡贤名宦络绎不绝”，不断向朝廷推荐当地人才的做法提出了警告。

乾隆年间卢焯在闽抚、浙抚任上所摔的跟头，还远远不只来自《清史稿》的上述记载。另查《清实录》记载，乾隆五年，卢焯还曾因数年前在福建巡抚任内“保举福州府知府王德纯不实”被“部议革任”，乾隆帝指示“从宽留任”。早年王德纯在漳州任知府，就曾受贿索贿，帮人冒考武童、枉法断案，并有“私狎戏旦”等问题，“有玷官箴”，受到查办。后在当地督抚包庇举荐下再度复出，升至福州知府，又再犯赃私，被人弹劾。为此，原任闽浙总督郝玉麟曾被查出“事后收受馈遗”，受到降级处分，卢焯显然也受到牵连。乾隆五年九月，乾隆帝又专门下旨给卢焯：“汝革职留任之案不少矣，人颇以朕处分汝者为过宽，而以汝报朕者为不副。汝其知之乎？汝在闽时，惟以苛刻为事；及调浙，又以姑息为念。是汝胸中全无定见，惟看光景为进止也。以后当痛自改悔，不然，朕恩岂可再邀乎？”

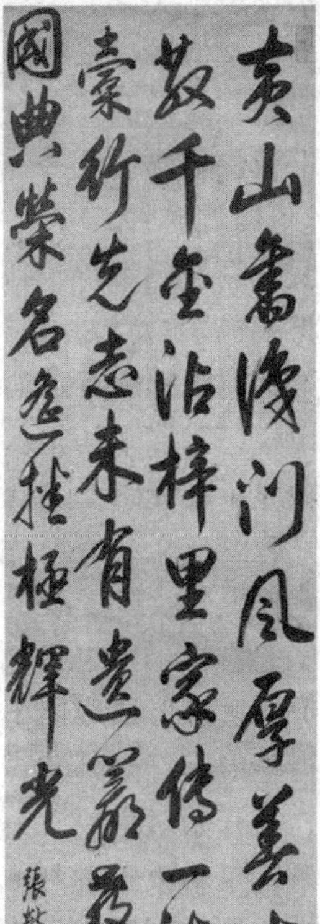
卢焯手书七言诗

俗话说，病走熟路。官员犯错也常常不出所言。卢焯到任浙江后老毛病未改，仍将省内职缺当做他牟利的资源，不断卖官鬻爵。乾隆六年三月，左都御史刘吴龙上奏：闻得浙江巡抚卢焯，营私受贿。嘉兴县知县阎沛年亲送卢焯银二千两，即为提升。凡委任署州县官员“俱有馈送”，以职缺大小决定行贿多寡。乾隆帝闻奏不禁又唏嘘感慨：“朕以至诚待臣下，不意大臣中竟尚有如此者，亦朕之诚不能感格众人耳，曷胜愧愤！”命令时任闽浙总督的宗室王臣德沛彻查此事。六月，卢焯被解任。

俗话又说：“狡兔三窟”。卢焯对自己事发被查似乎也早有防备。不久，乾隆帝谕示军机大臣等，指出“卢焯贪婪各款已有实迹”，其赃私累累，“即汪姓一案内婪赃已至五万两之多，其余受贿之处不一而足”，但当对其京中所有资产予以封贮时，却发现其家产“乃仅止万金”，故“其性情狡猾、巧于隐藏可知”。并传谕闽浙总督德沛等“务将卢焯任所私藏逐细查勘，毋令隐匿”。但直到当年年底，案件不仅毫无进展，竟然还传来消息说，有百姓数百人“喧言求释卢巡抚，推倒副都统衙门鼓亭栅门”等；此外，德沛本人办案亦不够坚决，其间还向卢焯家中送去“皮绵衣服数十件”。这些迹象表明，卢焯一案在当地恐怕牵连甚众，有人唯恐拔出萝卜带出泥，故而与之建立攻守同盟，并在基层煽风点火，阻挠办案进展。为此，德沛等人也被调离闽浙。

乾隆七年四月，刑部上奏：卢焯营私受贿等逐一讯明，拟判绞监候，秋后处决。得旨：“依议。”一年后，卢焯按当时惯例“以完赃减等”，缴赃后改判戍军台效力。

八年后，乾隆帝下江南，在浙江见景思人，将卢焯召还，先后派往西安、湖北出任巡抚，但很快又查出他借进贡名义敛财自肥。这次，乾隆帝动了真怒，指责其“卑鄙性成，不知悛改”。卢焯又被发配，直至十年后老死，再也没被复用。

由于这件事与当时各省督抚争相借“进贡”敛财有关，乾隆帝为此专门降谕旨强调：“督抚之优劣自由绩效，于进献毫无干涉。”但同时又开了个口子：今后各省官员仍可进贡，只要不因层层累派招致“怨及君上”。这实际上给了后继者一个暗示：贪官敛财亦“敛之有道”，以“不出事”为准则。这种不良暗示直接融入了后世的官场“亚文化”之中，成为许多腐败分子的“座右铭”。

恒文：簠簋不饬勒僚属

——乾隆爷“圣意”刘墉父亲也没吃透

《清史稿》提出，乾隆一朝贪吏“前后相望”、层出不穷，究其原委，“岂以执政者尚贪侈，源浊流不能清欤？”这质问确实是恰中要害。乾隆中期，奢侈之风日盛，各地进献标准也竞相攀升，一些封疆大吏便借此勒索下僚，搜刮百姓，同时“私饱己橐”。就在卢焯于湖北巡抚任上以进贡名义敛财自肥被拿下后不久，时任云贵总督的恒文，也因借制作金手炉上贡为名公然婪索下属，伤了皇上面子，得到“赐令自尽”的严惩。

恒文一案的背景，是典型的上梁不正下梁歪。查阅史料，最早让恒文受到处分的不是索贿，而是被索贿。据《清实录》载，乾隆十九年七月，有人向乾隆帝举报，朝廷赏给蒙古杜尔伯特部贝勒色布腾的马匹、朝珠和“时辰表”等物品，竟又被他的御前侍卫永柱“索取带回”。其后“面加审讯”，永柱将他那次出差路过山西，从时任当地巡抚的恒文那里索取银两的事也一并和盘托出。乾隆帝深感“忿恨”，下令将永柱正法示众，又降旨说：“从前钦差人员，朕屡经降旨晓谕，不可于地方索取银两物件……永柱固属卑鄙无耻，腆然干求；而恒文即行馈给，亦属不合。”随后吏部覆奏：“恒文应照违制律革职。”得旨：“恒文著革职，从宽留任。”

对这次处分，恒文心里显然不服。俗话说，阎王好斗，小鬼难缠，打狗也要看主人。要不是皇上说话，哪个地方官胆敢得罪皇上身边的人？

在当时，恒文已是位出道几十年的官场老江湖。《清史稿·恒文列传》载：恒文，满洲正黄旗人，乌佳氏。雍正初年，恒文即“以诸生授笔帖式”，四次升迁，官至兵科给事中。后外授甘肃平庆道，再迁贵州布政使。乾隆初年，恒文积极建言，“上嘉其能治事”，将他调到直隶任职。乾隆十六年，恒文被擢为湖北巡抚。两年后又先后署湖广总督，移山西巡抚。到山西不久，没想到就遇到了永柱事件，因其行贿和包庇等行为触怒了皇上。好在皇上的气愤是出于一时，乾隆二十一年，恒文被擢为云贵总督，不久即配合乾隆帝发起的反贪风潮，上疏弹劾贵州粮道沈迁“婪索属吏”，沈迁被“鞫实论斩”，恒文重获宠信。

虽然乾隆帝多次声称各地督抚“概不得有所进献”，各省贡朝方物“不逾柑茗香罽之属”，又说“督抚之优劣，自由绩效，于进献毫无干涉”等；但同时也说过各地督抚“各宜自量”，如果一定要进献，也可以使用朝廷发给的养廉银备办贡品。“如以养廉自办，毫无累及所属，循例可也”。这样一来，进献之风不但未被刹住，反而愈演愈烈，贡品等级也呈互相攀比上升之势。云贵之地虽处偏僻，在这方面也不能甘拜下风。传载，恒文担任云贵总督不久，即与云南巡抚郭一裕商议“制金炉上贡”。另据《清实录》记载，恒文与郭一裕敲定“拟制金手炉四个进贡”，由郭一裕提供炉样，令属员以低价从民间收购黄金制作。但随后，恒文与郭一裕关系破裂，郭一裕竟以一纸疏奏发起弹劾，将恒文告到朝廷。

郭一裕参奏恒文的内容主要有两项：一是“令属员买金，短发金价”；二是“巡阅营伍，沿途纵容家人收受属员门礼”。恒文之所以要制作四个金手炉进贡，是因为感到云贵之地没什么拿得出手的方物特产，想来想去还是“惟金较贵重”。而当时一个总督的年俸，不过只有区区一百五十两银子，即使搭上全部的养廉银，制作这样贵重的礼品也是难以应付的。在这种情况下，也只有上面所说的两种办法：一是假装不知黄金价值几何，以很少的钱交给下属官员，让他们去“买”回足够的黄金；二是利用山高皇帝远的条件，自己以土皇帝的身份下到各地视察，再令门人家仆跟随，让他们模仿当年御前侍卫永柱的样子，一路收取各地官员“孝敬”的银两，自己假作不知。

但恒文也许没想清楚的是，自己打着给皇上送礼的旗号婪索下属，下属官员们有谁会甘当这个冤大头？于是层层效仿，纷纷到底层官员及百姓那里去捞回损失。这样一来，云贵两省层层搜刮，“吏民怨咨”、“喧传阖省”，影响十分恶劣；而当大家不约而同地抬头诅咒发泄怨气的时候，被骂得最多的，无非是“当今圣上”。这让堪称史上最要面子的皇帝乾隆脸上十分挂不住，所以闻奏后立即“特命”刑部尚书刘统勋“前往查察”。乾隆二十二年六月，刘统勋回奏：“恒文买金一事，及纵容家人收礼俱属确实。”乾隆帝揽奏即行批复：“恒文身为大臣，自应洁己率属。乃簠簋不饬，一至于此，实为深负朕恩。”恒文被“革职拏问”，严加审究。

恒文的做法，的确让乾隆帝感到自己在臣民面前颜面尽扫，随即又发谕示，特地申明：“臣工贡献，前曾屡经降旨，概行禁止，即督抚所贡方物，不过茗柑食品等物，以备赏赐。或遇国家大庆，间有进书画玩器庆祝者，酌留一二，亦以通上下之情而已，从未有以金器进贡者。使恒文果有金器进到，亦必申饬发回。”针对恒文强调自己制作金手炉进贡是受了郭一裕的怂恿，郭一裕事后又先行告发，属于陷害一说，乾隆帝又加驳斥：“恒文历任封疆，岂尚懵于事理。其在公正大臣，一闻郭一裕进贡金炉之语，即应据实参奏。乃不惟不奏，更尤而效之，反被所欺，是何愚之甚耶！”同时对恒文关于家人得贿自己并不知情，属于“失察”的辩解也作了反驳。

恒文一案审理中，还冒出了一段颇为滑稽的小插曲。据恒文供述，郭一裕事先曾先行造过一只金炉，并作为样品向恒文出示。将恒文告发后，郭一裕害怕祸延及己，又连忙“告以今年不进”，将那只造好的金炉隐匿起来。乾隆帝怀疑，郭一裕制炉所用黄金的来源未必没有问题，故而提出：“其购买属之何人，未进之金炉何在，亦不得因系先参遂置之不问。”刘统勋接旨后，误认为乾隆帝的追查方向是郭一裕“有炉不进”，于是“复加穷诘”，一定要让郭一裕交出金炉。这下，无形中等于又打了乾隆帝的脸，连忙下旨解释，说刘统勋的理解“更失之远也”，朕难道是让他逼着郭一裕去索要金手炉不成？刘统勋是刘墉的父亲，一向以“遇事神敏”著称。这样一个聪明人一时也未解其意，足见在乾隆帝手下当差有多么不易。

故宫藏清代御用金手炉

乾隆二十二年九月，恒文被赐自尽，郭一裕也被解职发配。

恒文一案中，乾隆帝前后下达谕令十

几次，说的话加起来洋洋万言，可谓讲够了“理儿”，要足了“面儿”。关于各地督抚进贡问题，一面要求从简，一面忍不住又要摆出皇家气派：“内府何所不有，宁藉此戋戋金器为耶?”之后又酸酸地说：“既有以进贡为口实者，嗣后各省督抚除食品外，概不得丝毫贡献。”这样的话，真能堵住下面的进贡之风？鬼才相信！退一万步讲，即便贡品限于食品，也难保供上来的“柑茗香橼之属”不是“天价精品”，更难保官员们不去借机搜刮。

高恒：两代贵戚皆坐贪

——沾乾隆帝“旧爱”裙带屡获推恩

乾隆朝中期，乾隆帝曾亲自督办了三起贪污大案，其中首起，就是以盐政高恒为主犯的两淮盐引案。高恒依仗父为高官，自己又是乾隆帝的小舅子，未经科考轻松入仕，一路扶摇直上，在两淮盐政的肥缺上做了八年，却因贪污巨额公款，被乾隆帝“大义灭亲”。高恒死后，乾隆帝犹念亲情，又将其子高朴“超擢”至高位，不料其“贪婪无忌，罔顾法纪，较其父高恒尤甚”，最终竟也因贪坐诛。

高恒，字立斋，满洲镶黄旗人，大学士高斌子。《清史列传》载，高恒的父亲高斌是康熙年间内务府的宠臣，雍正年间做过苏州、江宁织造，也曾做过两淮盐政，其间还在广东、浙江、江苏、河南等地履任督抚。乾隆年间，又以多年治理河道有功，被授内阁大学士，最后死在治河工地上。另据《清史稿·高恒列传》载，高恒另有个身份，即乾隆帝慧贤皇贵妃的兄弟。慧贤皇贵妃是乾隆帝初封的贵妃，在宫中享有格外的恩遇，死后十几年仍不断得到乾隆帝赋诗悼念。高恒拥有如此家庭背景，入仕便不再需要寒窗苦读，一上来就以荫生资格被授户部主事，随即迁为郎中，又“出监山海关、淮安、张家口榷税，署长芦盐政、天津总兵”等。乾隆二十二年，高恒被授两淮盐政，在这个“肥缺”任上一待就是整整八年。

乾隆三十年，高恒的从兄高晋做了两江总督，按清朝官场回避规则，高恒不适于在其治下为官，于是被召回京城，改任户部侍郎，主管财税，又先后被授总管内务府大臣、吏部侍郎等职。那些年，正是乾隆帝下江南兴致最高时，每次南巡，两淮盐商皆出重金“迎跸”接驾，并在扬州治备行宫，所费“不赀”。乾隆帝每次巡幸“辄留数日乃去”。频岁连年，上贡等级也由此愈益华侈。乾隆帝被盐商们哄得高兴，满意之余，功劳自然要归于高恒多年在当地管理盐政有方；至于幕后组织张罗的事，高恒也必定没少操心。满以为皇上开心，就能一好换百好；满以为回京后以此论功，也能走乃父当年之路，逐渐跻身内阁，官享极品。不承想，乾隆三十三年，晴空一声霹雳，新任两淮盐政尤拔世一纸弹劾，高恒竟被革职查办。

高恒的胞姐是乾隆帝的宠妃，图为早逝的慧贤皇贵妃

高恒被举报贪污一案，正是因为他在任期间对当地盐商实施苛剥而起。如果高恒的问题仅仅是“欺下”，事发后在皇上跟前也不难交代，毕竟接待皇上南巡需要许多额外的银两，而羊毛只能出在羊身上，不去向下盘剥，那些年花团锦簇的盛世美景，又岂是凭空可以堆出？但高恒的问题是“欺下”而且“瞒上”，这可就犯了大忌。传载：“高恒为盐政，陈请预提纲引岁二十万至四十万，得旨允行。”也就是说，一开始，高恒虽违规操作，但还能按规矩把事情做在明面上；经过请示，皇上也能睁只眼闭只眼地予以“允行”。但随后，“复令诸商每引输银三两为公使钱，因以自私，事皆未报部”。显然，接下来这每引多收的三两银子，是作了私用，且因为心虚，没敢报告。所以到了乾隆三十三年，当新任两淮盐政尤拔世“发其弊”，乾隆帝闻奏，便立即下令“夺高恒官，命江苏巡抚彰宝会尤拔世按治”。

高恒一案审查的最初结果，曾令乾隆帝十分不满——“诸盐商具言频岁上贡及备南巡差共用银四百六十七万余，诸盐政虽在官久，尚无寄商生息事”。盐商们的口径颇为一致：“我们多交的钱一共就四百多万，不是用于每年向您上贡，就是用于替您张罗南巡接待事项；至于我们的盐政高恒大人，他老人家虽在官年久，却从未在我们这些盐商身上占过一分一毫的便宜!”在乾隆帝看来，这简直就是咄咄怪事：“尔等盐商明明受了贪官的盘剥，如今朕派人来查办贪官，为民做主，你们怎么反倒护着贪官，把账都算到了朕的头上?”两淮盐商们一致表现出来的这种被今日学者称为“斯德哥尔摩综合征”的反应，自然让两百多年前的乾隆帝无从理解；更何况，这其中还有一个盐商们不敢说出口的重要原因，那就是作为此案检举者和主要查办者的后任盐政尤拔世，其本人也是个来者不善、令盐商们颇为忌惮的贪官。《清稗类钞·两淮盐引案》载：此案案发，正是“因尤拔世任两淮盐政，风闻盐商积弊居奇，索贿未遂”，从而恼羞成怒，报到朝廷。这样一来，盐商们在被调查时，也都不免噤若寒蝉。

乾隆二十二年（1757 年），时任两淮盐政的高恒为迎接皇上南巡，专门在扬州瘦西湖建起这座五亭桥

据《清稗类钞》载，尤拔世的弹劾所揭出的并非只是高恒一人。两淮地区盐政私自多征税银的现象由来已久，“二十年来，银数已过千余万”，“历年预行提引商人交纳余息银两，共有一千零九十余万两，均未归公”。另有证据表明，历任盐政与盐商勾结，“将官帑视为己赀，除自行侵用银六百二十余万两外，或代购器物，结纳馈送，或借名差务，浪费浮开，又冒侵银至数百万两”。其中仅握有实据的就包括：各盐商以代高恒等购办器物作价五十七万多两，交付高恒仆人二十多万两，代高恒置办紫檀花梨器物八万多两。还有代办古玩等银两无计。最终，案件查实，“盐政高恒、普福，运使卢见曾均伏法”，另有刑部郎中王昶、内阁中书赵文哲均被追究，甚至“大学士文达公昀（即纪昀纪晓岚）亦牵连责戍”。据查证，这位素以清廉闻名的纪大学士，早年也曾因为与卢见曾是儿孙亲家，并向其通风报信而获罪革职，被发配到新疆乌鲁木齐“佐助军务”，两年半后闻乾隆帝召还，才得以“治装东归”。

高恒案作为乾隆三大案之首，一度震动朝野；但十年后，其子高朴再饮贪泉，闹出的动静竟然比他的父亲还要大。高恒死时，高朴还只是个低品级官员，乾隆三十七年，不知有什么事情唤起了乾隆帝对高家故人的怀念，于是顾念亲情，将侄儿高朴由山东漕政骤然超擢为都察院左副都御史，随即发现高朴表面上“年少奋勉”，实则人前卖力、人后偷懒，是个两面派，不免又有几分后悔。《清史稿》载：乾隆四十一年，高朴被派往西北叶尔羌一带办事。距叶尔羌四百余里，有密尔岱山，产玉，旧时封禁。高朴疏请对这座官矿每年开采一次，获准，没想到，就出了大事。乾隆四十三年，当地人向朝廷举报：“高朴役回民三千采玉，婪索金宝，并盗鬻官玉。”乾隆帝闻奏后下令将高朴“夺官严鞫”。随后“籍其家”，起获大量由高朴寄还家中的金玉；与此同时，当地封疆大臣永贵又证实高朴在叶尔羌“存银一万六千余、金五百余”。高朴由此坐诛。

传载，当初乾隆帝诛高恒，大学士傅恒曾“言乞推慧贤皇贵妃恩贷其死”，请求皇上看在已故贵妃的面上饶其不死。乾隆帝当即反问：“如皇后兄弟犯法，当奈何？”傅恒自己正是孝贤纯皇后的弟弟，听后“战栗不敢言”。高朴贪污事发，乾隆帝又说：“高朴贪婪无忌，罔顾法纪，较其父高恒尤甚，不能念为慧贤皇贵妃侄而稍矜宥也。”无论对部下还是对亲属，这种事后的严厉更多的是用于表态，是对事前优纵的遮掩，远不如做点亡羊补牢的事情来得实在。

良卿：“欺君长奸”难自保

——民间举报搭密折便车揭开实情

在乾隆朝因贪被杀的满籍封疆大吏中，良卿出身进士，文凭最高。按乾隆帝的话说，其家族“原系包衣佐领小户”，本来无甚背景，凭借自己努力考中进士，又被“施恩用至巡抚”。原指望他尽忠报效皇恩，但他却仗着自己有几分小聪明“任意欺罔，辜负朕恩”，犯下贪污大罪，“实难容于旗仆之内”，故而将其正法，子孙亦销去旗籍，发往伊犁为奴。

良卿，富察氏，满洲正白旗人，乾隆七年进士。《清实录》中，专门记载了乾隆帝对当年这届新科进士的分配情况。当年五月，内阁、翰林院“带领新进士引见”，随后“得旨”：除三名一甲进士均已授职，二甲、三甲进士共有五十四名，“俱著改为庶吉士”，良卿与另外六名排名稍后的进士被令“著分部学习，以部属用”，一同挤进了朝廷留用的名单。剩下的另一多半人，则或被发往各地任知县，或担任教职，或暂不分配，被令继续等待铨选。良卿被朝廷留下，很快授职户部主事，其后二十几年间，先是迁为户部郎中，又长期到地方任职，外授为直隶通永道，累迁贵州布政使。自乾隆三十二年起，良卿受命以布政使署贵州巡抚，开始代掌一省军政实权。

良卿代理巡抚事务不久，乾隆帝即察觉此人有些不堪重用。事情要从乾隆帝下令征讨缅甸，良卿受命负责后方物资供给说起。乾隆中期，中缅纠纷频发，乾隆帝命令出师远征缅甸。征缅之战打得异常艰苦，良卿所辖贵州地处战争后方，便自然承担起了向前线输送军需的任务。据《清实录》载，征缅官兵所过各省，一路夫马运送，所需民力甚巨。当时，河南、湖广等省各州县“公同协济”，“闾阎急公踊跃”，地方百姓对军队作出不少贡献。在这种情况下，乾隆三十三年春正月，皇帝通谕：各地军民协作“固属可嘉”，但“朕之本意，则不肯使一丝一粟有累民也”，故传谕各地督抚，让他们将当地所耗民力统计上报，以便“候朕加恩”，也即由中央财政予以补偿。可是贵州巡抚良卿接旨后，却奏称“民闲所用夫马银数多寡参差，无从核数开呈”等语，不仅“办理模棱”，且“于饬属安民之本义大相刺谬”，显然没能领会皇上的旨意以及成全他老人家仁政爱民的“光辉形象”。

乾隆帝对良卿的做法大为光火，特别强调：“地方偶遇办差，供顿悉支官帑；其正款不能赅备之处，即此微有资民力，亦当官为检核，使出纳多寡，一一按籍可稽。”意思其实是说，朝廷每次让地方办事，都下拨了足够的银两，防的就是地方官打着为朝廷办事的幌子，去到民间横征暴敛，虐民生财。而良卿这次却以当地征派都是由乡保等人“自行措办”、难以统计为由，拒绝向朝廷提供明细。如果都像这样，上行下效，如何了得？如今州县官员中“洁己自爱者已难概见”，下级吏役的廉洁程度更难以保证，一旦办事“无凭查核”，今后“藉端滋弊且又何所不至耶！”良卿由布政使署理巡抚，还没扶正，对这样的道理“岂得诿为不知，思以颟顸了事？”谕令“交部严加议处”。经吏部评议，良卿应“降三级调用”，得旨“著革职从宽留任”，以观后效。

良卿说来侥幸，不仅躲过这次处分，而且随即又时来运转：乾隆三十三年三月，朝廷对部分省区督抚进行人事调整，良卿被任命为广东巡抚，算是正式晋职。一个月后，因良卿在贵州仍需办理兵差、募选兵丁等事务，别人难以接手，仍命他留在贵州。但没想到，良卿刚刚坐稳巡抚交椅，接下来的表现，却又令乾隆帝更为恼火。当年年底，良卿具疏上奏，声称按察使监房短缺，申请为本省因职务犯罪在押的官犯另行加建监舍。乾隆帝当即批奏：良卿此奏“所见甚属舛谬”。并重申，各地官犯“身为职官干犯国法”，其罪行“视平人为重，其监羁之所不得“较常犯为优”。良卿欲为这些官犯另建监房，实际上是“使此等劣员虽系囹圄，犹得优游安处”，以此“曲庇市恩”，官官相护，从中捞取好处。其做法“最为明季恶习，此风断不可长”。事实证明，乾隆帝对良卿的提防是对的。一年后，朝廷令良卿督办当地官员兆杰亏空银两一案，良卿推诿扯皮，不肯深查，更在追赔问题上有意包庇敷衍。乾隆帝再次下诏斥责，并强行下令：“所有兆杰名下例应上司分赔银五千二百余两，及无可著追银五千六百余两，俱著良卿一人全数赔缴，不必令各上司摊赔。”

良卿挨了皇上骂，还赔上一万多两银子，本该买个教训，无奈却不思改过，仍要和乾隆帝斗小聪明，胆子也越来越大。传载，贵州产铅，每年需采运上交以供铸钱之用，却“屡经迟缓误期”。乾隆三十四年，良卿为推诿责任，上疏劾奏威宁知州刘标“运铅不如额，并亏工本运值”等，并将时任贵州粮道的永泰一起劾奏。乾隆帝派遣内阁学士富察善到达贵州，会同良卿一同鞫查按治。但审理中，永泰却反戈一击，揭发刘标亏项的原因是由于“长官婪索”而致，其中尤以巡抚良卿及按察使高积“贪黩”最甚，婪索得贿最多。乾隆帝闻奏将良卿解职，又命刑部侍郎钱维城、湖广总督吴达善赴贵州专办此案。

图为清廷密折用匣，外面护以黄绫包袱，送至御前才能开启。民间举报状正是借此巧妙“搭车”，才使良卿多年来欺下瞒上的贪腐事实被乾隆帝发现

良卿被永泰揭发的事尚未查清，另一起来自民间的举报将他再次曝光。按清朝惯例，凡官员呈送皇上的奏折，均置于一黄木匣中，外面护以黄绫包袱，送至御前才能开启。当时，大将阿桂担任征缅副将军，时常于前线回奏战况，负责传送的差役总要途经贵州。

一日，乾隆帝披阅阿桂军中奏折，竟然于袱内发现一封贵州普安州平民吴倎所写诉状，其中“诉官吏、土目私派累民状”，又涉及良卿等在贵州“侵蚀恩赏银两、私派累民之事，款证凿凿，甚可骇异”，证实了良卿在当地一贯上欺朝廷、下压百姓。乾隆帝读来发指，深感多年来身在宫中受骗太多，于是“申命吴达善严鞫”，一定不要放过丝毫线索。

乾隆三十四年十月，良卿一案审查得出结论：经查，贵州数年间在办理运铅事项上“亏帑至二十四万有奇”，良卿最初“意在弥补掩覆”，见“事不可掩”，才将刘标推出来顶罪。此外还查出，良卿与按察史高积勾结营私舞弊，高积私自鬻卖储库水银，良卿亦有袒庇。良卿还采用寅吃卯粮的方法，私自透支挪用朝廷发放给官员的养廉银，数额巨大。在普安州民诉当地州官假借军需之名“私派累民”一事上，良卿与下级官员沆瀣一气，遮掩问题，打击报复举报人，乃致平民吴倎不得不通过贿赂驿吏，才将诉状偷偷附进军中奏疏送达御前。随即，乾隆帝下旨：良卿负恩欺罔，罪不止于骫法婪赃，命即贵州省城处斩，销旗籍，以其子富多、富永发伊犁为奴。

细看乾隆帝当年谕旨，发现在良卿诸罪中，最不能让皇上容忍的一项，是他的“欺君长奸”。说白了，就是他多次袒护下属。这其实不难理解：专治体制下，效忠的重要程度，总是远远大于廉政。

钱度：多营狡窟贮赃财

——大清朝贪官中也不乏“房叔”

与贵州巡抚良卿的“骫法婪赃”相比，在广西巡抚任上被降职使用的钱度，敛财手段更加多样，所获赃私及反侦察能力也更加惊人。尤其是他戴罪留任期间，在被朝廷停发养廉银的数年中，仍利用层层监管的漏洞，源源不断地从云南运回大量金银财宝，并嘱家人或做地窖、或做夹壁“好为收贮”，以作“永久之计”，活脱脱一副“硕鼠”形象。

钱度，字希裴，江苏武进人。《清史稿·钱度列传》载，钱度于乾隆元年考中进士，被授吏部主事，累迁至广西道监察御史。经外授地方任职，“上嘉其久任奋勉”，于乾隆二十九年擢为云南布政使，又先后迁任广东、广西两地巡抚。也许是那时的巡抚各自为政，贪黩之风盛行，抑或是乾隆帝对各地封疆大吏普遍提防较严，钱度自从到了巡抚任上，不仅再也得不到皇上的嘉赏，而且也步入了卢焯、恒文、良卿等人的怪圈，开始频失“上指”，接连获罪：先是广西贺县囚犯越狱，钱度请求宽赦当地知县，乾隆帝斥责钱度“宽纵”；接着，又因广西学政苛索下层引起民众“聚哄”，钱度“拟从宽备”，涉嫌包庇而“失上指”，受到“左授云南布政使”的处分，降职改任云南。

查阅《清实录》记载，可以发现，乾隆帝最初对钱度的斥责，也主要集中在“沽名”和“沾染外省恶习”这两项外派官员常有的罪名上。乾隆三十三年十月，钱度赴任粤西不久，乾隆帝看到钱度关于贺县囚犯越狱脱逃一案的奏章，读到钱度仍拟将知县郑之翀留任的处理意见时，顿时火冒三丈，认为钱度如此“心存宽纵”，是“有意沽名”，企图包庇笼络当地势力，命令将钱度“交部严加议处”，并将此事“通谕各督抚知之”。这之后，钱度另折议奏关于学政赴粤西督查事宜，为其配备“旱程用夫一百二十名，水程用船七只”的豪华阵势。这又让乾隆帝深感恼怒，严厉质问道：“试问学政巡历各府，即有应带文卷，谅不过箱箧数抬已敷检阅，何至需用夫船如许之多?”指责钱度如此安排的用意，“不过欲务从宽备，以博学政等同官情面之欢，而不知供应纷繁，势必仍有滥索滥应之弊，为地方扰累”。通过上述两件事，乾隆帝得出结论：“钱度擢任巡抚，不知感恩奋勉、痛自湔除外省恶习，乃到任之后辄敢以此等伎俩于朕前巧为尝试，岂可复称封疆之寄。”钱度被降级补授云南布政使后，乾隆帝似乎余怒未消，再谕军机大臣等，认为钱度“如此居心，仍得坐享厚禄，不足蔽辜”，传谕命当地总督在钱度到任后“三年之内停其支给养廉”，以示“惩儆”。

乾隆帝停了钱度的养廉银，这一“惩儆”看似严厉，实则却有“逼良为娼”之嫌。养廉银是清朝特有的一种官员俸禄制度，创始于雍正年间。此前，清朝官员薪俸极低，各省巡抚、布政使等从二品高官的俸银，每年不过区区一百二十两，根本不够官员及其家人的正常生活开销。这也是康熙末年官员贪贿现象普遍的一大根源。雍正帝上台后，“因官吏贪赃时有所闻”，特设养廉银，其本义是“欲其顾名思义，勉为廉吏也”（《清稗类钞·礼制类》）。养廉银来自地方衙门收入，因而朝廷制定的发放标准也就相对宽松，通常可达到年薪的十倍到百倍不等，巡抚每年可达上万两，即使是钱度降职后担任的布政使职位，每年也可拿到白银五千两至八千两。乾隆帝将钱度的养廉银一停就是三年，使其收入骤减为每月只有十几两银子，这一做法，对于清廉的官员，也足以令其迫于生存压力而不得不去另想出路，更何况钱度本人原本就不清廉。果然，三年过后，答案揭晓，钱度不仅“外省恶习”未改，而且已由当初的“沽名”转向贪污索贿，“修炼”成了一位特大贪官。

夹壁藏宝，是钱度当年隐匿赃物的一大途径，也是清朝贪官流行的做法。图为和珅藏宝所筑夹墙（白线所标为夹层）

钱度最早涉嫌经济问题，是在他降职回到云南的第二年。这年九月，朝廷查出云南铜矿在上交铜材定价等问题上对朝廷存有欺诈，进而查明，负责办理这件事的官员，正是戴罪留在布政使任上的钱度。对此，乾隆帝当时并没往经济问题上多想，以为是钱度“沾染外省恶习”的老毛病又犯了，于是下旨：“钱度经朕擢任封疆，屡获罪戾，仅降补云南布政使，已属格外加恩，乃不知实力报效，于应赔铜觔定价一事并不据实查办，仍敢瞻顾情面，避重就轻，其取巧沽名之恶习，尚不知改，不可不明示惩儆。”随即，将钱度“革去顶戴”，命他仍留云南布政使之任，“以观后效”。并通谕各省督抚：“嗣后屡经革任宽免之员，有似钱度之居心巧伪、市惠徇情者，遇有应严加议处之案，即照钱度此例行。”

乾隆三十七年，云南宜良知县朱一深上书户部，告发钱度为官贪婪，在监管铜厂期间勒索属吏，以买卖交换金玉为名，强迫下级官员向他变向行贿。乾隆帝闻奏，即命刑部侍郎袁守侗前往云南，会同总督彰宝、巡抚李湖按治查办。钱度降薪降职、戴罪留用期间各种经济问题开始浮出水面。经查，钱度在云南藩司任上“赃款甚多，案情重大”，乾隆帝下令对钱度“所有原籍家产”一律“严行查封”，并派人对其云南任所等处财产“一并查封”，毋让其犯罪所得有丝毫“隐匿寄顿”。

大凡贪官，匿赃手段之多，亦不亚于敛财，而况钱度这只“硕鼠”，又何止“狡兔三窟”？乾隆帝御旨下达不久，即有贵州巡抚图思德奏报：发现钱度两名家人携带“金玉器件”，一路南下赴滇。途经贵州时，该省将其所携箱笼截留，查获“金器四百余件，计值银数约在四五千两以上”。乾隆帝揽奏“殊堪骇异”，当即下旨：钱度系停给养廉之人，何得如此富有？“其为贪赃败检已可概见”。命云南方面“着将钱度严行审讯，务得确实情节”。接着，江西巡抚海明又奏：“德化县知县拏获钱度家丁王寿等八人，查出银二万九千余两，并钱度亲笔家信。”在钱度的家信中，他叮嘱儿子钱酆将这些带回的银两“好为收贮”，甚至指示他“或做地窖，或做夹壁，以作永久之计”。乾隆帝批阅此奏，更是“实堪骇异”，感叹钱度数年间“婪索多赃”，安得如此掩人耳目，以及事将发觉，且有如此“三窟之计”。其后，两江总督高晋查封钱度在老家资产，“得窖藏银二万七千，又寄顿金二千”。审讯中，钱度对自己多重犯罪事实均供认不讳。

乾隆三十七年七月，钱度以“侵欺勒索，赃私属实”，罪当斩，被“命即行法”。

钱度被乾隆帝盯牢，说来也是与如今“房叔”、“房婶”们吃了同样的亏。据《清实录》载，钱度“本籍常州府城，又复寄居江宁”，加上他在云贵等省任职时“多营狡窟”，才使得本就敏感的乾隆帝大感“骇异”。看来，贪官们广置不动产，实在是愚蠢得很。可以设想，若在当世，靠着由种种制度漏洞而生的现代洗钱销赃手法，以钱度的狡狯，兴许不难在某个高位上安安稳稳地继续潜伏下去吧。

王亶望：冒赈吞捐饱宦囊

——“频岁报旱”谎言竟被和珅捅破

从反贪角度看，与长达一个甲子的乾隆王朝相伴生的，竟是一部贪污腐败愈演愈烈的吏治史，这一点，乾隆帝本人亦有所觉察。乾隆四十六年，王亶望案件审结后，乾隆帝对自己继位以来所处置的贪官作了一番回顾：“……从前恒文、方世俊、良卿、高积、钱度等，俱以婪赃枉法先后伏诛，然尚未至侵蚀灾粮、冒销国帑至数十万金，如王亶望之明目张胆、肆行无忌者。”由此可见，王亶望实可谓乾隆朝贪官中一位“里程碑”式的人物。

王亶望，山西临汾人，江苏巡抚王师之子。王亶望出身于书香门第，父为封疆，但其入仕之途却既不是通过科举，也没享受门荫的照顾，而是干脆走了花钱买官的捷径。《清史稿·王亶望列传》载，王亶望是“自举人捐纳知县”。由此，也可见当时捐纳现象的普遍。王亶望入仕后，照例要从最边远的地方做起，先是被发往甘肃，在山丹、皋兰等地做知县，其后又被选授云南武定等地做知府。多年后累迁至浙江布政使，逢缺，暂署巡抚，做了代理省长。为了讨好皇上，王亶望借乾隆帝巡幸之机进贡当地特产方物，“范金为如意，饰以珠”，但这条装点着珠宝的金如意似乎显得太过华丽惹眼，结果“上拒弗纳”，王亶望的一番“美意”最终被退了回来。

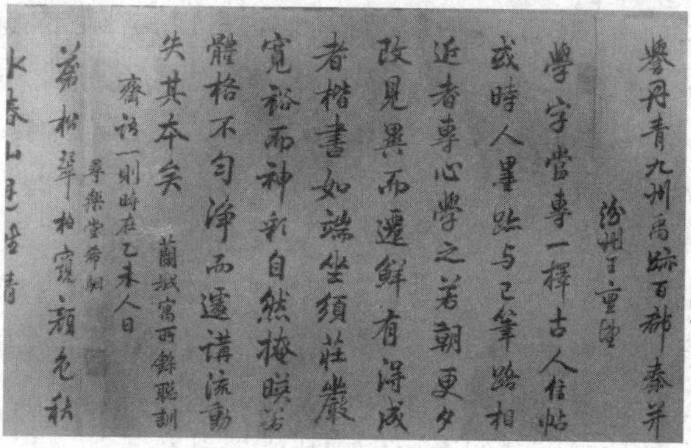
王亶望墨迹

王亶望的贪污，发生在他由沿海重新回到西部之后。据《清史稿》载，乾隆三十九年，王亶望调回甘肃，出任布政使。早先，甘肃曾允许有钱人通过纳粮的方式获得国子监生资格，从而应试入官，官府由此获得的这项收入，被称为“监粮”。后来，甘肃的“监粮”被皇上下旨叫停，只保留肃州、安西等少数地方“收捐如旧例”。王亶望回到甘肃主政后，即以“内地仓储未实”为辞，报请时任陕甘总督的勒尔谨，要求全省各州县“皆得收捐”，并提出直接改捐粮为“输银”，实施赤裸裸的卖官。随后，王亶望又虚报旱灾，谎称将卖官的钱用于“治赈”，从而“私其银”，将这笔钱全部贪污。

王亶望在浙江代理巡抚做得好好的，为什么会被调回边远贫穷的甘肃，而且职务不升反降，又重新做回到布政使的官职呢？查阅《清实录》记载，才发现甘肃恢复“监粮”一事，最初本与王亶望无关。乾隆三十九年四月，乾隆帝接到陕甘总督勒尔谨奏报，以甘肃全省储粮不足为由，请求全面恢复“监粮”旧制，经部议通过允行。乾隆帝特别下旨：鉴于收纳

“监粮”一事容易惹出问题，须“能事之藩司实力经理”，而当时的甘肃布政使能力有所不逮，故而“特调王亶望前往甘省”打理此事。也就是说，王亶望是作为朝廷比较放心的人选，被乾隆帝钦点上任，专赴甘肃去完成这项“卖官”的特殊使命的。王亶望到京领命时，乾隆帝曾对他当面训示“交令妥办”。王亶望到任后，乾隆帝又专门下旨给陕甘总督勒尔谨，让他监督好这项工作，切务“实心查办，剔除诸弊”，勿使出现“滥收折色致缺仓储”，以及“滥索科派”等弊。并发话说，此类现象“一经发觉，惟勒尔谨是问”。但后来，就出现了列传所述的改纳粮为“输银”的舞弊行为。

甘肃旱灾频发，粮食资源匮乏，之所以恢复“监粮”，就是为了能就近募集粮食，以备灾害之年发放赈济；而王亶望等人违旨将“监粮”折合成银两，如此“滥收折色”，不仅不能缓解仓储不足，由此也滋生了大量贪贿问题。其手段，无外乎谎报灾情，假借赈灾之名动用所收银两，实则私下分赃，统统流入官员腰包。而“滥收折色”之所以畅行无阻，又与王亶望的分赃模式有关。王亶望实行的是利益均沾的分赃策略，“自总督以下皆有分”，在此基础上再暗中“多取焉”，自己独得大头。为了掩人耳目，打消皇上对当地粮食储备的忧虑，王亶望还虚报成果，“监粮”恢复刚刚半年，即“疏报收捐一万九千名，得豆麦八十二万”。以至乾隆帝在欣喜之余，也不得不发出疑问：“甘肃民贫地瘠，安得有二万人捐监？又安得有如许余粮？今半年已得八十二万，年复一年，经久陈红，又将安用？即云每岁借给民间，何如留于闾阎，听其自为流转？”王亶望的谎言眼看就要露馅，但由于总督勒尔谨收了王亶望足够的好处，便也与王亶望站在一条线上，对乾隆帝上述“四不可解”的诘问“饰辞具覆”，将事情草草敷衍过去。乾隆四十二年，王亶望还因在甘肃募集监粮有功，被擢升为浙江巡抚，重新回到江南富庶之地。

这张新近发现的买捐“监生”资格的“监照”，可做清朝卖捐现象的佐证

王亶望一案的最终败露，说来竟与乾隆朝最大的贪官和珅有关。乾隆

四十六年，甘肃一带爆发回教首领苏四十三领导的反清起义，总督勒尔谨出师镇压屡败，大学士阿桂奉命前往视师，又指派时任理藩院尚书的和珅以钦差大臣身份先行。没想到，和珅“入境即遇雨”；接着，阿桂疏报行程，“亦屡言雨”。乾隆帝这才知道，原来甘肃这片土地上雨水竟也蛮多，由此怀疑王亶望在任时“频岁报旱”情况有所不实。于是谕令阿桂等人就地查问一下往年旱情。阿桂及新任陕甘总督李侍尧经过一番调查，不仅查出王亶望在任时的所谓旱灾均为虚报，而且也查出王亶望等人将“监粮”改为“输银”及“虚销赈粟”中饱私囊等一系列犯罪事实。乾隆帝闻奏“怒甚”，遣刑部要员赴浙江对王亶望予以严鞫彻查，经抄家搜检“得金银逾百万”。审讯中，王亶望对其主谋将“监粮”改为“输银”、伪报旱灾并接受“诸州县馈赂率以千万计”等罪行供认不讳。最后，王亶望及原任总督勒尔谨、布政使王廷赞等皆被处死，另有各州县参与冒赈贪污的官员共三十三人先后被正法。

在王亶望供认的多桩罪状中，另有一条，即“在官尚奢侈”。清人姚元之《竹叶亭杂记》历记各朝掌故，其中载有王亶望“喜食驴肉丝”，为此，“厨中有专饲驴者，蓄数驴肥而健”。受命“炒驴肉丝”，则“审视驴之腴处，刲取一脔烹以献。驴刲处血淋漓，则以烧铁烙之，血即止”。此外，“鸭必食填鸭”，后厨做一盘豆腐，也要“杀两鸭煎汤，以汤煮豆腐献之”。《清稗类钞·豪侈类》亦载：“王有宠妾曰卿怜，后归和珅。”王亶望家产被籍没时，“箧有四足裤，绣字于上，曰‘鸳鸯裤’”，即王与卿怜所用。乾隆帝闻之“大恶”，曾忿然曰：“公卿宣淫，一至于此！”足见其生前之骄奢淫逸。

传载，乾隆四十五年，乾隆帝南巡，王亶望时已擢升浙江巡抚，迎御驾大操大办，“治供张甚侈”。乾隆帝为此板起面孔，正色道：朕此来是“省方问俗”，体验下情，而非“游观”。如此“添建屋宇，点缀镫彩，华缛繁费”，朕实所不取。事后证明，在这个问题上，乾隆皇帝还算是比较清醒，爱护声誉的本能，没让他留下“上行下效”的口实，被王亶望之流的奢侈腐败者利用；更没像某些领导那样，在自己的名义被出卖后，还帮着下面的贪官数钱。

国泰：在官欺罔“戏”过头

——查案中刘墉与和珅斗法胜出

乾隆帝钦办三大贪污案的最后一起，就是乾隆四十七年爆出的国泰贪污案。国泰一案之所以令后世倍加关注，还有一个原因，那就是围绕查办此案，刘墉、和珅这对“老冤家”也都正式亮相，并一正一邪，开始了他们的宫廷斗法。

国泰的出身与高恒、王亶望一样，都是标准的高官之后、纨绔之辈。《清史稿·国泰列传》载：“国泰，富察氏，满洲镶白旗人，四川总督文绶子也。”按例，清朝除富人可以纳粮捐监之外，文官京官四品以上、外官三品以上，武官二品以上的，准许送一子入监读书，随之应试入官。国泰的父亲文绶在乾隆早年间即做了山西布政使，为外官从二品，所以，国泰的入仕也就免去了科举辛劳。国泰进入朝廷后，“初授刑部主事，再迁郎中”，其后“外擢山东按察使，迁布政使”，可谓仕途一帆风顺，地位直追乃父。后来，国泰的父亲文绶在审查前四川总督阿尔泰纵子“婪索属吏”一案时，因“不以实陈”，为阿尔泰父子开脱罪责，招致乾隆帝震怒，被夺官，发往新疆伊犁戍边；而国泰反倒于乾隆四十二年升至山东巡抚，成为封疆外任官员中的后起之秀。

传载：“国泰纨绔子，早贵，遇属吏不以礼。”由于少小骄纵，早早得志，国泰待人接物傲慢乖张，属下偶有“小不当意”的过失，便动辄呵斥。国泰坐上山东巡抚的交椅后，布政使于易简处处以谄媚事之，汇报工作也要卑躬屈膝，乃至“长跪白事”。大学士阿桂等曾以国泰作风跋扈，不适合担任地方首长而“请改京朝官”，提议将国泰调回朝廷工作。《清实录》中，则记载了乾隆帝对此事的批奏。乾隆帝认为：“国泰自擢用两司以来，于地方公务颇知实力奋勉，其才具尚堪造就，未尝不可备他日之简任。”但同时也看出国泰对仕进“过于热衷”，应戒“躁进之心”，特意“传旨申饬”，提醒他“年力正当强壮，已用至藩司，兼护巡抚，亦当知足，理应循分自安，以期承受恩眷”。

由于乾隆帝的所谓爱护和着意培养，国泰没有因大臣们的弹劾被调回朝廷，而是继续留在山东巡抚的任上，一干就是五年。直到乾隆四十七年，御史钱沣一纸弹劾，将国泰数年间贪赃舞弊之事尽行揭出。《明实录》载，这年四月，钱沣参奏国泰“贪纵营私，勒索属员”，在任内公然索贿受贿。遇有官员“升调”等人事变动，国泰便利用对地方人事的决定权贪贿徇私，下属的升降黜陟“惟视行贿多寡”而定；而这些下级官员，也都将行贿成本转嫁到地方百姓头上，甚至将黑手伸向官库，以致“历城等州县亏空或八九万或六七万之多”。钱沣的弹章同时揭露，那位对国泰事事毕恭毕敬，乃至“长跪白事”的布政使于易简，竟然也“纵情攫贿，与国泰相埒”，是国泰的铁杆同伙。

国泰一案引人关注，还因为在此案查办过程中，刘墉、和珅这对“老冤家”也都正式亮相。《清史稿·国泰列传》载，乾隆帝接到钱沣的弹章后，感到十分震惊，于是派出时任理藩院尚书兼兵部尚书的和珅，与时任督察院长官左都御史的刘墉赴山东“按治”查办，并令弹劾的发起者钱沣“与俱”，一同前往。到达山东后，在对待国泰的态度上，二人一正一邪，立场迥异，分别扮演了严查和袒护的不同角色——“和珅故袒国泰”，而刘墉则“持正”立场，坚持秉公办案。

对国泰丑行予以弹劾的御史钱沣，一生刚正不阿，被后世誉为清代士人的“泰山北斗”，也是大贪官和坤的死对头。而刘墉在查办此案时，除了对钱沣的风骨十分钦佩，且由于刘墉本人为山东诸城人，故而还抱着一份朴素的乡土之情，“以国泰虐其乡”而“右沣”，对钱沣提出的线索紧紧盯住不放。《清史稿·钱沣列传》载，国泰当初“闻使者将至”，曾突击消灭罪证，命令那些向他行贿的各州县“假市银补库”，也即采取“拆东墙补西墙”的办法，从别处征敛或借贷到相应数额的银两，来补足因行贿而短缺的官库储银。钱沣在查案时，经“发历城县库验帑银”，终于看出了其中破绽：旧时官库中的“帑银”多为集中调运，所以“成色”比较整齐划一，都是“以五十两为一铤”的大块银锭；反之，“市银则否”，往往五花八门，大小不一。刘墉到达山东后，按照钱沣提供的线索“复按章丘、东平、益都三州县库”，结果发现这些地方的库银情况“皆亏缺如沣言”。由于铁证如山，“国泰、易简罪至死，和珅不能护也”。

在国泰一案中，和珅最终放弃了对他的袒护，这说来也与国泰本人态度过分乖张有关。《清稗类钞》一书中，记录了一段有关和珅与刘墉二人围绕国泰一案斗法的细节：“时刘文清（刘墉谥称）偕和珅奉高宗命往山东讯鞫，并论御史同讯。方谳狱日，国泰忽起立，骂御史（即一同审案的御史钱沣）曰：‘汝何物？敢劾我耶！’文清大怒曰：‘御史奉诏治汝，汝敢骂天使耶！’立命隶人批其颊。国泰惧而伏，珅遂不敢曲芘。”可见，在刘墉、和珅、钱沣组成的三人专案组面前，国泰的气焰一开始还十分嚣张，心中倚恃有和珅暗中关照，并不把其余二人放在眼里。直到情绪失控说漏了嘴，被刘墉抓住把柄，这个外强中干的公子哥才敬酒不吃吃罚酒，只好败下阵来，交代了其所犯罪行。

刘墉侦办国泰一案，在民间被写成通俗小说《刘公案》。图为光绪年间绣像版《刘公案》中国泰等人物的形象

据国泰自己供认，其在山东任上“婪索诸属吏数辄至千万”。此外，通察山东诸州县仓库，另发现“亏二百万有奇，皆国泰、易简在官时事”。对于这亏空的两百多万，国泰等一开始仍以镇压白莲教支派清水教王伦起义为由，强调“诸州县以公使钱佐军兴，乃亏及仓库”。这种“煮熟的鸭子仍然嘴硬”的拙劣做法，不禁让一向对他偏袒有加的乾隆帝十分失望，怒不可遏地斥责道：“王伦乱起灭不过一月，即谓军兴事急，何多至二百万？即有之，当具疏以实闻。国泰、易简罔上行私，视诸属吏亏帑恝置不问，罪与王亶望等均。”结果，国泰被下令“即狱中赐自裁”，与王亶望得到了同样的下场。

传说乾隆帝好面子，讲排场，喜欢以貌取人，偏爱仪表出众的部下，对所谓的“宫廷美男”和珅如此，对“年甫逾冠，玉貌锦衣”的风流公子国泰也是如此。和珅钻研诗词迎合皇上，国泰不甘落后，亦欲显露“特长”。《清稗类钞》载，国泰在山东“酷嗜演剧”，而领导有爱好，属下必有附庸者，那位一意取悦于他的布政使于易简也来凑趣，表示自己“亦雅擅登场”。二人同演《长生殿》，国泰饰演杨玉环，于易简则饰演三郎。演至定情、窥浴等出，于易简“自念堂属也，过媟亵或非宜”，国泰开导他

“在官言官，在戏言戏”，于易简这才放开手脚。其实，投领导所好逢场作戏，自古就是仕途谋官手段。这种技能“进化”到如今，被一些“职业政客”运用自如，已无“在官”与“在戏”之分。至于国泰的悲剧，也许就在于他没能参透“在官”与“在戏”的微妙关联，所以在关键时刻将“戏”演砸了。

李侍尧：屡坐贪黩得曲赦

——皇上的意图和大人自然懂得

乾隆朝落马的众多贪官中，历任总督、身兼大学士的李侍尧应是级别最高的一位。乾隆四十五年爆出的李侍尧贪赃案，曾令乾隆帝大为震惊，接连感叹自己“梦想所不到”。对此案的成功调查，也使当时尚且资浅位微的和珅得到迅速蹿升。但随之，乾隆帝却又顾念李侍尧在当时督抚中能力出众，将他重新起用；此后，李侍尧贪黩如故，而“上终怜其才，为之曲赦”，直到他病死，为其“赐祭葬”送终。

李侍尧是晚明降将后裔。其四世祖李永芳原系明朝边将，担任抚顺游击，万历四十六年（公元1618年），因后金攻陷旅顺，李永芳投降努尔哈赤，成为明朝边将中第一个公开投降后金者。为奖励其功，努尔哈赤授其三等副将，并将自己孙女嫁予他为妻。此后一百五十多年间，李家被编入汉军八旗，世代为清朝高官。李侍尧的父亲李元亮袭承伯爵，官户部尚书，李侍尧自幼享受门荫，乾隆初年即以荫生授印务章京，颇得乾隆帝赏识，累迁至正蓝旗汉军副都统，又历任工部侍郎，署广州将军等。乾隆二十一年，署两广总督，三年后实授总督。乾隆二十六年，召授户部尚书、正红旗汉军都统，袭勋旧佐领。二十八年，授湖广总督，加太子太保。乾隆三十八年，李侍尧被授武英殿大学士，仍留总督任。

李侍尧深受乾隆帝重用，除了他出身显贵，更主要的是他确实能力出众。《清史稿·李侍尧列传》载：“侍尧短小精敏，过目成诵。”他不光精明机敏，记忆力超群，而且有识人之明，“见属僚，数语即辨其才否”。至于判断和评价属下在处理政务、军务时的得失，更是言简意赅，“拥几高坐，语所治肥瘠利害，或及其阴事，若亲见”。这种明察秋毫的犀利作风，使得下级官吏“人皆悚惧”，没人敢对他有所欺瞒。昭连《啸亭杂记》载：李侍尧“少以世荫膺宿卫”，乾隆帝初见即谓“此天下奇才也”，并“立授满洲副都统”。由于此属破格提拔，吏部“以违例尼之”，对这件事加以阻挠，乾隆帝就拿他的身世说话：“李永芳孙，安可与他汉军比也?”此后，李侍尧“任广东将军，即转两粤制府，先后几二十余年”，其真正的原因，也都是得益于乾隆帝的赏识。

李侍尧画像

最早对李侍尧贪赃问题予以揭露的，是时任云南粮储道的大臣海宁。《清史稿·李侍尧列传》载，乾隆四十五年，海宁“诉侍尧贪纵营私状”，乾隆帝览奏，即“命尚书和珅、侍郎喀宁阿按治”。这里的叙述稍有误差，那就是在奉命查处李侍尧一案之前，和珅虽已被选为军机大臣，入掌机要，在皇上那里享有“枢臣”的宠遇，但因资历尚浅，他在朝中的职务并非尚书，还只是一名侍郎；而且，在因李侍尧一案临时凑成的专案组中，和珅的位置也并非主力。综合《清史稿·和珅列传》及《清史列传》所载，当年正月，和珅是作为户部侍郎，奉命“偕刑部侍郎喀宁阿”一起，前往云南“按总督李侍尧贪私事”的。另据《清实录》记载，喀宁阿、和珅二人上路后，皇上又传谕他们在路过贵州时，通知时任贵州巡抚的舒常“一同驰驿前赴云南”办案。显然，在这个三人专案组中，论级别、论职司，和珅都要排在末位。而当时的李侍尧，则是“号才臣，帝所倚任”，是一位名冠天下的重量级权贵，自然也没太把和珅这个后生晚辈放在眼里。

但就是这个和珅，一到云南，即声东击西，暗中从李侍尧下属及李府中的仆役身上开刀，很快就取得了突破性的进展。据《清实录》载，当年二月，即有李侍尧下属官员张曜、尹适等接受李侍尧委托，帮助他“送银五千二百余两并玉器十件回家”被查扣；另有李侍尧家人张永受等受托“带银七千余两并书信什物”自京起程回滇，受到拦截。乾隆帝传谕和珅，要求他“严讯张永受，何以积银竟有七千余两之多”。和珅于是鞫审李府仆役，“得侍尧婪索状”。李侍尧见事已败露，只得认输，“自承得道府以下馈赂不讳”。和珅将审理结果上报，“并奏滇省自李侍尧婪索属员，赃私狼藉，吏治废坏，各府、州、县多有亏空，须彻底详查，清厘积弊”。这下，和珅立功非小，得胜还朝，还未抵京，就被擢为户部尚书、议政大臣。其后，又“授御前大臣兼都统，赐婚其子丰绅殷德为和孝公主额驸，待年行婚礼”，又“授领侍卫内大臣，充四库全书馆正总裁，兼理藩院尚书事”，从此“宠任冠朝列”。

回过头来，且说乾隆帝看了和珅的奏报，极为“震怒”，当即传谕：“李侍尧身为大学士，历任总督，乃负恩婪索，盈千累万，甚至向属员变卖珠子，赃私狼藉，如此不堪，实朕梦想不到!”李侍尧被夺官，逮诣京师治罪。乾隆帝将此案“下大学士、九卿议”，鉴于李侍尧罪行较重，大学士、九卿一律认为应判处“斩立决”；此案“复下各直省督抚议”，各省总督、巡抚们亦“多请照大学士、九卿所议定罪”。眼看李侍尧性命即将不保，关键时刻，因查办此案立功的和珅却看透主子心思，料定乾隆帝“打是打，放是放”的真实意图，便力主对李侍尧判处“斩监候”，即秋后处决，以使皇上有更多回旋余地，从而为李侍尧保留了一线生机。在各省督抚中，亦有江苏巡抚闵鹗元善迎上意，奏称：“侍尧历任封疆，干力有为。请用议勤议能之例，宽其一线。”与和珅的主张形成内外呼应。

果然，乾隆帝震怒之余，很快又将口气放缓，于当年五月下诏，先是指斥李侍尧“营私败检，骄纵妄行”，其罪“较之从前恒文、良卿贪婪骫法致罗刑宪，情节实约略相等”。接着却强调恒文等“甫任督抚，即肆意婪赃，平日又无出力办事之处”；李侍尧则“身任总督二十余年”，如办事“颇合机宜”，尚且“认真出力”，且“其先世李永芳于定鼎之初归诚宣力，载在旗档，尤非他人可援比”。而况自古刑罚的原则是“罪疑惟轻”，如今，关于李侍尧的定罪量刑，“诸臣中既有仍请从宽者”，“朕亦不肯为已甚之事”。最后宣判：“李侍尧著即定为应斩监候，秋后处决。”

即便是“秋后处决”，李侍尧也并未于当年秋后被推上刑场，而是在次年春天被授三品顶戴、孔雀翎，派往甘肃“治军事”，与大学士阿桂一同镇压苏四十三起义。其间，甘肃冒赈事发，总督勒尔谨得罪，李侍尧受命“领总督事，会阿桂按治”，摇身一变，竟与和珅一样也成了反贪一线的钦差大臣。此后，又历任户部尚书及湖广、闽浙总督，尽管“屡以贪黩坐法”，但“上终怜其才，为之曲赦”；其间，还因“深合机宜，得大臣体”而获赐双眼孔雀翎，命仍袭伯爵，并获得了“图形紫光阁，列前二十功臣”的殊荣。直到病死，被“赐祭葬”，“谥恭毅”。有这样的“榜样”，乾隆晚期的贪腐盛行也就顺理成章。一个个贪官的“平安下庄”，正是吏治隳坏的前兆。

陈辉祖：奉旨查赃暗挪移

——正巧截留了乾隆爷惦记的宝物

乾隆朝贪官多如过江之鲫，以致螳螂捕蝉，黄雀在后——被皇上派下去查办贪官的，其本身也未尝不是日后即将被查的贪官。贪官之为贪官，往往是有赃必贪；而贪官查办贪官，也就难免出现趁便将赃物攫为己有的“食腐现象”。王亶望冒赈贪污一案败露后，在其浙江家中搜检“得金银逾百万”，另有宝物无数，但当这些赃物运抵京城，乾隆帝却发现“呈览物件无甚入观者”。失望之余，再查，原来是被主持查抄的闽浙总督陈辉祖做了手脚，通过抽换挪移等手段，从中狠狠地捞了一把。

陈祖辉也是位标准的官二代。《清史稿·陈辉祖列传》载：陈辉祖，湖南祁阳人，两广总督大受子也。陈辉祖的父亲陈大受出身贫寒，“少贱习勤”，考中雍正十一年进士，历官安徽、江苏、福建巡抚及直隶、两广总督，晋为协办大学士，创下清朝汉臣“释褐甫十年”即“拜参知之命”的升迁纪录。到了陈祖辉这一辈上，由于父亲是从一品大员，已不需再去苦熬科举。乾隆十六年，陈大受病逝，皇帝降旨：御赐入祀贤良祠，受三代封典，“伊子陈辉祖，并著赏给一品荫生”。其后，陈辉祖便顺理成章地进入朝廷，又经“授户部员外郎，迁郎中，外授河南陈州知府”，没费太多周折，即累迁至闽浙总督的高位。王亶望在甘肃冒赈贪污之事败露后，其浙江巡抚一职被免，由陈辉祖代行。

陈祖辉的贪赃，说来与当年广西巡抚钱度有些类似，都是在因过失被降薪降职、停发养廉银的情况下发生的。而其所犯过失，亦与王亶望一案有关。传载：“亶望狱起，辉祖弟严祖为甘肃知县，狱辞连染。上以辉祖当知状，诘之，不敢言，诏严切，乃具陈平日实有所闻。”也就是说，陈祖辉对甘肃官员冒赈之事早有耳闻，也知道自己的弟弟陈严祖有所参与，却知情不举，予以包庇袒护。直到被乾隆帝严词诘问，才提供了所知细节。关于这件事确有实证，并非乾隆帝主观臆断、屈打成招。据《清实录》载，乾隆四十七年春正月，陈辉祖向朝廷覆奏，称胞弟陈严祖“在甘省州县任内捏灾冒赈及馈送王亶望等银两”，自己“知而不举，实属昧良负恩”。陈辉祖坦白认罪之余，也向朝廷交出了其兄弟二人在出事前有关这一事件的往来书信。

乾隆帝一向认为，王亶望冒赈事件是在“内外诸大臣俱隐忍不言”的情况下，自己以和珅、阿桂等人入甘接连遇雨作为线索，凭一己之力揭出的一起典型案件；而发现陈辉祖知情不举，也是自己明察秋毫的成果。他在训谕中说：由陈辉祖胞弟被牵扯进这起事件中，便已揣知“其平日家信往来，必有确切音问”，但“屡经降旨询问”，陈辉祖却“始终掩饰支吾，不肯奏出实情”。于是“严切究问”，申明“若再如前巧言搪塞，不但将伊等交部审讯”，而且“朕必亲自廷鞫”。迫于威严，陈辉祖才作出交代。

乾隆帝在谕旨中，毫不掩饰地表露出对自己灵敏嗅觉以及顺藤摸瓜式破案能力的得意，甚至说出“试问朕为何如主乎”这样“翘尾巴”的话来，警告群臣切莫再试图耍小聪明而“欲于朕前尝试”。同时又搬出自己的满腹经学，强调“五伦莫重于君父”，“古纯臣大义灭亲，父且有不能为子隐者，况兄弟乎?”指责陈辉祖的袒护是“只知有手足之私情，而不知有君臣之大义，颠倒眢乱，莫此为甚”，即便“革职交刑部治罪”亦“无可置喙”。接着又缓和语气，表示“朕断不肯因其弟株连，遽寘重典”，且“现在督抚一时乏员”，陈辉祖等“尚属能事”，于是“著加恩免其治罪”，决定将他“降为三品顶戴”留于本任，“所有应得职俸养廉永行停支，以示惩创”。说到这里，乾隆帝似乎隐约忆起当年良卿因养廉银被停而将脏手伸向国库的前车之鉴，又特别警告：陈辉祖等若是返躬自愧、洗心涤虑、洁己奉公，则“庶几可以稍赎前罪”；“如或因停其廉俸，藉词需索，致有簠簋不饬之事”，则“朕必加倍重治其罪，不能再为曲贷也”。

但是，问题在于，廉政的事可不像嘴上说说那么简单。以当时的吏治状况和官员收入水平而言，朝廷一旦对官员们所享百倍于微薄薪俸的养廉银予以停发，同时又让他继续留在权位上，就等于让他守着粮仓饿肚子，若非圣贤，难免做出偷鸡摸狗之事。陈辉祖原为正二品总督，每年养廉银一万五千两至二万两；降为三品顶戴后，每年官俸只剩区区八十几两银子。如此“由丰入检”，没有当年海瑞那样的定力，也实难勒得住自己的腰带。果然，仅过了半年，王亶望一案便又出续闻。当年七月，乾隆帝传谕：经查验王亶望浙江家产，发现其过去进献器物中，有多件被发还的物品竟都神秘失踪，“无一存者”。乾隆帝由此产生怀疑，认为王亶望的家产肯定被人动了手脚。查抄的事“究系何人承办?”到底有无“侵蚀抵换情弊?”乾隆帝于是著令浙江布政使盛住“逐一确查密奏”。不久，陈辉祖私自抽换截留王亶望浙江家中“逆产”之事便逐渐浮出水面。

令乾隆帝气恼的不仅是赃物中不见了四千多两金子，还有他平生十分喜爱的宝物玉山子。图为存世的第二大玉山子，上面有乾隆帝御笔临写的王羲之《兰亭序》

当年九月，盛住回奏：先是查出官员王站柱在随同抄籍王亶望家产时，有“将金易银”等侵占嫌疑。进而查出王站柱底册中“有金叶、金条、金锭等共四千七百四十八两”，但在解缴内务府进呈的账册内并无此项金两。底册内“有玉山子、玉瓶等件”，亦未载入进呈册内，“显有抽换挪掩情弊”。乾隆帝闻奏十分气恼，即派阿桂、福长安等押带王站柱前往浙省审办，并指示：“陈辉祖身为总督，即无抽换入已之事，而于属员通同抵匿置若罔闻，其庸懦无能，即与勒尔谨无异，岂可复膺封疆之任?”陈辉祖于是被“革职拏问”。其后，阿桂回奏：据王站柱所供，此事“竟系陈辉祖营私舞弊，抽换抵兑”！陈辉祖对贪昧查抄物资一事先是抵赖，见搪塞不过，便又改口称此是按照王亶望的请求，为避免“金子太多，恐怕碍眼”，才将其中黄金及贵重物品折合成白银，予以调换。但这样一来，反倒又成了包庇要犯，欺君罔上，其罪更重。乾隆帝认为：陈辉祖身为重臣，世受国恩，竟为此鸡鸣狗盗之事，“朕于此事不胜惭懑”，料想“内外大臣亦必同深愧忿”。但仅以此事对其制裁又嫌不够体面，于是又举其任内所辖闽、台、浙三地政务不饬、武备废弛等种种贻误，指其“一味营私牟利”、“贻误地方”，与勒尔谨、王亶望“情罪无异”，处以“监视赐令自尽”。

说到底，陈辉祖贪赃一事，还是与乾隆帝停发其养廉银一事密不可分。由于清朝官员薪俸标准太低，养廉银已成了维持其体面生活、扼守为官基本底线的必要经济来源。其对于廉政的作用，套用今日的流行语，即

“养廉银不是万能的，没有养廉银却是万万不能的”。忽略官员的合理待遇问题，像乾隆帝那样一味唱高调，于廉政建设亦是殊不可取。

伍拉纳：为官贪酷难责下

——“和相擅柄”也没能救他小命

贪官之为贪官，就该知道贪官的角色风险——头上顶着雷，脚下如履薄冰。偏偏也有高调的：乾隆末年，时任闽浙总督的伍拉纳既饮贪泉，纳属员贿“动逾千百”，却又以“喜声伎”、“尝夜宿狭巷”一类生活作风问题发人之短。结果引起福州将军魁伦抗疏，转而揭其丑事。而后“廷鞫服罪”，遂遭立斩。

伍拉纳，姓觉罗，满洲正黄旗人，正宗八旗皇族胄裔。《清史稿·伍拉纳列传》载，伍拉纳“初授户部笔帖式，外除张家口理事同知，累迁福建布政使”。“笔贴式”为清朝特有官职，掌翻译满汉章奏文字等事，置于京师各部、院等处，成员多为八旗子弟；由于近水楼台，提升较快，被称为“满员进身之阶”。乾隆五十一年年初，台湾天地会首领林爽文组织的农民起义爆发，伍拉纳参与镇压，负责“往来蚶江、厦门”运送军需供给；事定后，以“馈军”有功而“赐花翎，迁河南巡抚”。乾隆五十四年，伍拉纳“授闽浙总督”，衣锦而还。

伍拉纳官风严酷，贯施严刑苛政。在福建，藉口“民情犷悍”，督属吏“捕盗缉匪”，竟“先后所诛杀百数十人”。当时，大陆东南沿海一带“民多渡海至台湾”，而闽浙总督府驻地位于泉州石狮北部蚶江港，伍拉纳于是又以“便稽查”为由“疏请海口设官渡”，规定凡是前往台湾者，都要从蚶江港出航；甚至“民舟或自厦门渡，亦令至蚶江报验”，手续十分繁琐。后迫于百姓反对，不得已“疏请罢其例”，才使这部分船只“俾得迳出厦门”。乾隆五十七年，同安陈苏老、晋江陈滋等天地会成员策动反清起义，伍拉纳派兵赴泉州捕得陈苏老等人，“诛一百五十八人，戍六十九人”。乾隆六十年，台湾天地会成员陈周全再次发动起义，攻陷彰化，伍拉纳遥控指挥镇压；时逢漳州、泉州发大水，遭受饥荒，民众“閧集乞赈”，要求当地政府予以救济，伍拉纳不暇应对，便故意对上“未以闻”，将此事掩盖。

伍拉纳治吏也很严苛，属下工作稍不得力便予处罚，遇有过失更是“皆傅重比”，一律加重治罪。仅列传中留有记载的，即有多起轻罪重罚事例。例如“疏劾金门镇总兵罗英笈巡洋兵船遇盗不以实报”，令其坐罪被谴；又如“论邵武营守备余朝武等侵饷，营吏黄国材等冒饷，黄岩右营守备叶起发属兵遇盗不以实报，外委陈学明避盗伪为被创，营兵柯大斌诬告营官”等一系列案例，不是处罚过当，便是近乎冤案。

伍拉纳画像

常言道，正人先正己。伍拉纳御下过苛，自己却是问题多多。纸里终是包不住火。传载：乾隆六十年，“上促伍拉纳赴台湾”，伍拉纳迟迟不肯动身，经乾隆帝“累诏诘责”，只得“自泉州往”。伍拉纳一到海峡彼岸，被压制多年的下级官员们便趁机上疏朝廷，对其各种问题予以揭发。其中，福州将军魁伦疏言揭露伍拉纳为官“性急”、“治狱多未协”等。漳、泉二州遭遇水灾，米价昂贵，百姓贫无依，伍拉纳与巡抚浦霖等瞒报灾情，不予赈济，百姓迫于生活“多入海为盗”，沿海四处“盗舟出没”。这次自下而上的弹劾，导致闽浙地方高层大换血：“上为罢伍拉纳、浦霖，命两广总督觉罗长麟署总督，魁伦署巡抚。”

且说伍拉纳到了台湾，不久即闻大陆方面有人将他弹劾，已引起皇上震怒，案件正在查办。他自知前番陈周全起事时自己未能亲赴一线，鹿仔港一度失守之责难以推卸，于是欲以属下官员的失误来顶罪，连忙抓住当地巡检朱继功在鹿港失守前携家眷回内地奔丧一事，弹劾他临阵脱逃，请求对他科以“夺官戍新疆”的处罚。岂料，伍拉纳的这一伎俩被乾隆帝一眼看穿，当即谕示：“伍拉纳为总督，台湾贼起，陷城戕官，朕屡旨严饬始行，继功丁忧巡检，转责其携眷内渡，加以远戍。伍拉纳畏葸迁延，乃欲以此自掩，何其不知耻也！”进而下令，将伍拉纳、浦霖及布政使伊辙布、按察使钱受椿“皆夺官，交长麟、魁伦按谳”。

经查，伍拉纳、浦霖二人身为总督、巡抚，一向“贪纵”并“婪索诸属吏”，致使“州县仓库多亏缺”。伍拉纳为转移注意力，曾主动汇报说：

“经清查诸州县仓库，亏谷六十四万有奇、银三十六万有奇，限三年责诸主者偿纳。”试图避重就轻。魁伦等受命对诸州县仓库亏缺情况再行核查，发现“伍拉纳所奏非实数”，继而查出“伍拉纳受盐商赇十五万”。随后，“籍伍拉纳家，得银四十万有奇”，并“得窖藏金七百、银二十八万，田舍值六万有奇，他服物称是”。更为奇特的是，在伍拉纳家中，还发现各色质料所雕如意“至一百余柄”，乾隆帝由此联想到唐朝贪相元载家藏胡椒八百斛的故事，斥其“贪黩营私，殊出情理之外”。遂即将他逮往京师，“廷鞫服罪，命立斩”。

清代闽浙总督署

关于伍拉纳受弹劾一事，清皇室后裔昭连《啸亭杂录》有另解。书中“诛伍拉纳”一节载：伍拉纳督闽“惟以贪酷用事”，甚至“倒悬县令以索贿”。故而闽台一带“贪吏充斥，盗贼纵横”。及至将军魁伦对其予以弹劾，上大怒，将他“槛解入京”。时“和相（和坤）擅柄”，故意延缓其行“以解上怒”；不料皇上心中有数，促侍卫“飞骑召入”，于丰泽园庭讯，俟其服罪，“立置于法”。如此迅雷不及掩耳，和坤亦“无能为力”，只得眼睁睁看着他被杀。书中“魁制府”一节又载：魁伦其人家世亦颇有背景，其本人“性勇干”，又是个少壮派，故不太把本地上官放在眼里。由于他“喜声伎，尝夜宿狭巷”，生活小节不甚严谨，被伍拉纳抓住小辫子，欲予弹劾。然而，“伍固贪吏，尝纳属员贿，动逾千百，有不纳者，锁锢逼勒。又受洋盗贿，任其劫掠，毫不捕缉，五虎门外，贼艇云集”。魁伦于是发动逆袭，“抗疏劾伍之贪纵，并闽省库藏亏绌事”，将伍拉纳贪状尽行揭出，并慨然说：“夫夜合之欲，情不自禁，乃过之小者。若伍公以天子封疆大吏，举止有同盗贼，贪黩无厌，不知自相愧悔，乃反欲劾人耶？传曰‘无瑕者可以责人’，其不明何若也。”乾隆帝闻奏“大怒”，“立置伍于法”。随后，魁伦取而代之，坐上总督交椅。

野史中，也有指伍拉纳一案有疑者。《清稗类钞》载：当年闽中亏空案发，“州县伏法者二十余人”，廷讯之日“施大刑”，次日即“抽赴市曹”。当时伍拉纳“两目耿耿，犹能左右视”，同案犯巡抚浦霖则“右腿已夹断，横卧车中，奄奄一息”。且“当日总理清查局者，为田方伯凤仪，天性峻刻，勾稽出入，皆就现亏为断。又以急促了事，其中应划应抵者，皆未及详慎分清。既撤局，总计库款，乃浮出数十万金”。如果这段叙述事实成立，则此案即有刑讯逼供之嫌，多少反映出封建社会诏狱的黑暗。但伍拉纳作为那个时代贪官酷吏的基本定论，已被写进历史，翻案也并非那么容易。况且，“无瑕者可以责人”的古训也是深刻的，当年伍拉纳不明此理，以致吃了大亏，惯行对人对己双重标准者慎勿再蹈此辙。

阿尔泰：假捐养廉倍贪敛

——吐槽“负债进献”坏了“圣主英名”

阿尔泰是乾隆朝因贪被赐死的另一位封疆老臣。阿尔泰的贪赃，说来也与其养廉银“欠收”有关。与钱度、陈祖辉二人不同的是，阿尔泰的养廉银不是被朝廷停发的，而是他以“进献”的名义，主动要求从自己账上扣除的。只不过，“羊毛出在羊身上”的规则没变，到头来，阿尔泰在养廉银上的损失，也还是以贪污受贿的方式加倍地捞了回来。

《清史稿·阿尔泰列传》载：“阿尔泰，伊尔根觉罗氏，满洲正黄旗人。雍正间，以副榜贡生授宗人府笔帖式。”清例，乡试中副榜录取的，入国子监，称副贡生。阿尔泰由副榜贡生入仕，称不上人才出众，也算是八旗子弟中的“少读诗书”者。阿尔泰步入仕途后屡经升迁，到了乾隆年间，已升至山东巡抚。阿尔泰抚山东七年，因地制宜发展农副业，兴修水利，有不少惠民之举。后以“治水利有绩”，擢四川总督，加太子太保。在四川任上，又“议平治道路”，扩展水陆交通；又先后“议以牧厂余地招佃为田”，“议置义仓”，“议开南川金佛山磺矿”，“议筑都江大堰”及“备边储”等，点子多，措施得力，“上皆从其请”。

阿尔泰仕途峰巅时曾官至大学士，但不久即遭罢黜。他的这次骤升骤降，皆与被乾隆帝自诩为“十全武功”之一的金川之战有关。乾隆三十一年，曾发动叛乱失败的四川金川土司“复为乱”，攻掠邻乡土地，阿尔泰提出“以番攻番”之策，利用当地土司之间矛盾互相牵制，辅以清军出兵平定。到了乾隆三十五年，叛乱土司先后“出谒”投诚，归还侵地，阿尔泰立功，“寻授武英殿大学士，仍领总督”，并于次年“召还京，入阁治事”，短时期入宰国政。不久，大、小金川头人索诺木、达木巴宗再次作乱，阿尔泰不欲出兵，强调如采取军事行动“需兵既多，糜饷亦钜”，兵饷成本太高，被乾隆帝谕斥为“掩饰偷安”而“夺大学士、总督，留军治饷”，阿尔泰从一品大员骤降为散秩大臣，被安排去“铸大炮利军行”，负责军工后勤。直到乾隆三十七年，阿尔泰的继任者桂林因“覆军讳败”被黜免，阿尔泰才又以代理身份“摄总督”，随即“移督湖广”。

曾存于“紫光阁”内的“大小金川100功臣图”中的当地土司像

就在阿尔泰即将易地为官、赴湖广履新的关口，却因在四川多年间问题较多，卸任前屁股没有擦净而未能成行；并且由于事情越查越多，从此再没能走出这片巴山蜀水。事情的导火索，藏于他即将离任时的一纸奏疏，在这篇奏疏中，阿尔泰承认其所负责的军需转运工作中，因“南路山险途长，商不肯应募”，导致金川前线“火药已运罄”。当时，清政府平定大小金川之乱的作战正趋于白热化，乾隆帝看到奏疏急怒交加，立刻翻脸说：“阿尔泰专领转饷，何不早筹划？今福隆安、阿桂皆至南路，始以一奏塞责。”下令让阿尔泰“毋往湖广，仍以散秩大臣留军督饷”。很快，大将阿桂从前线回奏说，大军至卡丫地方“无五日之粮”；又奏言原定从西面绰斯甲布运来的转饷“将一月犹未至”。阿尔泰感到事情无法交代，“亦自陈请夺职从军”。但事情的严重程度已超出了他的想象，“上责其倚老负恩，始终不肯以国事为念，命逮问”，阿尔泰于是锒铛入狱。

如果仅仅是渎职的问题，阿尔泰也许还不致误了卿卿性命。阿尔泰的悲剧在于，其在四川任上手脚本不干净，多年赃贿狼藉；而其贪贿的缘由偏又事关所谓“进献”，极大地损伤了乾隆帝的“颜面”。关于此事，《清史稿·阿尔泰列传》叙述较简：“阿尔泰初至四川，上以天坛立灯竿，下四川求楠木。阿尔泰附运木材以进，言出养廉采献。既乃私语人，谓他日且以此负累。语闻上，上心慊之。”由此可见，阿尔泰刚被提拔担任四川总督时，闻知京城祭天需用珍贵楠木，主动用自己的养廉银采办送到京城，事后竟又后悔，到处向他人哭穷说自己为此欠了债。这话传到上面，自然引起乾隆帝的反感，因为乾隆帝在惩治贪官时曾多次公开表示，今后一律不再接受地方组织的各种进献，如果各地督抚非要进献方物特产表达孝敬之意，则只能用发给他们的养廉银采办。之所以这样说，一是为了防止各级官员假借进献为名四处敛财，败坏“圣主英名”；二是在讲究体面的乾隆帝看来，各地督抚每年高出薪俸百倍、动辄上万两的养廉银的确是笔不小的数目，从中拿出一些来孝敬自己并非难事，也算合了“父慈子孝、君义臣忠”的自古礼法。

令乾隆帝十分恼怒的是，阿尔泰竟然如此不识大体：前脚打着自掏腰包的幌子买了人情，后脚却又到处发牢骚吐苦水，仿佛他的进献是出于迫不得已。硬要把那点“小意思”变成“没意思”。于是，不但收回成命，责令阿尔泰仍留原处，更下诏历数其罪，特别驳斥其“负债进献”之说，指其“昧良饰诈”。不久，又有川东道大员托隆入朝觐见，乘机“发阿尔泰赃私”。经继任四川总督富勒浑“严鞫”、“狱具”，阿尔泰于乾隆三十八年被赐自尽。

查《清实录》“乾隆三十八年春正月”记载，阿尔泰最终的罪名为“贻误军务”及“勒属派买、短发价值、得受属员馈送、收回应扣养廉”各款，俱已“自认不讳”。最初奉命到四川暗查此案的是乾隆帝的女婿、工部尚书福隆安，福隆安回奏，阿尔泰在川时，据闻与其子明德布有“干预公务，与属员交结”之事，涉嫌“纵容子弟、滋事营私”。后川东道托隆来京，乾隆帝令军机大臣与他谈话，询以阿尔泰任内之事，才查出其以“勒派属员代买物件、短发价值”的方式强行索贿，乘进献物资之机夹运木材贩卖肥己，以及收受下级官员朝珠等贿赂。之后又查出，阿尔泰以进献为名捐出的养廉银实际并未上交，而是通过其手下原任藩司刘益，采取“将库项挪用、摊扣属员养廉、苦累商民”等手段补回自己腰包。至于刘益其人，原本也是经阿尔泰屡次向乾隆帝“面为保奏”，才被“擢用藩司”。至与阿尔泰“彼此通同弊混”，更成为阿尔泰“假汲引以便其私图”的写照。

乾隆帝降谕：“阿尔泰经朕加恩，简任总督，擢授大学士，乃竟老而贪得，易辙改弦，婪受所属多赃。甚敢怀私荐举，藉以侵动库项。似此簠簋不饬，若复贷其一死，将何以任用督抚使知儆惕乎？但念其曾任大学士，加恩免其肆市，赐令自尽。”同时下令，命当地大臣“监看”行刑，以此“为大臣负恩贪黩者戒”。异常巧合的是，那位奉命监刑的继任大臣富勒浑，不久也因金川之战表现不佳受到处分，并于多年后成为又一位因贪落马的封疆大吏，此是后话。仅就该案而言，阿尔泰打着“效忠”主子的旗号，却做了惹恼主子的事，引来杀身之祸，其实还是没有完全读懂那时权力运行的潜规则：在儒家“天下为公”的旗帜下，天下实则又是一人的天下。这样一来，“因私害公”也就固然难免，前提是：一要保住主子的脸面，二要藏好自己的马脚！

富勒浑：关通家人共婪索

——“受家人之累”的贪官中旗人最多

老年乾隆帝眼中，满臣富勒浑“资格较深，历练亦久，在近来总督中上之列”，所以将他由闽浙调用两广，“委以海疆繁剧重任”。没想到，富勒浑移任数月，询其前任、同僚，却一致反映他“操守平常”。循迹摸查，其多年来生活腐化，“用度奢侈”，与家人“关通婪索，赃迹累累”，以及勒派、侵吞口岸银两等一一败露。乾隆帝只好承认，自己在用人问题上又一次“看打了眼！”

富勒浑出身科举。《清史稿·富勒浑列传》载：“富勒浑，章佳氏。初自举人授内阁中书。累迁户部郎中。”乾隆二十八年，富勒浑外授山西冀宁道。迁山东按察使，再迁浙江布政使，署巡抚。乾隆三十七年，富勒浑调任陕西巡抚，寻即擢升湖广总督，入觐，赐孔雀翎。四川总督阿尔泰坐贪黩玩纵得罪，富勒浑曾受命入川查办此案。阿尔泰被正法后，四川总督之职几易其人，一度交由富勒浑署理，并让他“总理各路军需”，实际是接替阿尔泰留下的烂摊子。当时，平定大小金川之役仍在胶着状况，富勒浑的位置吃力不讨好，很快因与前方发生矛盾而引起乾隆帝“不怿”，斥其“玩公沽誉”，险些丢官。后来，因作战有功被实授总督，又与前线阿桂等冲突不断，任内如履薄冰。乾隆四十一年，大小金川之战基本结束，富勒浑“复授湖广总督”，总算离开了这块是非之地。

自乾隆四十二年起，富勒浑先后被授礼部尚书、工部尚书、镶蓝旗蒙古都统，复授湖广总督，调任闽浙总督，又因徇庇下属被“夺孔雀翎，降三品顶戴，降授河南巡抚”。乾隆四十七年，复授闽浙总督。乾隆五十年三月，富勒浑入京参加了乾隆帝为庆祝七十五岁大寿举办的“千叟宴”，随即被调任两广总督。至此，富勒浑久任封疆，足迹踏遍南方主要省份，按乾隆帝的话来说，他“资格较深，历练亦久”，论资历和能力，在当时总督一级地方要员中位居“中上之列”，大可委以重任。但是，一个在当时不太起眼的地方官员入觐时说的几句含混之词，竟然彻底动摇了乾隆帝对富勒浑的上述良好印象。

乾隆帝退位后举办千叟宴时御赐的养老银牌。富勒浑出席了千叟宴

这位不起眼的地方官员，就是时任粤海关监督的穆腾额。按照当时官制，粤海关监督的地位在总督、巡抚、提督、学政之下，在地方并不属于头面人物；但由于其掌管海疆南大门的特殊性，所以经常由皇帝直接简派，享有直接上奏权，某种程度上与苏、杭织造一类官员相似，同属皇帝在当地的耳目和眼线。在这次入朝觐见中，乾隆帝向穆腾额询问关于对富勒浑操守的评价，却只得到一个模棱两可的回答：“未敢深信。”事后，乾隆帝疑虑加深，于是“命军机大臣诘之”；穆腾额见皇上穷追不舍，便“又发富勒浑纵仆殷士俊纳贿状”。乾隆帝查明富勒浑的这个家仆殷士俊是江苏常熟人，于是令江苏织造四德等籍其家，发现其竟有家资“累万”。与此同时，受命调查此事的广东巡抚孙士毅上奏，“亦发富勒浑与士俊等关通纳贿事实”。问题越查越深，乾隆帝命令“夺富勒浑官”，又命“逮富勒浑监送阿桂鞫治”。富勒浑被依律论斩，下刑部狱。后虽获释，但终生未得重用，于乾隆末年郁郁而卒。

关于富勒浑贪赃纳贿一案的败露及种种内幕，《清史稿》的概括节略过于粗疏，甚至有伤事实原貌。根据《清实录》的记载，最早对富勒浑操守问题提出非议的，应是富勒浑的前任、刚刚卸掉两广总督的舒常。舒常回京遇乾隆帝召对，被“询以各省督抚声名”，提到富勒浑，即称富勒浑

"操守平常"。但乾隆帝闻听后，以为舒常"甫离两广总督来京"，或许抱有"意图复任"的想法。其言语中贬抑富勒浑，不过因其"觊觎回任"。于是对他的说法"疑信兼半"。等到穆腾额前来陛见，乾隆帝"复经面询富勒浑居官办事如何"，穆腾额"止言现在总督中操守可信者"，对于富勒浑之操守则表示"不敢深信"。由于穆腾额的说法"与舒常不谋而合"，乾隆帝这才感到问题的严重性。令军机大臣等再次向穆腾额询问，于是发现了富勒浑与家人"关通婪索、招摇纳贿、有骇观听"的一些情况。

按《清实录》记载，最早接到乾隆帝密谕，奉命对富勒浑犯罪线索进行摸查的，既非江苏的四德，也非广东的孙士毅，而是富勒浑移任两广之后的继任者新任闽浙总督雅德。毕竟富勒浑刚刚移任两广不久，乾隆帝对富勒浑为官操守起疑后，首先想了解的是他在闽浙期间的表现，故而"密谕雅德据实查奏"。但雅德是富勒浑临离开闽浙时，经其推荐而由福建巡抚擢升为总督的，显然存有"知恩图报"之念，所以对富勒浑在当地劣行"不但不能据实查明，转力为保奏"，甚至"授意属员，不令据实呈报，返从中为之弥缝掣肘"，致使查案受阻。乾隆帝这才将调查重点移向他处。

与雅德的"昧良袒护"相反，广东这边，巡抚孙士毅对富勒浑所涉贪腐问题"节次查奏"，不断揭出富勒浑与家仆殷士俊等"关通婪索，赃迹累累"的种种事实。如富勒浑指派殷士俊、李世荣出面，听从当事人吴某某、陈某某"嘱托照应"，收取贿银，得受花钱。二人还转派洋商"分买人薓（即人参）、购买钟表等物"，采取"浮卖价银、短发价值"等手段营私舞弊，非法牟利。在两广任上，富勒浑还采取"先侵后吐"的手段侵占公私财产，中饱私囊。比如，先向所辖各口岸"点派"勒索，再"令书役等摊缴银一万九千六百余两，交进督署"；又比如，拖欠应解河南充公银二万两，于是暗令手下人"潜赴福建，向省城道员衙门支取解豫"，用拆东墙补西墙的方法把窟窿填满。

值得说一说的，还有富勒浑罪行败露时负隅顽抗的心态。与今日一些贪官面临审查时的情形类似，富勒浑被革职后，态度一开始也是蛮强硬的。《清实录》载，富勒浑"心疑舒常、孙士毅、穆腾额等有心倾陷"，于是在孙士毅传旨询问时"疑怒交作"，其"忿戾之气形于词色"。富勒浑被解任后"并不自知悔惧、静候质讯"，而是"犹复以从前案件哓哓置辩"。孙士毅查办殷士俊赃款时，当地署理南雄府的一位官员协助调查，将富勒浑幕友行李截留；富勒浑由此"心怀嫌恨"，于解任前、解任后两次对这位下级官员进行打击报复。富勒浑"事已发觉"后，又将其勒派各口岸所得赃银一万九千余两交监督衙门解往京城，以掩饰其先侵后吐之迹。

乾隆帝认为，富勒浑犯罪是由于“天夺其魄”，其所为才如此“颠倒错乱”，最终“自速其罪，乃至如此”。且由此案推及“大臣而受家人之累者不少，而惟旗人更多”，训谕内外大臣：“嗣后务须正躬洁己，严肃驭下。”几百年后，“八旗子弟”早已退出历史舞台，仍不断有“大人物”因骄纵家人子女而得祸。他们的重蹈覆辙，难道也是“天夺其魄”？

福崧：“议罪”难偿刮下吏

——面子重要，“里子”也不能不要

乾隆朝督抚一级官员侵贪现象普遍，除因其中不少人遭遇“罚廉”、“罚俸”，收入骤减而致生活窘迫外，一度盛行的“议罪银”做法，也是迫使一些人铤而走险的原因之一。“议罪银”起于乾隆中期，是朝廷要员、特别是督抚级官员因“过误”而自认缴银的一种自我惩罚制度，其罚缴数额往往惊人。浙江巡抚福崧外任多年，自供“所得养廉银本最丰厚”，但屡经“议罪”，累计共需赔银二十七万八千两，致使“所有应支养廉未敢支领，俱全数扣缴”，最终伸手被捉，向下属勒索十万余两事发遭戮杀。

福崧一生为官，总是不断摊上议罪、罚银这等悲摧之事。《清史稿·福崧列传》及《清史列传》载：“福崧，乌雅氏，满洲正黄旗人，湖广总督硕色孙也。”由于是八旗高官后代，福崧在乾隆中期被授内阁中书，迁侍读；因工作较为出色，京察评为一等，得以外授为官，由四川川北道迁甘肃按察使，再迁广东布政使。乾隆四十六年，甘肃苏四十三率教众起事，福崧被调回甘肃“从总督勒尔谨讨贼”，事定，以功获赐花翎。但紧接着，“勒尔谨冒赈事觉”，福崧又奉命随新任总督李侍尧清查仓库钱粮。次年三月，查明官库“亏银八十八万余两、粮七十四万余石”，乾隆帝下了一道奇怪的谕旨：“责令历任（包括继任）各员赔补；无力完缴者，令现在督、抚、司、道、厅、州、县摊赔。”乾隆帝如此强令，无非是想让甘肃省内新旧大小官员承担“无限连带责任”，一个也跑不了，从而确保

补足亏空。但是羊毛出在羊身上，到头来，由前任犯罪留下的亏空，还是得靠继任者通过不法勾当来填充。谕旨下达后，按例，“福崧亦应分偿”。正当他一筹莫展之际，皇上念他办理清查十分出力而“特免之”，不但让他躲过一劫，并且升迁，“擢浙江巡抚”。

乾隆四十五年（公元1780年），经和珅倡导并推行“议罪银”，乾隆帝六次南巡全系“议罪银”开支。图为宫廷画师所绘南巡场面

岂料，福崧竟是刚出虎口，又入狼窝——乾隆四十七年，福崧升迁后甫一到任，乾隆帝即以“王亶望、陈辉祖相继抚浙江，皆贪吏”而“复命察通省仓库”。福崧组织人马卖力盘查，结果查出“亏银一百三十万有奇”，比甘肃的情况还要严重。乾隆帝当即下旨“立例清偿如甘肃”，也即浙江新旧大小官员也要像甘肃那样，对这一百多万亏空的补足承担无限连带责任；只是这次，福崧身膺巡抚之任，未能免责。乾隆五十一年，福崧“以诸属吏清偿仓库亏银未能如期”为由，疏请予以“展限”延期；并保证要召集司道以下官员廉政大会，会上将安排集体“设誓”，“共砥廉隅”。对此，乾隆帝批复，“期已三四年，乃复请展限，非是”，不同意福崧延期清偿的请求；同时指出“设誓亦非政体”，表示对他策划的召开大会集体宣誓一类作秀之举不感兴趣，并命户部派员赴浙江按治。经查，福崧虽“无败检事”，但“失在柔懦”，被调离浙江，到山西担任代理巡抚。

福崧离开浙江后，先后辗转山西、新疆等地，其间屡因过失受到各种降职、贬迁处分，而且每次都要“议罪”认罚，欠缴的罚银也就越积越多。乾隆五十五年，福崧终于回到沿海，被授江苏巡抚，署两江总督，随后还授浙江巡抚。但仅仅过了两年，一件惊天大案使他再度落马，而且从此永无翻身之日。事情源于浙江，发于两淮：乾隆五十七年，原浙江盐道柴桢升迁为两淮盐运使，上任不久，却因“私移两淮盐课二十二万”受到当地官员弹劾。经刑部“会鞫”，查明柴桢所挪巨额税银中，有十七万是为了弥补其在浙江任上所产生的亏空；而这十七万亏空中，为满足巡抚福崧“索赇”而挪用的，竟达十一万两之多！

关于福崧一案，昭连《啸亭续录》提出不同看法，认为福崧“两任浙抚，遇事明决，有能吏风”，且“俸廉外，不受岁时苞苴”，总体上是个廉吏。只因奸相和珅权倾朝野，福崧“未以贿通”，所以“和相衔之切骨”，利用盐政亏空一事落井下石，加以陷害。但书中亦承认柴桢擢两淮运使离任后，浙江盐政确实“库有亏帑”，并透露福崧不仅知道此事，而且确曾允许柴桢“至淮迁挪”。也就是说，后者在两淮任上为“拆东墙补西墙”挪用公款，是与福崧事先商议好的做法。读到这里，不禁要问，假如福崧与浙江盐税亏空一事真的无关，他为何不直接将柴桢举报朝廷，而要冒如此大的风险与柴桢共通作案？

一向自以为明察秋毫的乾隆帝，一开始也被蒙在鼓里。《清实录》载，乾隆帝曾在谕旨中坦陈：“彼时朕不但不疑福崧于此案有通同侵染情弊，即柴桢由贵州举人，用至府道，擢授运使，该员以边省寒畯得此优厚俸廉，已为逾分，亦不应再有败检营私之事。”显然，在乾隆帝看来，像福崧、柴桢这些被派驻在江南膏腴之地的高官，拿着丰厚的养廉薪酬，本应知足感恩，老老实实为他效力，断无再去额外捞钱的理由。但他老人家却似乎忘了，福崧等人的合法收入看似很高，却还不够补缴其例年来因“议罪”所欠朝廷的巨额罚银。据福崧在此案中的一篇“自供”（中华书局版《乾隆朝惩办贪污档案选编》收录）称“我蒙皇上重恩，由道员升巡抚，外任多年所得廉俸本最丰厚，但我于四十六年间因在兰州办理撒拉尔军需代赔滥支无著银十一万二千六百余两，系奉旨于养廉内每年摊扣五成；又督缉逃兵案内议罚养廉银一万四千两；又分赔陈辉祖漏报海塘字号及湖神庙工共银六千九百余两；又五十一年清查仓库分赔留抵银四万七百两；又奉部著赔范公塘石坝等工不准开销银四万九百余两；又赔南新关短少税银三千五百余两；又五十一年署理山西巡抚任内自行议罚银二万两；又五十四年失察抵换叶尔羌玉石案内议罚养廉一年银一万两；又开复处分等案应罚养廉银三万两——以上共罚赔银二十七万八千余两”。当时，一名巡抚的养廉银一年大约一万五千两，试问福崧不贪污、不索贿，如何能凑足这二十七万八千两的巨额罚银？

至乾隆五十八年年初，负责审理此案的钦差大臣庆桂等奏，审明福崧、柴桢等于原参侵蚀盐税二十二万两之外，“又经供出侵用掣规、值月差费等项。共银六万六千余两，质之福崧，伊亦无可置辩”。至此，福崧已经认罪。乾隆帝批复："朕年寿已高，若亲加讯问，必生愤懑。且福崧下流，不值朕动怒且惭也"。即令福崧"毋庸解京"，于押带所到地方"监视正法"。福崧即于押解途中"饮酖卒"。

《清实录》载，乾隆五十五年，内阁学士尹壮图即曾就"议罪银"一事弊端上奏，提请"永停罚银之例"。乾隆帝当时并不服气，指称尹壮图所奏"并无佐证"，未予采纳。福崧案发被处死后，乾隆帝似有所感，于同年五月下旨，终于叫停了这种"自行议罚"的做法，并规定今后"所有应罚养廉者著分年停支一半，仍准其支用一半，俾资用度"。八十多岁的老皇帝尚能知错就改，也算难能可贵。他毕竟还知道面子重要，"里子"也不能不要。

毕沅：党恶为奸沾士节

——乾隆朝的状元嘉庆朝倒台

在乾隆朝贪官中，毕沅比较"另类"。此人早岁状元及第，是乾隆二十五年一甲一名进士。又一生文章政绩俱显，不仅仕途通达，官至一品，且以博雅多才、敬爱文士而"负海内众望"。但就是这样一位在当时不乏才德名望的"宿儒"，死后却因渎职及滥支军需帑项"结交馈送"等被籍家产、夺世职，以致"功名遂不终"。说到底，还是在"士节"、"官操"等问题上有所亏欠。

毕沅，字纕蘅，一字秋帆，号灵岩山人，江南镇洋（今太仓）人。精通经史金石诸学，有《续资治通鉴》《传经表》《经典辨正》《灵岩山人文集》等传世。《清史稿》有列传。毕沅学业优异，乾隆十八年即以举人入仕。为求取更高功名，毕沅参加乾隆二十五年殿试，高中一甲一名进士。自乾隆三十一年起，毕沅外放西北为官，历任道员、按察使、布政使，并"屡护巡抚"、"屡署总督"，多次代理封疆要职。其间，督饷而"军无匮"，治赈而"全活甚众"；又"置姬氏五经博士，奉祀文、武、成、康四王及周公陵墓，修华岳庙暨汉、唐以来名迹"等。多"爱民恤物"之举，经手事务亦多"称旨"。乾隆四十一年，获皇帝御赐孔雀翎。乾隆四十六年，参与镇压甘肃苏四十三起事，论功赐一品顶戴。

毕沅画像

毕沅初涉渎职，曾与甘肃冒赈事件有关。毕沅获一品顶戴不久，王亶望等人在甘肃冒赈贪污事发被处死，御史钱沣转而弹劾毕沅在这一事件中瞻徇私情，知情不举，毕沅因此被降为三品顶戴。关于这次处分，钱泳《履园丛话》载：“甘肃冒赈事发，狱已成矣，诛窜者几百人，而独不及陕西巡抚毕沅。”有鉴于此，时任江南道御史的钱沣奏言：“冒赈折捐，固皆由王亶望渎法营私，但查亶望为藩司时，毕沅曾两署陕甘总督，近在同城，岂竟毫无闻见?”钱沣认为，毕沅对发生在眼皮底下的事如此装聋作哑，“虽不敢必其利令智昏，甘受所饵，惟是瞻徇回护，不便举发，甚非大臣居心之道”。乾隆帝看了钱沣的弹章，认为言之有理，于是给予毕沅降级处分。至乾隆四十八年，毕沅才被“复还原品”。此后，终乾隆一朝，毕沅又先后“调河南巡抚”、“授湖广总督”、“降授山东巡抚”、“仍授湖广总督”等。

毕沅再涉渎职，则与清中期湖北等地爆发的大规模白莲教起义有关。嘉庆元年（公元1796年）元月初一，时年八十五岁的乾隆帝以在位时间不超过祖父康熙帝的誓愿，正式向三十五岁的皇五子永琰禅位，自己做了太上皇。也就是从这一年开始，一场起于鄂、川、陕，历时九年，牵制了清政府十六个省军力的白莲教农民起义使清王朝走向由盛转衰之路，而两任湖广总督的毕沅，自然是与这一重大历史事件难脱干系。因围剿起义不力，毕沅一度降职改任山东总督，不久，当阳“克复”，毕沅“复为总督”，仍然置身于涡流之中。《清实录》中，嘉庆元年二月一篇发给军机大臣等人的谕令则说，毕沅等人“督率将弁直入山内，奋力剿杀匪贼多名，所办差强人意”，但“该贼匪等四处勾结啸聚多人，断非起自近日；毕沅两任湖广总督……实难辞咎”。结尾警告毕沅等“此时若能督率官兵奋力攻剿，将首逆克期全获，余党搜捕净尽，尚可将功抵罪”，“傥办理迟缓”则要“自思当得何罪”。

毕沅心里其实十分清楚，皇上谕旨中“当得何罪”的质问，应当绝不仅仅限于对他军事上围剿起义不力的指责。此前，在嘉靖帝一篇谕旨中，即有“毕沅究系书生，不谙军旅”这样的评语，说明在皇上看来，毕沅军事上的失误尚属可以谅解。但湖广境内白莲教起义实属官逼民反，倘若追究起事情原委，则与毕沅任总督期间为政不廉有直接关系。对此，昭连《啸亭杂录》载，“毕公任制府时，满洲王公福宁为巡抚，陈望之淮为布政，三人朋比为奸。毕性迂缓，不以公事为务；福天资阴刻，广纳苞苴；陈则摘人瑕疵，务使下属倾囊解橐以赠，然后得免。时人谣曰‘毕不管，福死要，陈倒包’之语。又言毕如蝙蝠，身不动摇，惟吸所过虫蚁；福如狼虎，虽人不免；陈如鼠蠹，钻穴蚀物，人不知之，故激成教匪之变，良有以也”。可见毕沅在湖广任上与同僚官官相护，压榨百姓，是引发这场民变的主要根源。

毕沅所获庚辰（乾隆二十五年）一甲一名进士匾额

与当今一些地方出了事情“捂盖子”的做法相似，毕沅在白莲教起义爆发之初，也曾采取千方百计瞒报事实真相的伎俩。这事说来与乾隆末年奸相和坤有关。据《啸亭杂录》载，毕沅“性畏懦无远略”，白莲教起义爆发之始，毕沅“受相国和珅指，不以实入告”，才最终“致使蔓延日久，九载始靖”。对此，当时“人争咎之”，甚至在毕沅死后，仍有人愤怒地说：“戮毕沅之尸，庶足以谢天下。”关于毕沅与和珅之间的关系，钱泳《履园丛话》亦载：“时和公相，声威赫奕，欲令天下督抚皆欲奔走其门以为快，而先生（指毕沅）澹然置之。乾隆五十四年夏，和相年四十，自宰相而下皆有币帛贺之，惟先生独赋诗十首，并检书画铜瓷数物为公相寿。余（作者自谓）又曰：‘公将以此诗入《冰山录》中耶?’先生默然，乃大悟，终其身不交和相。”明朝大贪官严嵩在被抄家后，有人将其家产列出清册，取“太阳一出冰山落”语意，名曰《天水冰山录》。钱泳此问，正是暗喻和珅早晚要像严嵩一样垮台。由此可见，毕沅在大贪官和珅面前，并非一贯保持着士人的矜持，同样也曾趋炎附势、曲意奉承。虽经朋友善意提醒而有所“悟”，但终究还是与其内外串通，合伙欺骗朝廷。

传载，毕沅顶着皇上“圣谕”的压力，为围剿白莲教起义军到处奔波，苦苦撑持了一年多，终因身体不支，“寻报疾作，手足不仁”，于军旅之内突发中风症状，服了皇上所赐“活络丸”不见疗效，“旋卒”。死后“赠太子太保”。嘉庆四年，太上皇乾隆帝驾崩，嘉庆帝亲政，即“追论沅教匪初起失察贻误，滥用军需帑项，夺世职，籍其家”。《清实录》所载嘉庆四年九月的“圣谕”中，不仅历数了毕沅“身任湖广总督，不能实力整顿，贻误地方”，以致发生民变的渎职之罪，且“复将军需帑项任意滥支、结交馈送，骫法营私”，存在贪污挪用、贪赃枉法等腐败问题。“若毕沅尚在，必当重治其罪；今虽已身故。岂可复令其子孙仍任官职。所有承袭毕沅轻车都尉世职之长孙毕兰庆，及承荫毕沅荫生之次子毕嵩珠，俱著革去。不准承袭。”

《清史稿》认为，毕沅“以文学起，爱才下士，职事修举”，只是由于“不长于治军，又易为属吏所蔽”，遂致功名不保。这远不及老百姓“毕如蝙蝠，身不动摇，惟吸所过虫蚁”的比喻来得深刻。这类寄身于腐败体制的既得利益者，貌似温文尔雅，实则却并不比那些害政残民的底层贪官恶吏为害更浅。

和珅：“盛世”转衰为罪首

——遗留巨额赃产难抵“政治赤字”

和珅作为终结“康乾盛世”的罪首，其形象历遭丑化。其实，正史中的和珅，也还兼有几分才具。

和珅出身贫苦。综合《清史列传》《清史稿·和珅列传》及《清实录》记载，和珅，字致斋，钮祜禄氏，满洲正红旗人。他“少贫无藉”，以八旗后代身份入学“为文生员”。乾隆三十四年，和珅成年，承袭三等轻车都尉，进宫做侍卫，自此异常受宠，至乾隆四十年，已擢升御前侍卫，兼副都统。次年，授户部侍郎，命为军机大臣，兼总管内务府大臣，又兼步军统领，充崇文门税务监督，总理行营事务。

当时的和珅官阶虽只有从二品，却是集朝廷主要实权于一身——军机大臣统摄机要，简称“枢臣”，当班时是一人之下、万人之上的重臣；总管内务府大臣，即清朝管理皇家大小事务的总管；步军统领衙门全称为“提督九门步军巡捕五营统领”，相当于卫戍区司令；崇文门税务监督掌握着当时皇家的主要财税来源；而总理行营事务的权力，则使他即便在皇上出巡途中亦不离左右。

和珅是乾隆十五年生人，十九岁出道，只用六七年时间做到这个地步，也才不过是个二十几岁的小伙。这其中，除了各路野史传言的诸如长相、名字等打动乾隆帝“内心隐情”等不靠谱的原因之外，能力及表现的出色应是主要因素。

和珅画像

和珅对李侍尧贪赃一案中的成功调查，使他的地位再次飙升。乾隆四十五年，和珅奉命偕刑部侍郎喀凝阿、贵州巡抚舒常同赴云南按查总督李侍尧贪私事。在这个三人专案组中，论级别、论职司，和珅都要排在末位；而被查的李侍尧在当时“号才臣，帝所倚任”，又是一位名冠天下的重量级权贵。但和珅在调查中却独辟蹊径，一到云南，即声东击西，暗中从李侍尧下属及李府中的仆役身上开刀，很快取得了突破性的进展。李侍尧被查处后，和珅就云南“吏治废弛，府州县多亏帑，亟宜清釐”等奏言，深得乾隆帝首肯，回京途中，即擢其为户部尚书、议政大臣。履任后，又因奏事“多称上意”，被授御前大臣兼都统，又授领侍卫内大臣，充四库全书馆正总裁，兼理藩院尚书事。其子丰绅殷德亦获赐婚，为和孝公主额驸。至此，和珅“宠任冠朝列”，已成乾隆帝身边朝头号幸臣。

和珅能力的弱项主要体现在带兵上。乾隆四十六年，甘肃爆发苏四十三起义，乾隆帝命和珅为钦差大臣，偕大学士阿桂前往督师。阿桂染疾，促和珅“兼程先进”。部队在和珅的指挥下战而无功，且导致总兵图钦保阵亡。后数日，阿桂至，和珅委过于诸将不听调遣。阿桂当即表示：“不听令者当诛!”但次日，二人共同部署战事，将士们却“辄应如响”，并无不听令者。于是又质问和珅：“诸将殊不见其慢，当谁诛?”和珅闻言“恚甚”。乾隆帝得知和珅在前线“赴师迟延”及隐瞒图钦保战死，在军中引起事非等，下诏加以斥责，命和珅“速回京”。和珅更加衔恨阿桂，“终身与之龃龉”。但战场表现不佳，并未妨碍和珅对于兵权的掌控，回京后，即受命兼署兵部尚书，管理户部三库。

继李侍尧贪赃案后，和珅又受命参与了多起贪腐案件调查，态度却越来越转向对贪官的包庇，其中，“纳贿者则为周旋”。乾隆四十七年，御史钱沣劾山东巡抚国泰等贪纵营私，和珅受命偕都察院左都御史刘墉前往按鞫，在调查中“阴袒国泰”，盘点当地库银时“令抽视银数十封无缺即起还行馆”，企图草草了事。两广总督富勒浑纵容家人婪索一案中，和珅提请将富勒浑调回朝廷，试图“故缓其事，以俟上怒之霁”，通过拖延调查，消解乾隆帝怒气，将此案大事化小。其间，和珅又多次升官：乾隆四十八年，赐双眼花翎，充国史馆正总裁、文渊阁提举阁事、清字经馆总裁，后调吏部尚书、协办大学士，管理户部如故。乾隆五十一年，被授予文华殿大学士。

与此同时，对朝中那些“不附己者”，和珅却时常“伺隙激上怒陷之”，挑拨是非，借“圣上”之手施加打压。阿桂“以勋臣为首辅”，与和珅“素不相能”，于是备受其“梗轧”。阿桂死后，和珅“益无顾忌”，在军机处唯我独尊：同值军机处的嵇璜年老资深，因和珅谗言“数被斥责”；王杰因秉公持正忤逆和珅，也常遭报复；两广总督朱珪旧为皇五子永琰（即后来的嘉庆帝）之师，乾隆帝欲召为大学士，和珅“忌其进用”，施以离间之计，将其降为安徽巡抚而“不得内召”；言官钱沣因弹劾国泰得罪和珅，以致“凡劳苦事多委之”，直到“以劳猝死”；曹锡宝、尹壮图等人也以得罪和珅“皆获谴”；尚书彭元瑞因编写国子监辟雍石经考文提要得皇上优赏，和珅“嫉之”，百般阻止其颁行，还暗中使人悄悄磨掉碑字。

和珅首次因贪败被查，是在乾隆五十一年。事情起于其家奴刘全。当时，刘全“造屋逾制”，御史曹锡宝以“奢僭”对他发起弹劾，乾隆帝“察其欲劾和珅，不敢明言”，于是命令诸议政王大臣会同都察院传问曹锡宝，让他“直陈和珅私弊”。结果，曹锡宝因调查权力所限“不能指实”，而和珅又预先指使刘全将逾制房屋拆毁重造，毁灭罪证，使其举报难以查实，反而获罪。但通过此事，乾隆帝开始对和珅的贪败有所警觉，于是以“大学士不宜兼榷务”为由，罢去其崇文门税务监督一职，使其远离财税大权。

和珅柄政日久，且善伺主意，窃作威福，众多朝廷主要官员和各地封疆大吏“恃为奥援”，都把他当做后台老板，“剥削其下以供所欲”，靠敛财向他行贿表示“孝敬”。各地盐政、河工一类占据“利薮”肥缺的贪官们为了向和珅进献，更是“征求无厌”，造成腐败横行，世风日下。由于官逼民反，川、楚一带白莲教信众“激变而起”；而被派去镇压起义的将帅们“多倚和珅，糜饷奢侈”，局势十分被动。嘉庆帝即位前在潜邸便知其奸，受禅即位后，又因乾隆帝年事已高而“不欲遽发”，仍优容之。

嘉庆四年正月，乾隆帝驾崩，嘉庆帝亲政伊始为扭转危局，在宣布遗诏之日即传旨逮治和珅，随后公布和珅二十大罪状，赐令自尽。所抄家产中，除逾制房产、陵寝、珠宝、服饰外，另有藏银逾千万，夹墙藏金二万六千余两，私库藏金六千余两，地窖埋银三百余万两，各地当铺、钱店等产业多处。《清实录》载，诛除和珅后，查办其家人刘全家产，亦果有二十万之多。嘉庆帝有感于御史曹锡宝“前此所劾信属不虚”，追赠他副都御史衔，加其子为荫生，并下旨表彰：“彼时和珅正当声势薰灼之际，举朝并无一人敢于纠劾，而曹锡宝独能抗辞执奏，殊为可嘉，不愧诤臣之职。”

关于和坤的赃产总数，历来各说不一。总的说法是当时清王朝每年的国库收入为六七千万两白银，而和珅的个人财产足抵整个清王朝十几年的财政收入，故有“和珅跌倒，嘉庆吃饱”之说。但扳倒贪官，并不像“打土豪，分田地”那么简单；贪腐造成的“政治赤字”，更不是靠贪官吐出的那些赃产就能清偿的。

中国第一历史档案馆所藏《和珅犯罪全档案》原件

第四章 和珅虽倒势难挽 “俭以养廉”收效微

那些『熬不住清苦』的贪官们

『和珅跌倒，嘉庆吃饱』，嘉庆朝的反腐倡廉也紧跟着趁热打铁亡羊补牢。嘉庆帝『贪墨之风，首当严惩』的反贪意识和『不能治己，焉能治人』的自律观念，显然要强于他的先皇老子；他所提出的『俭以养廉』的口号听来也确实不错。此后清朝的大小臣工中，据说很是流行了一阵『补丁服』；只是说到廉政状况，却也未见真正有所改观。

富纲：藉口缴赔行摊派

——区区“养廉银”怎补官库亏空

嘉庆四年（公元1799年）元月，为缓解当时积重难返的政治弊端和社会矛盾，刚刚亲政的嘉庆帝决心以惩贪为突破口，大力整饬吏治。富纲是自乾隆帝大丧之际立诛和珅之后，嘉庆帝亲手勾决的省部级贪官中最资深权重的一位。其在云贵总督、漕运总督任上借缴赔补为名婪索摊派，赃私累累，于嘉庆五年被判绞监候，秋后如期处决。

富纲，伊尔根觉罗氏，满洲正蓝旗人，其祖满丕为康熙年间勋将，其父苏昌也是乾隆中期封疆老臣。乾隆三十三年，其父苏昌卒于闽浙总督任上，富纲被补为户部主事，渐至署理户部郎中。几年后外放地方为官，历任道员、布政使、护理陕西巡抚。自乾隆四十四年起，历任福建巡抚、云贵总督、闽浙总督、两江总督、署刑部尚书等职。嘉庆元年，富纲被授漕运总督。嘉庆三年，再任云贵总督，直至遭革职拿问。

富纲所犯婪索摊派诸罪，都是打着“上缴赔补”的旗号实施的，而查阅《清实录》，在其仕途的前半程，确实充斥着不少“议罪”罚缴的纪录。这个在各地屡任督抚的封疆大吏表面看似风光，其实却经常遭到乾隆帝训斥处分，前后被令上缴赔补的数额更是惊人。

乾隆四十六年十月，就在富纲由福建巡抚升任云贵总督两个月后，福建诸罗（今嘉义）、凤山两处“俱隶台湾、远隔洋面”的岛县发生“匪徒纠抢及替役脱逃”事件。乾隆帝认为“富纲在闽省巡抚任内并不实力整顿，以至诸事废弛如此”，传谕令其“清夜自思”，并“自行议罪”。富纲“领旨谢恩”后，有没有在半夜起来“思过”，自是没有人会看见；但“自行议罪”后，承诺向朝廷赔缴的成千上万两白花花的银子，则是他必须履行的债务。

同年十一月，台湾道俞成、同知史崧寿等“纵任书吏婪赃”，闽西长汀县、闽北南平县知县“签差不慎致解审要犯脱逃”，被分别革审严处。为此，乾隆帝再次下旨将富纲“交部严加议处”，追查他在任时的领导责任，令其“再行议罪”。同时警告他“滇黔地处边陲，兼以铜盐诸务，均关紧要”，抵任后“若再不实力整顿，痛改前非，仍前玩愒，则是咎由自取”。对于富纲而言，这改正前非之“痛”，怕是远不及连遭罚银之“疼”。

乾隆四十八年九月，富纲在云贵总督任上，那里的“铜盐要务”果然出了乱子。云南省赵州知州彭焕奉命“解运京铜”，被查出“共短少铜二万二千余觔”，且“恐有侵亏盗卖情弊”。乾隆帝训斥说，运京铜觔为“鼓铸”造币之用，自应遴选“明干历练”且“身家殷实”之员担任领运，才不致贻误。即便间有亏短，亦可“照数著落赔偿”。如今该省督抚富纲、刘秉恬用人不当，“滥行派委”以致损失巨大，“所有短缺铜数及脚价银两即著富纲、刘秉恬照数分赔，以示惩儆”。这下，富纲欠下的“罚债”更是雪上加霜。

乾隆五十一年四月，就在富纲官兼闽浙总督前夕，云南的官库又出了亏缺。乾隆帝认为“滇省非腹地可比，仓储库项为数本属无多”，如今竟也大量亏缺，令人“殊堪骇异”。必是“不肖属员侵欺贪黩，而富纲等为之徇隐掩饰”。传谕富纲、刘秉恬“实力查办，设法弥补”，且命他们“以年内为限，务令滇黔二省仓库皆归实贮，毫不容亏欠”。还给他们树立了个榜样：“闻李世杰在川省，三年之中，不动声色将亏空皆补完。尔等何不仿为之。”身为官员，一年中薪俸、养廉自有定额，以区区宦囊银两弥补官库亏空，还要做到“不动声色”，究竟有多大的可能？这明摆着是让他们另想办法，只要不闹出事来就行了。

曾经流行过的说法是：只要滇东北的银和铜三个月运不出来，大清国就要陷入经济危机。图为云南会泽修建的铜运古道起点标志

乾隆五十六年二月，云南铜厂仍有十一万九千二百余两“积欠”银两未偿，乾隆帝认为，这些拖欠“究系该省催追不力所致”，下令“所有此项银两即著于该督抚、藩司及经管厂务之道府、养廉内摊扣完补”。在这些官员中，富纲官阶最高，养廉银数额最多，因此被摊扣完补的自然也就最多。

仅以上述十年间的记载累加，富纲经多次议罪罚银及被令补缴亏欠，所背负的债务总额应已远远超过其合法薪酬和养廉银所得。那么，他又是如何按照乾隆帝的御旨“不动声色将亏空皆补完”的呢？

手段之一：在省内私铸“小钱”，搅乱金融秩序，制造通货膨胀，以此变相搜敛民财，从而“肥官”、“肥己”。云贵为出产铜铅之地，在朝廷计划外私铸“小钱”牟利甚便，富纲见有利可图，于是纵容下属钻这个空子，以便“从中分润”。乾隆五十九年六月，有人向朝廷举报，滇省近年“每纹银一两换钱至二千四五百文”，钱价“贱于他省”，而小钱充斥。经查，是当地钱局“将官钱私行减小，额外私铸小钱希图盈余”，藉以肥橐；各级主管官员“上下分肥”，于是“利于鼓铸，不肯停减”，致使民间钱文“日贱一日”。乾隆帝就此下旨，要求富纲等秉持“天良”据实查办，以“救已往侵欺之罪”。但后来发现，富纲在此事中表现暧昧，嫌疑甚多，于是将他调离云贵，先改任两江总督，后回京署理刑部尚书，又降补担任吏部右侍郎。

手段之二：婪索下属，以自己多年来“赔项甚多，用度不敷”为由，向所辖各级官衙及下属官员公然索贿。嘉庆元年五月，富纲被重新起用，担任漕运总督。嘉庆三年六月，又因云贵总督出缺而得补授。但官复原职仅一年多，富纲即被弹劾在总漕任内“有得受卫弁银两之事”。经查，富纲在任时，曾向多名下属守备诉说欠朝廷“罚债”过多，“似有欲令帮助之意”，于是转而嘱令下级备弁“量力馈送”。各地备弁于禀见时，富纲“亦曾露用度不敷之语”，于是纷纷“措银一二百两至三百余两不等”向他行贿。仅此一项，富纲于江浙两省备弁内“所得馈送已不下万两”，而各省备弁中以“借钱”名义向富纲行馈送者竟达八十三人之多。

嘉庆四年十一月，已于年初亲政的嘉庆帝下旨，斥责富纲“任意贪婪，实为卑鄙无耻”，下令将他“革职拏问”，并查抄家产。次年二月，富纲被判绞监候，秋后处决。当年十月，富纲被如期勾决，即予刑诛。

值得一提的是，这次例行的秋后问斩，共有一千三百八十名案犯与富纲一同被处死，其中多系谋故杀人者。但嘉庆帝却特别通谕各级官员，指出富纲等所犯贪黩之罪“较之谋故，罪孽更重”，因为这类官犯多方婪索，“虽未必显有干系民命之事，然督抚司道等则取之州县，州县则取之百姓，层层朘削，无非苦累良民，罄竭脂膏，破家荡产”，一旦“稍存姑息”，势必“无所顾忌”，以致“民困莫伸”。由此，嘉庆帝提出“贪墨之风，首当严惩”，并明确提出了“不能治己，焉能治人”的概念，认为整饬吏治应以清廉为本，“盖必有守，然后可责以有为；若操守先不可问，则一切措施，皆属昏瞀”。这些话中对廉政问题的认识，显然要强于他的先皇老子。

郑源璹：朘削民脂供奢靡

——嘉庆朝由此倡俭流行“补丁服”

嘉庆五年十月那次秋后问斩中，与云贵总督富纲一样因赃获罪被勾决的，还有时任湖南布政使的郑源璹。《清史稿》载：“乾隆季年，诸贪吏首亶望，次则郑源璹。”这当然是就和珅以外而言。从某种角度来说，郑源璹正是拔出和珅这个“萝卜”时带出的一块“泥”。

郑源璹确实是乾隆末年表现“抢眼”的贪官。《清史稿·郑源璹列传》载：“源璹，直隶丰润人。以贡生授户部主事，累迁湖南布政使。仁宗（即嘉庆皇帝）既诛和珅，有言源璹贪黩状，下巡抚姜晟按治。源璹具服收发库项，加扣平余，数逾八万；署内眷属几三百人，自蓄优伶，服官奢侈。”可见，郑源璹虽幼读诗书，入仕后却贪黩败政，在和珅时代即已成为直接将黑手伸向国库和百姓腰包的“一线贪官”。他倚仗藩司职权，在管理官库期间，通过类似“大斗进，小斗出”的克扣手法，在秤头上做手脚，私自扣留所谓“平余”归已，数额巨大。仅此一项，竟达八万两白银之多。正是这些源源不断的黑色收入，支撑着郑源璹庞大的家业，使他如土皇帝般过着娇妻美妾、歌舞升平的奢华糜烂生活；而由于他在乾隆帝晚年靠稳了和珅这个铁硬后台，致使朝野各界无人敢对他发起弹劾，即便是朝廷下派的顶头上司，也只好对他的所作所为睁一只眼闭一只眼。

郑源璹的“来头”确实很大。《清史稿·姜晟列传》亦载，“布政使郑源璹附和珅，以贪著”；和珅事败，郑源璹随之倒台，郑源璹的顶头上司姜晟也被牵连遭言官论劾。郑源璹“论大辟”被诛，姜晟“坐失察，当革职留任”，嘉庆帝下诏，认为姜晟平日居官犹能自守，“因畏和珅不敢参劾，尚非通同舞弊”，故“特宽之”。姜晟是乾隆三十一年进士，历任封疆，在湖南巡抚任上日久，又兼署湖广总督，且有多年刑部任职履历，却拿郑源璹这个下级官员没有办法，眼见其贪黩败政而“不敢参劾”，以致在和珅倒台后险些因失察而被革职，可见郑源璹与和珅的关系的确不一般。

姜晟戴罪受命鞫审郑源璹，不仅“具得源璹加扣平余、蓄养优伶、眷属多至三百人诸罪状”，而且查明郑源璹在“加扣平余”之外，另有两条牟取非法所得的渠道：其一，“需索属吏，必多金始得赴任”；其二，纵令胥役“唬诈浮收，苦累百姓”。

先说“加扣平余”。郑源璹所任布政使又称藩司，是在总督、巡抚之下具体负责一省行政的官员，其中“收发库项”，也即监管省内官库出纳，是其主要职责之一。而在征税入库时加扣“平余”，又是当时较为普遍的做法。关于“平余”，《清史稿·食货志》载，其意为秤重之余多出的银两，类似征收税银时按一定比例额外多收的“火耗”，清初各省解京饷银有此“陋规”，雍正初年“曾有诏禁止”。后一度恢复，减为“每饷银千两收平余二十五两”，再后来规定“停止解部”，将这部分留在各省“以充本省赈济荒灾及裨益民生之举”，却逐渐失控，成为各地衙门及大小官吏的“生财之道”。据《清实录》载，嘉庆帝在谕旨中曾坦言“加增平余，任意克扣，恐不独郑源璹一人为然。州县等因藩司捉平过多，征收钱粮时，亦必多取于民，闾阎深受其累”。但像郑源璹这样敢于将一省之内所收“平余”八万多两悉归己囊的，在当时还是闻所未闻。

再说“需索属吏”。以各种名目向下级官员索要贿赂，是乾隆末年各级贪官中的普遍作法，但像郑源璹这样直截了当、不给够贿赂就不让人家做官的，也还为数不多。按照当时官制，通过科举渠道获得为官资格的进士、举人，除少数考中庶吉士的进士称为“老虎班”，可以带缺下到地方任职外，大多数都要分发到各省候补，遇有官缺时才得上任。这些官员虽名义上是朝廷任命，但何时能够在地方得到官缺顺利“落地”、担任的职务是否如意等，就要看你在当地的活动能力如何了。即便是朝廷指派“带缺”下到地方的，若想顺利就职，也往往离不开当地官员的合作。郑源璹就是利用布政使手中的人事大权，直接从这些朝廷发往当地的候补官员身上“雁过拔毛”，不管你是“榜下即用”的进士，还是带缺出京的“老虎班”，一律都要给够了银子“方准到任”，否则就找各种借口把你“挂”在那里。不愿出钱行贿的，往往要苦等数年乃至数十年始得一官；多数候缺者哪怕借钱也要行贿，任职后再通过各种不法手段将“成本”捞回。这样一来，在该省做官不贪也难。

为了多方敛财，郑源璹使用的最后一招，便是“唬诈浮收”。这招最狠，说白了，就是指使下层酷吏增收苛捐杂税，欺压盘剥百姓，从中“分肥”。

嘉庆四年五月，郑源璹一案基本审定，“拟斩监候”，交军机大臣会同刑部核议具奏。嘉庆帝翻阅郑源璹供词，见其供述“眷属人口几及三百人”，以及“署中有能唱戏之人，喜庆谦客与外闲戏班一同演唱”等语，当即批示：“嗣后各省督抚司道署内，俱不许自养戏班，以肃官箴而维风化。”同时下令：正逢“大行皇帝”乾隆帝居丧“遏密之时”，本应“天下停止宴会”；即便二十七个月后丧期已满，此等官府内戏班堂会“亦令永远禁止”。

清帝每逢节日及庆典都要听戏。宫中如此，也就怪不得各级官署上行下效了。图为紫禁城内的畅音阁三层大戏台

嘉庆帝随后解释，之所以严令如此，原因有二：其一，“近年各省督抚两司署内教演优人，及宴会酒食之费，并不自出己资，多系首县承办，首县复敛之于各州县，率皆朘小民之脂膏，供大吏之娱乐，辗转苛派，受害仍在吾民”。其二，官府之内“用度浩繁”如郑源璹者，其簠簋不饬、侵贪官民资产“亦势所必至”。如今听来，这与那些吃喝接待以及争办奢华晚会演出等公款腐败其实也没什么两样。只是那时官署内设戏班教演优伶非常惹眼，皇帝一道敕令，说撤就撤了，不像办晚会、搞演出，可以借用社会上原本就已过盛的演艺资源，只需领导签字，公家拿钱；至于公款吃喝接待等则更加难管，社会上的豪华饭店被盯紧了，还可以挪到私人会所乃至单位食堂。

郑源璹在当年十月秋后问斩之际时被勾决。嘉庆帝抓住郑源璹这个典型再次“通谕中外”说，许多读书人经考选入仕，原为寒素之士，一旦“食禄于朝”，收入足可“赡及身家”；若简擢外任，像郑源璹一样做上地方高官，则“养廉尤厚”。之所以欲壑难盈，多方婪索，“如蛾投火”走上自毁之路，都是由于“恣情靡费，日事奢华”，以致“廉俸所入，不足供其挥霍”。训谕群臣务当“洁清自矢，俭以养廉，以期吏治澄清，闾阎安堵”。“俭以养廉”的口号听来不错，此后清朝的大小臣工中，据说很是流行了一阵“补丁服”；只是说到廉政状况，却也未见真正有所改观。

广兴：奉差查案索“程仪”

——貌似“任性”其实是认钱

“和珅跌倒，嘉庆吃饱”，嘉庆朝的官场也跟着重新洗牌。与郑源璹等和珅死党随之落马不同，“敏于任事”的言官广兴则因“首劾和珅罪状”获升迁，被嘉庆帝擢为副都御史。哪曾想，这个素以疾恶如仇作标榜，自诩眼里不揉沙子的少壮派新贵，却是个对人对己双重标准的伪君子。到头来，广兴因奉差豫东二省时在下面“任意威吓，婪索赃银”，事发受诛；而那些因“畏其参奏”对广兴逢迎取悦的地方官们，也有不少人为行贿付出代价。

广兴，字赓虞，高佳氏，镶黄旗，满洲豪门世家子弟。其祖高赋、其父高晋在乾隆朝均曾担任大学士。《清史稿·广兴列传》载，广兴在家中为第十二子，不能袭承世职，于是“入赀为主事”，采用出钱买官的方式入朝，“补官”进了礼部。广兴身世显赫，又“敏于任事，背诵案牍如泄水”，深得大学士王杰赏识，屡经提拔，坐上五品言官给事中的席位。嘉庆四年年初，太上皇乾隆帝驾崩，朝中易主，广兴揣透刚刚亲政的嘉庆帝心思，以“首劾和珅罪状”打头炮立功，被擢为都察院左副都御史。

广兴身为高官子弟，待人接物贯于趾高气扬；又兼以言官得志，越加养成“严苛”的官风。他的这种所谓“不合群”乃至“咬群”的作风，恰恰可供急欲清理旧朝积弊的嘉庆帝所资利用。和珅当道多年，官场簠簋不饬，军界大小官僚普遍滥支军费，用以馈送结纳和贪污自肥。《清实录》载，嘉庆帝亲政后，于当年九月查处了湖北郧襄道胡齐仑贪侵占军需案，随后下旨，将四川粮饷事务“交广兴接办”，对其中猫腻“不可不切实严究”。广兴赴川后“综核精严”，竟然创下“月节靡费数十万金”的“奇迹”。这之后，当地副都统福宁被革，广兴则被加授内阁学士、礼部侍郎衔，兼正红旗汉军副都统。

广兴少壮得志，待人过苛，不免“为时所忌”。不久，因在地方过于恣肆跋扈，以至沿途“骚扰驿传”，受到弹劾，嘉庆帝知他年轻气盛，姑且“优容”。但广兴在川行事过于刚猛，招致各方强烈反弹。次年年初，嘉庆帝不得不下旨警告，指出广兴赴川时一路飞扬跋扈，“沿途亦颇不安静”；到川后，经管军需过程中又“一味苛刻，不知大体”。比如，为节省钱粮对用于招募乡勇的经费“任意大加删减”，虽然“意图见好”，但造成民间治安防御能力下降，一些乡勇无业可归“去而从贼”。斥责广兴“惟逞其小见，全不以国事为重”，令他即刻离职“回京候旨，不许逗留”。后念其查办当地官员“经手钱粮浮滥”十分果断，又收回成命，“加恩”令广兴“仍留川省”。

广兴在四川的恣肆跋扈，还体现在他与总督魁伦的频频内斗上。广兴入川后，对这位当地长官颇不买账，二人通过“互劾”彼此攻讦。嘉庆五年二月，广兴借工作之名，向魁伦索取总督令箭三枝，作为“催趱粮饷之用”，受到魁伦弹劾。广兴的这一做法确实比较过分，令箭主要用于军事，历来应朝廷委派入川总理粮饷各员“从无以总督令箭催粮之事”。对此，广兴则同时上疏，对自己的行为“哓哓置辩”。嘉庆帝认为，广兴索取总督令箭一事“实系广兴少年高兴、不晓事体”，以至“越份妄为”。这事本身“其咎犹小”，也没什么大不了的。但广兴在上疏自辩的同时，却将疏章另抄一份送到军机处，并“私行嘱托”，请求军机大臣“代为转奏”，此举令嘉庆帝大为光火。原来，当年和珅在位时，就曾私令各省督抚等将奏事折底送往军机处，由他先行阅看，以便“预知所奏事件”，在乾隆帝面前“应对便捷”，借以夸显其能。嘉庆帝亲政后即“降旨饬禁”，申明此后陈奏事件不许将折底先送军机处，要求内外衙门一体凛遵。鉴于广兴的做法“尤属胆大违旨”，大有串通军机大臣干扰“圣听”之嫌，嘉庆帝下旨，将广兴交吏部严加议处。随之，将他降为四品京堂；后召还，左迁

清朝总督衙署中的黑色令箭。广兴索取总督令箭摧粮一事被指“越份妄为”

通政副使。而作为广兴的死对头，总督魁伦也于不久后被“革职拏问”，彼此两败俱伤。

广兴回到京城，嘉庆帝召广兴入对问话“每逾晷刻”，经常与他长时间深入交谈。广兴“亦慷慨直言”，因而深得嘉庆帝“倚任”。嘉庆九年，广兴被擢为兵部侍郎，兼副都统、总管内务府大臣，署刑部侍郎。与此同时，广兴“少年任性”、喜好“生事”的毛病并无改观，也时常受到皇上“敲打”。嘉庆十一年，广兴一度因奏劾御前大臣定亲王绵恩所言不实，被降为三品京堂，罢兼职。之后，才又官复原职。总体上讲，广兴在廷臣中备受孤立的状况，还是让嘉庆帝对他比较放心的。嘉庆帝曾作御制诗称赞言官初彭龄的耿介敢言，又将广兴与之类比，对他说：“汝与初彭龄皆朕信任之人，何外廷怨恨乃尔？”其实，对广兴怨恨的又何止外廷众臣，内监鄂罗哩年逾七十，也被广兴恶语相加，一次与广兴坐语，广兴竟“艴然”曰：“汝辈阉人，当敬谨侍立，安得与大臣论世谊乎？”鄂罗哩由此恨之“次骨”。

广兴终于为自己的刻薄骄蛮付出了代价。嘉庆十三年冬，内库供给宫中绸缎被广兴克减，太监鄂罗哩衔恨告发，嘉庆帝十分恼怒。一日，嘉庆帝面诘广兴，广兴态度强硬，涉嫌“挟诈面欺”，被下廷臣议罪，“罢职家居”；这下，平日与广兴“不协”者也都“蜂起媒孽其短”。经查证，广兴奉使赴山东、河南两省出差时“任意作威，苛求供顿，收纳馈遗诸罪状”亦浮出水面。《清实录》载，广兴“出差山东河南多次”，不但得受馈送，或竟于审案之时向地方官“威吓取索”，甚至“将案情颠倒，婪赃鬻狱”。他“任性作威”，接待“必须华美”，期间“稍不如意，即肆行呵斥”，迫使山东方面“通省摊派差费前后共计银数万余两”，并于返朝时收受馈送。审讯中，茌平、禹城、泰安、聊城等县均予证实。广兴也对其收受馈送银两、享受腐化接待等供认不讳。另据调查，广兴“三次赴豫”亦向当地索贿，以“程仪”名义收受当地为他准备的路上盘缠二万两。查抄广兴家产，“不但房地甚多，财物尤夥，除现银及借出存帐银七千余两不计外，又访出存放帐局银三万七千两，并整玉如意多至六柄，洋呢羽缎等料多至一千余件，他物称是”。嘉庆帝对此案十分重视，经“亲加廷讯”，下旨将广兴处绞。

在广兴一案中，山东、河南两省众多地方官员向其行贿，受到嘉庆帝的严厉查究。当时朝中“总司风纪”的左都御史周廷栋，竟也因曾与广兴一同在基层搞腐败，事发后为广兴包庇隐饰，以致民间流传“周全天下事，广积世间财”的讽刺联语。正所谓“秦桧也有仨朋友”，世上历来就没有孤独的贪官，只要私欲相近，他们就能结成利益的同盟。

英纶：巡漕败检玷官箴

——嘉庆帝怒责基层向京官“曲意馈遗”

就在广兴“出差东省恣意婪索”出事“甫逾数月”之际，奉旨“巡视东漕”的给事中英纶亦因“骫法营私，复蹈前辙”，甚至“唤妓住宿，较广兴尤为卑污”而事败被处绞刑。一年中，先后有两员钦差大臣在同一省内大搞腐败，而“山东官员竟以一味逢迎为事”，这让嘉庆帝感叹“何东省之官吏大半卑鄙”之余，也对该省“吏治废弛实不可问”感到绝望。

英纶，费莫氏，满洲镶红旗人，同样出生于满洲世代高官之家。查阅《清史稿》记载，其先祖温达、祖父温福、叔父勒保均曾在朝中担任大学士。英纶事发时“职司巡漕，并非显秩”，官不过五品，故而《清史稿》中并无其传。但英纶所担任的巡漕御史，在当时又的确是个很有实权的肥缺。《清史稿·食货志》载，巡漕御史本为明朝官职，顺治初年该职一度缺省。雍正年间，南北漕运越加发达，粮船过淮北上时“陋规甚多，并夹带禁物”，因而雍正七年派遣四名御史，两名赴淮安专司稽查，另两名守在通州，负责对抵通粮船再行稽查。

巡漕御史犹如朝廷设在大运河上的关卡，过往漕船都要经其检查，权力大，也极易徇私舞弊、滋生腐败。如果按照上述雍正年间的设置，每处派驻两人，彼此间尚能起到些许分权制约作用。但到了乾隆二年，不知出于何种原因，四名巡漕御史改为单一派驻：“一驻淮安，巡察江南江口至山东交境；一驻济宁，巡察山东台庄至北直交境；一驻天津，巡察至山东交境；一驻通州，巡察至天津。”这样一来，驻守各段的巡漕御史便开始各自为政，其中作弊空间也就进一步增大。从某种程度上讲，英纶一案正是上述制度设计存在漏洞使然。

对于巡漕制度中的各种陋规积弊，嘉庆帝原本素有耳闻，也着手作了一些改革。《清实录》载，嘉庆帝亲政后，对巡漕御史“节经裁革”，挑选“洁己自爱，谨慎奉职”者充膺斯任，又“添给养廉以资办公”，试图以提高收入待遇等措施保障其秉公执法。而英纶被派驻山东巡漕，也是经过嘉庆帝亲自挑选的。在嘉庆十三年的谕旨中，嘉庆帝曾对内阁成员说：“都察院请置漕差，朕于科道各员就引见时派出四人，英纶适在其内。朕素未悉其为人，及伊请训召见，即觉其人颇平常，当经严加训诫。”

山东台庄驿故地。自明代起，这座水驿一直是京杭大运河上的重要驿站

嘉庆帝下令都察院从“科道各员”中选拔巡漕御史，可见他对这一职位人选要求很高。按清朝官制，当时都察院中，除长官左都御史（满、汉各一）、副长官左副都御史（满、汉各二）以及由各省督抚兼任的右都御史、右副都御史外，剩下的主要执法力量便是六科（吏户礼兵刑工）给事中和十五道（京畿及主要省区）巡察御史，简称“科道”。“科”与“道”之间官秩不同，前者为正五品，后者为从五品。按说，巡漕御史例来是从巡察御史中下派的，而英纶在此前不久已由“道”转“科”，从巡察御史提拔为给事中。但显然当时都察院的人才储备并不如意，所以只好跨过此限，一面升格挑选，一面又“矬子里拔将军”，将面试得分不高的英纶略加培训，匆匆派往山东。

那时的工作安排虽说不讲“双向选择”，皇上让干什么你就干什么；可工作态度的好坏，则主要取决于工作主体的“满足度”，这条行为科学的基本定理，也是不以皇上的意志为转移的。尽管嘉庆帝感觉英纶“其人颇平常”，认为把这么一个重要岗位交给他有点勉强；但在出生于“世家大族”的英纶大少爷看来，这份差事或许是离家太远，或许是过于深入基层，总之也并不令他满足。“到任未久，旋奏请患病开缺”，以身体欠安为由，打报告请求免职，另行委派他人前来接任。嘉庆帝览奏，认为英纶原本“年力正强”，疑其捏造病情，于是另派内阁中书赵佩湘前往接任，并“于其赴任时谕令密查”。赵佩湘出身进士，又非科道官员，与英纶势同井水河水，故而“一至东省，即查其声名狼藉，据实密奏”。

英纶似乎也嗅出了几分异样气息，觉察这个继任者来者不善，与自己不是同道中人，所以在迎遇赵佩湘时显得十分谨慎，并“告以病已渐痊”，希图拖延交接。但是，嘉庆帝从英纶的“说病就病，说好就好”中，即一眼看出“其为欺饰已属显然”。英纶上任仅三个月的时间，即如此“声名狼藉”，传出各种贪污腐败丑闻，则更令嘉庆帝气恼。于是，他“密饬”工部侍郎马慧裕、山东巡抚吉纶等，命他们由各自主管范围顺藤摸瓜，“将英纶劣款再行详查”。马慧裕奏报：据山东官员反映，英纶在查勘当地泉池河道等水运设施时“喜怒不常，似有需索使费情节”，乃至“呵斥挑剔，婪索多赃”。另据大运河东昌卫守备符包等人检举，英纶以稽查为名，在每帮船入境时“藉词恐吓，勒索帮银”，且“银不入手”不予办理相关手续。在英纶告病欲离任之际，仍以“印柄在手，断难越过”之语相威胁。在他的勒索之下，共有扬州、长淮等共八帮漕船“因畏其陵虐各送银一百余两”。此外，漕运船夫们还反映，英纶在巡漕时“每以捆打”恐吓漕运官员及底层弁丁，“以朝廷之刑法，为诈财之具”。

更为恶劣的是，英纶诈财之余更大搞腐败，在“生活作风”问题上影响极坏。《清实录》载：“英纶巡视东漕，诸凡挑斥、婪索多赃与广兴如出一辙，甚至唤妓住宿，较广兴尤为卑污。”据调查，英纶巡视漕运，经过汶上及在济宁时“沿途有饮博宿娼等事”。他曾命令家人，通过当地商人“唤妓唱曲住宿”，并“欲买妓作妾”。某娼妓不愿“从良”给他当“二奶”，英纶竟动用手中权力相逼，为避其淫威，其母只好带女远走他乡。

上述有关英纶一案查证结果的多份奏报，让嘉庆帝于披览时感到“殊深诧异”，联想到此前刚刚办结的广兴婪赃一案，即于当年四月下旨：“本年因广兴赴东审案，性情乖戾，威吓取财，甫经惩办；英纶身为言官，钦命巡漕，竟罔知儆惕，辄敢效尤……广兴系高晋之子，英纶系温福之孙，世家大族，竟同匪类，此而不加之惩治，何以肃法纪而正官方？英纶着即革职拏问，交军机大臣会同刑部审讯，着步军统领衙门将英纶家产查抄。”当年五月，下达最终判决：“英纶著即处绞。”为示惩创，派御前大臣、军机大臣会同刑部堂官将英纶“监提重责二十板”，随后“押赴市曹，监视处决”。

在英纶一案查处中，嘉庆帝有感于当时山东省州县官“曲意馈遗”，与馈送广兴之事“如出一辙”，下令“所有东省送银各员，无论多寡或英纶勒索及该员自送者，均著吉纶查明奏请交部严加议处，不可一名漏网”。鉴于广兴做御史系由兵部保送，又下令“其从前滥行保送之兵部满汉堂官一并查明交部议处”。贪官的产生并非从天而降，其中既有制度原因，往往也有环境的腐蚀以及上下同僚的推助作用。从这个意义上讲，嘉庆帝这种将责任和处罚延伸的做法，在思路上不乏可取之处。

王伸汉：冒赈杀人掩丑行

——中晚清步入“老虎苍蝇一起打”

正当嘉庆帝为英纶重蹈广兴覆辙“殊深诧异”之时，随即发生在江苏山阳县（今淮安一带）的一桩凶案，更令他感到“殊堪骇异”。该县知县王伸汉冒赈舞弊，为遮掩贪污丑行，竟然下毒将派驻当地的查赈专员鸩杀。此案作为一桩惊动朝野的奇案，标志着在大厦将倾的清朝社会，官场已腐败到了“上梁”、“下梁”一齐朽坏的地步。

王伸汉身为一位七品知县，原本名不见经传，但其冒赈杀人一案却不仅让他“名动一时”，也使当时基层官场的腐败恶行露出冰山一角。《清史稿·仁宗本纪》载：“嘉庆十四年（公元1809年）秋七月戊辰，诏停本年秋决。江苏查赈知县李毓昌为山阳知县王伸汉毒毙，下部鞫实，王伸汉立斩，知府王毂立绞，家丁李祥等均极刑，总督铁保夺职遣戍，巡抚汪日章夺职。”所谓诏停秋决，即偶遇帝王登基、大寿等庆典，皇帝颁诏进行特赦，对本年度被判斩监候、应于秋后处决的全国各种犯罪死刑犯加恩开释，免予执行。遍查《清史稿》，清朝历十二帝、统治二百九十五年，“诏停本年秋决”的记载不过三十几次，平均十年八载才轮到一回。这一年原本嘉庆帝五十大寿之“吉年”，故特此开恩大赦；而在宣布如此“恩典”之际，王伸汉及同案犯仍被下令斩立决，该省督抚也被牵连夺职，甚至遣送戍边，足见嘉庆帝当时对此案的恼火程度。

与王伸汉相反，此案中的被害人李毓昌虽还是一名等待补官的士子，却因尚未沾染当时基层官场种种恶习，奉命查赈作风“持正”，遭到报复以身殉职而大受表彰，死后获赠知府衔题封其墓，另得嘉庆帝《御制愍忠诗》勒于墓上，青史留名。《清史稿·李毓昌列传》载，李毓昌，字皋言，山东即墨人，于嘉庆十三年刚刚考中进士，以知县发往江苏候缺。嘉庆十四年，李毓昌被两江总督铁保派驻山阳县查勘放赈情况，深入一线，“亲行乡曲，钩稽户口”，从中“廉得山阳知县王伸汉冒赈状”，将其假借赈济之名贪污肥私之事一一记录在案，开列清册，准备上奏予以揭发。王伸汉畏之，“赂以重金”，李毓昌不为所动。王伸汉试图销毁罪证，“谋窃其册”不可得，于是“设计死之”，将李毓昌害死。

此案中的被害人李毓昌死后获赠知府衔题封其墓，另得嘉庆帝《御制愍忠诗》勒于墓上，青史留名

关于此案原委，《清稗类钞》中所述最详。这一年，淮阳一带发生水灾，按朝廷指令，当地“赈务既已”，为检查实际赈灾情况，上级委派候补江宁知县李毓昌“往查山阳”，李毓昌携其仆李祥、顾祥、马连升三人随从，一同赶赴当地。李毓昌在山阳县工作十分辛苦，为使调查做到客观公正，他没有接受当地安排的招待，而是“寓善缘庵”，住在庙舍中，于青灯古刹间甘受孤寂清苦，并遍历各乡，查访了当地基层所有角落。李毓昌在走访中廉知当地“浮开赈户无数”，各级官员以虚增受灾户数及赈济数额的手段，大量侵吞上级下拨的赈灾钱粮，遂将这些黑幕以纸笔详录成册，暗中为上奏揭发积累证据材料。但李毓昌毕竟是一介书生，斗争经验较少，何况身处异乡，人地生疏，周围环境险恶。他哪里料到，当初来江苏报到时，地方上为他安排的那三位仆从并不可靠；而三人当中，又以当地人李祥“最狡黠”，到达山阳县不久，就同山阳县令王伸汉之仆包祥结为狐朋狗友，并与之串通一气，成了赈灾检查工作的内奸。

李祥偷偷翻看了李毓昌所做的笔记，发现李毓昌已经掌握了当地官员弄虚作假的足够证据，于是“潜告其友包祥”，包祥“遂告伸汉”。王伸汉得知这一情况后十分恐惧，但这个官场老油条随即镇定下来，指使包祥“因李祥以贿毓昌”，通过预先搭好的这条“内线”向李毓昌施以诱惑。王伸汉辗转行贿遭到拒绝，于是便使出最毒辣的招数，“召李祥，授以谋，使鸩之”，企图杀人灭口，以侥幸逃过此劫。嘉庆十四年冬，李毓昌查赈“事竣”，告辞将行。十一月初七这天，王伸汉“置酒为饯”，以尽地主之谊为由设宴将他灌醉。李毓昌回到住处“渴而索茗”，仆从李祥进上一瓯渗毒的“茶水”。李毓昌“嗅之知有异，不饮”，李祥见事将败露“乃强灌之”。李毓昌“遂仆地”，七窍流血而死。此时，三名仆役中另两人顾祥、马连升早与李祥串通，见李祥得手，凑上前“同举其尸，悬之于梁”，伪造成李毓昌自杀的虚假现场，然后“以主人自缢奔至县请验”。王伸汉假装闻讯而至，经“鉴定”，对李毓昌自缢身亡的结论予以认可。为表“友情”，还特意“赠棺殓之”，出资为他办理了后事。

李毓昌冤案蜡像（模拟山阳县知县王伸汉向李毓昌行贿情景）

李毓昌死后第十二天，其叔父李泰清自山东即墨老家前来探望，方才知其死讯。于是谒见王伸汉，问其死因，得知系“自缢”，便请求将其尸移归家乡安葬；王伸汉自知心虚，另馈百金，劝其移棺回家后从速归葬。李毓昌归葬后，一夜，其遗孀林氏梦其诉冤，搜检遗物，见其生前一件羊皮袄“襟袖有异色”；以水浸泡，水色赤红，嗅之，臭而腥，疑为血迹。林氏大惊，奔告其叔父李泰清。李泰清“启棺验之”，见“尸未腐，面涂石灰”，洗去李毓昌脸上石灰，见其面色青黑，于是进京报官，“控之都察院”。嘉庆帝闻奏，下旨由山东巡抚吉纶负责“提李毓昌尸棺详检具奏”。凶手王伸汉闻知不妙，“遍赂上下”以求蒙混过关，但显然已晚。验尸之日，场面十分隆重：“巡抚以次咸集，以水银洗刷，遍体青黑，毒伤显然。复蒸检之，剔其骨，则两肋两锁黑如墨。”李毓昌“实被毒身死”结论得到确认。随后，巡抚吉纶复奏，“奉旨提各犯入京，交刑部讯问，冤始大雪”。

据《清稗类钞》载，此案处理十分严厉：一是凶手及主谋受到严惩，“李祥、顾祥、马连升均凌迟处死，并派刑部司官押解李祥至山东，于李毓昌墓前，先刑夹而再处死，并摘心致祭焉。包祥、马连升、王伸汉均斩决，淮安守王毂绞决”。二是从两江总督、江苏巡抚起，对此案负有失察之责的各级官员也都遭到处罚："江督铁保、同知林永升均革职，戍乌鲁木齐，苏抚汪日章革职，宁藩司杨护、苏臬司胡克家均革职留河工效力。其余佐贰杂职，获徒流杖责者八人。惟教谕章家璘，查无受贿分赃，亦无浮冒，得旨送部引见，以知县用。"

又据《清实录》载，嘉庆对此案甚感"骇异"，表示"江南省竟有如此奇案，督抚大员毫无觉察，朕知人不明误用汝辈，诚朕之咎"，并指出"外省官官相护，系向来陋习。今官员内有相残之事，不加究诘，可见相护者乃狼狈为奸耳。正直之员，邪佞岂肯庇护，惟有倾陷矣"。嘉庆帝讲这番话，比起其父乾隆帝确有不小的进步：其一，承认自己"知人不明"，误用渎职的督抚大员，更加具有反省自我的意识；其二，嘉庆帝敏锐地看出了当时基层官场上讲"团结"与讲"正气"之间的矛盾，即"相护者乃狼狈为奸"，遇善类则"唯有相倾"。这真是一种吊诡而无奈的官场怪局。

第五章 贪腐败国引“戎狄” 内忧外患倾“牝朝”

那些『末代妖孽』式的贪官们

自嘉庆起，日现颓势的清朝越加积贫积弱，且列强环伺，鸦片泛滥。道光间，中国步入近代史；咸丰以后，慈禧以『垂帘听政』和『训政』的名义实际统治同治、光绪两朝长达四十七年之久，清朝进而陷入『牝朝孱主』的黑暗年代。在满朝贪官令『黎民膏血全枯』的贪蠹和一片『万寿无疆』的颂祝声中，中国古老的皇权社会终于走向寿终。

穆彰阿：御夷畏葸引外患

——为揽权将门生曾国藩推上位

自嘉庆以来日现颓势的清朝，道光年间（公元1821-1850年）越加积贫积弱，且列强觊觎，鸦片泛滥，所谓“戎狄之患”更逾前代。《清史稿》将道光帝描述为一位有“恭俭之德、宽仁之量”的好皇帝，而将鸦片战争失败的责任归于“当事大臣先之以操切，继之以畏葸”——前者责怪林则徐等主战派，固然失准；后者指向穆彰阿一类贪黩误国、临机怯战的奸佞之臣，倒也犀利。

穆彰阿，字鹤舫，郭佳氏，满洲镶蓝旗人。据《清史列传》《清史稿·穆彰阿列传》载，穆彰阿家庭背景不是很硬，其父广泰，嘉庆年间做到内阁学士、右翼总兵，随即因犯过错被夺职。穆彰阿本人则比较刻苦，于嘉庆十年考中进士，选庶吉士，授检讨；又经屡次升迁，历任兵部、刑部、工部、户部侍郎，擢左都御史、工部尚书等。自道光八年起，穆彰阿授军机大臣，晋太子太保，赐紫缰。道光十六年，充上书房总师傅，拜武英殿大学士，位列朝堂极品。

穆彰阿的仕途升迁，恰与清朝内忧外患不断恶化相伴。自嘉庆晚期，为强行扭转历史上由茶叶、丝绸、瓷器等出口形成的东西贸易逆差，英国等国向中国大量输出鸦片，给中国社会带来严重危害。道光年间，清政府从自身利益出发，先后多次颁布鸦片禁令；与此同时，朝野各界目睹社会危机，要求改革弊政、严禁鸦片的呼声日益高涨。道光十八年，朝中禁烟之议再起，道光帝受到舆论影响而决定采取措施，特命湖广总督林则徐为钦差大臣，赴广东查办英人走私鸦片的不法行为。《清史稿》载：“英吉利领事义律初不听约束，继因停止贸易，始缴烟，尽焚之。”这便是1839年6月那场史上著名的虎门销烟。虎门销烟后，中国政府责令各主要肇事国代表具结保证“永不贩运入境”，以义律为领事的英国表示“不从”，于是“兵衅遂开”——1840年，标志着中国近代史开端的第一次鸦片战争正式爆发。

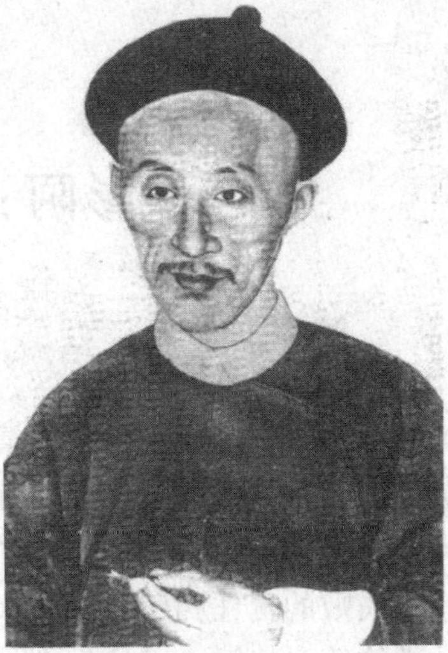
穆彰阿像

穆彰阿是导致鸦片战争失败的公认罪人之一。史载，第一次鸦片战争爆发，正逢穆彰阿“柄用”，由于其“和战游移”，致使战祸迁延，“遂成外患”。当时，因林则徐防御较严，英国军舰“不得逞于广东”，故而“改犯闽、浙”，引起“沿海骚然”。后来，“英舰抵天津”，使用离间计，“投书总督琦善，言由则徐启衅”，将挑起战争的责任归到林则徐头上。道光帝见英舰来势汹汹，感到英军实力强大，由当初的强硬转向惧战。此时，刚刚晋为文华殿大学士、身当国政的穆彰阿不以国事为重，而是鼠首两端，“转以弥缝迎合售其欺”。他“窥帝意移，乃赞和议”，提出“罢则徐，以琦善代之”。但琦善“一徇敌意，不设备”，结果非但没能换来英军停止进攻，反致“兵衅复起”。此后，穆彰阿“先后命奕山、奕经督师，广东、浙江皆挫败”。而一向“以战守为敌所忌”的林则徐及闽浙总督邓廷桢、台湾总兵达洪阿、台湾道姚莹等“并被严谴”，英兵更无忌惮，于是“由海入江”，沿长江攻入内地。穆彰阿见战势不妙，于是举起白旗，“命伊里布、耆英、牛鉴议款”，慌忙与英军订立城下之盟。道光二十二年，“和议成，偿币通商”，以割让香港、开放五口岸通商、赔偿巨额白银等为主要内容的中国近代第一个不平等条约《中英南京条约》正式签订。之后“各国相继立约”，《中美望厦条约》《中法黄埔条约》等一系列不平等条约接踵而来，以致“国威既损，更丧国权，外患自此始”。

《清史稿》载：“穆彰阿当国，主和议，为海内所丛诟。上既厌兵，从其策，终道光朝，恩眷不衰。”除了善揣主意，讨皇上欢欣，穆彰阿还利用自己长期主持科举及修史的职务便利，建立了庞大的势力网络：“自嘉庆以来，典乡试三，典会试五。凡覆试、殿试、朝考、教习庶吉士散馆考差、大考翰詹，无岁不与衡文之役。国史、玉牒、实录诸馆，皆为总裁。门生故吏遍于中外，知名之士多被援引，一时号曰‘穆党’。”

穆彰阿揽权误国，令尚在潜邸的咸丰帝奕詝深怀不满。道光帝驾崩，潜邸待位的四皇子奕詝继位十个月后，即降诏历数其罪，将其拿下。诏曰：“穆彰阿身任大学士，受累朝知遇之恩，保位贪荣，妨贤病国。小忠小信，阴柔以售其奸；伪学伪才，揣摩以逢主意。从前夷务之兴，倾排异己，深堪痛恨！如达洪阿、姚莹之尽忠尽力，有碍于己，必欲陷之；耆英之无耻丧良，同恶相济，尽力全之。固宠窃权，不可枚举。”诏书还列举了他引耆英等为腹心，倾陷林则徐等主战派大臣等“罔上行私、天下共见”的恶劣表现，痛加申斥，宣布将穆彰阿革职“永不叙用”。咸丰帝这一决定，在一定程度上缓和了民愤，一时“天下称快”。咸丰六年，穆彰阿顶着丧权辱国的历史罪责，在国人的唾骂声中郁郁而卒。

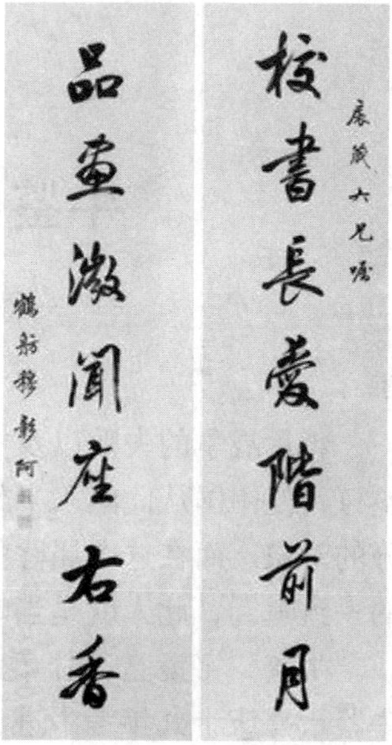

穆彰阿墨迹。他表面上以校书品画的淡泊生活自我标榜，骨子里却是个妨贤碍国的特大奸臣

关于穆彰阿揽权纳贿，民间有很多传说。清末掌故集《清代之竹头木屑》载：“相传穆彰阿擅权时，偶一门生入都谒穆，欲求一信函至外省张罗。穆思少顷乃曰：‘汝某日可来。’至则穆无他语，但令之某省见某巡抚，令以手书扇呈之，并另书一扇与其门生。门生未测何故，往见某中丞，面呈中堂所书之扇，并言穆中堂令来见。中丞大惊，又见某亦持中堂手书之扇，知必是中堂之要人，即日召藩臬，令与各属员集资得万余金赠某，并重礼款之。”只用一个区区无名的门生出面，就能让地方要员们如此诚惶诚恐献上巨贿，可见在这些贪官污吏们的眼中，穆彰阿手中权力如何价值连城。

关于穆彰阿的“揣摩以逢主意”，清末周颐史料笔记《眉庐从话》载：“道光季年，京师有人制联云：著、著、著，祖宗洪福穆鹤舫，是、是、是，皇上天恩卓海帆。扁曰：如何是好。”鹤舫、海帆分别为道光后期权相穆彰阿、卓秉恬二人别称，此联即讽刺这两位奸相“饶有伴食之风”，伴君“唯阿容悦而已”。书中还讲述了一则关于穆彰阿向道光帝引荐门生曾国藩的小故事：穆彰阿为将曾国藩推上位，“每于御前称曾某遇事留心，可大用”。岂料，道光帝也不是个傻皇帝，为验证此说，便于某日传谕曾国藩入见，由内监引至一室；空等半日，又让他“明日再来可也”。穆彰阿得知后，即问曾国藩是否留意于候见房间内墙上所悬字幅，又命人以银币四百贿赂某内监，让其连夜秉烛将壁间字幅内容代为录出，令曾熟记于心。第二天，道光帝果然问到壁间所悬历朝“圣训”，曾国藩早有准备，“奏对称旨”，自此飞黄腾达。

“伴食之风”语出《旧唐书·卢怀慎列传》，说的是开元年间庸相卢怀慎自知水平不及同朝宰相姚崇，“每事皆推让之，时人谓之伴食宰相”。卢怀慎生前为官清贫，妻儿饥寒。相比之下，穆彰阿靠逢迎主意揽权尸位，白吃着国家的俸禄，还要“妨贤病国”。这样的奸臣，倒还不如一个“伴食”的庸官。

牛鉴：贻误封疆失国门

——替道光帝挡民愤躲过一死

鸦片战争的失败以及中国近代第一个不平等条约《中英南京条约》的签订，使中国从此陷入半封建半殖民地的黑暗年代，长期沦为西方列强瓜分的对象。而在这个屈辱的历史节点上，另一个不光彩的身影也遭到国人的一致唾骂，此人就是当时代署两江总督的牛鉴。

牛鉴，字镜堂，甘肃武威人。《清史列传》《清史稿》有传。据载，牛鉴于嘉庆十九年考中进士。由于在同科中名列优等，被选为庶吉士，授编修，留在朝中；也做过御史、给事中等言官。道光十一年，牛鉴得到外任，出为云南粮储道，历任山东按察使、顺天府尹、陕西布政使。其间一度与巡抚不和，还曾“乞病归”，离职过一段时间。道光十八年，起授江苏布政使，署巡抚，逐步走上封疆之任。

牛鉴一生为官也曾做过一件好事，便是在河南任上治水有功。道光十九年，牛鉴擢升河南巡抚。上任后，他积极整顿吏治，停“分发”，止“摊捐”，筹银二十万两，补贴本省十五个贫瘠县；又筑沁河堤，浚卫河，一时“甚有政声”。道光二十一年六月，黄河祥符（开封县旧称）段决堤，水围省城。牛鉴率吏民“葺城以守”，规整地势泄洪，同时“赈抚灾黎”，及时向灾民发放救济。河水湍急，“决口难遽塞”，城垣坍陷十余处，“奇险迭出”。牛鉴组织人力“抛砖石成坝，緪巨舟以御之”。他本人“昼夜临障”守在一线，“民感其诚，同心守护”；许多民夫“不受雇值”，义务参与护堤。河督文冲奏报省城“卑湿不可复居”，请求择地迁移。牛鉴则上疏说：“一月以来，困守危城，幸保无虞者，实由人心维系。若一闻迁徙，各自逃生，谁与防守？恐迁徙未及，水已灌城，变生俄顷，奸民乘机抢掠，法令不行，情状不堪设想。”坚称“省城可守不可迁，决口可堵不可漫”。文冲以漠视延误受到褫职，牛鉴带领官民“缮治堤坝”，守城“凡六十余日”，以抗洪抢险完胜告终。

《南京条约》签订后，道光帝曾以“贻误封疆罪”将牛鉴“褫职逮问”，且“谳大辟”，议罪当斩。可是，两年后的道光二十四年，却又“释之”

牛鉴在鸦片战争中作为一线指挥官，则与他在河南抗洪时的表现大相径庭。道光二十年（公元1840年）五月，第一次鸦片战争爆发；次年，率兵民顽强抗击英军的两江总督裕谦殉于宁波，牛鉴前往接任。道光二十二年，战事白热化：“四月，英兵既陷乍浦，遂窥吴淞口；五月，敌舰七十余艘来攻。”牛鉴偕江南提督陈化成督战，战斗异常惨烈。陈化成战死，牛鉴退至嘉定，宝山、上海相继沦陷。又退昆山，英舰聚泊吴淞口外。六月，英舰突入长江，“乘潮上驶，直越圌山关”，牛鉴由京口退保江宁。随后镇江沦陷，副都统海龄战死。敌舰驶临瓜洲，“扬州震动”。当地盐运使但明伦听从商人江寿民的奸计，采取媚敌自保、嫁祸于人的卑劣做法，向英军“赂以六十万金”，买通英舰改道“遂犯江宁”。对此，牛鉴身为两江总督，竟也听之任之，致使南京兵临城下。

牛鉴是签订《中英南京条约》的主要罪魁祸首之一。《清史稿》载，牛鉴到任之初，曾倚靠陈化成的力量“专防海口”，沿江鹅鼻嘴、圌山关诸要隘仓促调兵，故长江沿岸兵力“益无足恃”。陈化成战死后，牛鉴“知不能复战”，于是接连疏请“议抚”，极力主张放弃抵抗，与入侵英军订立城下之盟。在他的鼓动下，朝廷先后派耆英、伊里布至南京议和。谈判之初，“英人索五处（即广州、福州、厦门、宁波、上海，简称‘五口’）通商及偿款”，负责谈判的大臣们“未敢遽允”；随后，“敌兵遂登岸，置大炮临城”，牛鉴等投降派非常恐惧，于是“合疏以保全民命为请”，渲染道：“江宁危急，呼吸可虞，根本一摧，邻近皖、赣、鄂、湘皆可航溯。彼所请虽无厌，而通市外无他图。与其结兵祸而毒生灵，曷若捐钜帑以全大局?”主张全面答应侵略者的主张，向其割地赔款，以解南京之急。道光二十二年八月，“和议成，英兵悉退出海洋”。南京之围虽解，却让侵略者登堂入室，中国从此陷入近百年的半封建半殖民地时代。

关于牛鉴的罪责，《清史稿》传后置评：“牛鉴以循吏处危疆，身败名裂。要之筹边大计，朝廷无成算，则膺封圻之寄者为益难，况人事之未尽乎?”这段话明显有推诿时势之嫌，而况将牛鉴定性为“循吏”，也是大部分史家及公众所难以接受的。流传于清末民初、获得社会广泛认可的刺世疾邪之著《贪官污吏传》，更对牛鉴在鸦片战争中的怯战及“贪财误国之罪”多有揭露：牛鉴在大敌当前时最初轻敌，随之畏敌。乍浦失守，江浙骚然，驻防吴淞口的提督陈化成“飞告牛鉴”请求增兵严备，牛鉴“答言有河南、徐州、江宁兵三千，藤牌八百”，陈化成被骗，“遂恃以无恐”。五月，“英舰由外洋探水而入”，牛鉴自沪至淞，见之始“作惊疑状”，靠陈化成开导，心中“稍定”。英舰攻打吴淞口，牛鉴硬着头皮乘轿子赶往助阵，“军士皆呼跃，战益奋”。但“须臾，英司令官由桅顶了见牛鉴舆，突飞炮注攻，逐其左右队而击之”，牛鉴在八百藤牌军的簇拥下“弃冠遁走”；为了给自己作掩护，还“令一卒坐其舆”，以便吸引敌人炮火。陈化成苦战无后援，抚膺顿足，“遂中弹，喷血死”。江浙一带士民作歌谣以讽：“一战甬江口，督臣死，提臣走（督臣谓裕谦，提臣谓余步云）。再战吴淞口，提臣死，督臣走（提臣谓陈化成，督臣谓牛鉴）。”

书中又载：英兵攻陷吴淞，乘胜溯长江而上，复陷京口，遂逼金陵。此时牛鉴自沪逃回，沿江告警，一日数惊。牛鉴不谋江上之守，唯假危言以胁朝廷。观其奏词谓形势万分危急，呼吸即成事端。南京和议既成，耆英、伊里布皆署名，唯独牛鉴不留名姓，则说明牛鉴在竭力推行议和的同时，是明知此举将留骂名的。书中进而披露：“世称牛鉴甫至上海时，即有为英人做说客者许酬以重金，而撤邑淞之防，牛鉴密允之，惟惧为陈化成所觉，故佯出视师。及见炮弹逼近坐舆，乃亟走。”这说明，关于牛鉴得了“间金”，接受英方政治贿赂的说法，在当时社会各界中已广泛流传。

但就是这样一个卖国贼，却躲过了应有的制裁。《清史稿》载：《南京条约》签订后，道光帝曾以“贻误封疆罪”将牛鉴“褫职逮问”，且“谳大辟”，议罪当斩。可是，两年后的道光二十四年，却又“释之”，令他发挥早年治水特长，发往河南中牟治黄工地效力。工程完竣后，还“予七品顶戴，以六部主事用”。咸丰年间，牛鉴又因参与镇压太平天国起义、围剿捻军而加按察使衔，最终于咸丰八年病死，“叙功，加二品顶戴”。联想到中国近代史上清政府的所作所为，便也不难明白：牛鉴既能在外交失败时被拿来遮挡民愤，又能在内政危机时用来镇压民反。如此“多功能”型的官员，正是为腐败政权量身打造的，怎么可能会因为腐败而受到追究？

胜保：“屡踬屡起”越贪淫

——咸丰朝败将却对西太后“有恩”

无论围攻太平天国还是抵抗英法联军，胜保上阵，一向“保败不保胜”，于是得了个“败保”的绰号。就是这样一介屡战屡败的武将，因在咸丰帝驾崩时手握重兵，参与慈禧等人发动的“祺祥政变”护驾有功，被“老佛爷”提拔为都统，加兵部尚书衔。可惜好景不长，仅仅过了一年，胜保又因“讳败为胜”受到弹劾，查出犯有“骄纵贪淫、拥兵纵寇”诸罪，遣返京城革职拿问。不久即被令自裁，全部家产尽抄充公。

胜保，字克斋，苏完瓜尔佳氏，满洲镶白旗人。《清史稿·保胜列传》载，保胜于道光二十年考中举人，授顺天府教授，后迁赞善，擢侍讲，累迁祭酒。道光晚期，保胜一度“屡上疏言事，甚着风采”，官至光禄寺卿、内阁学士。但咸丰二年，胜保又一次上疏谈论时政，却因言辞过激，得罪了继位不久的咸丰帝。在这篇奏疏中，胜保借所谓民间“愚贱私议”，暗讽咸丰帝“励精之心不如初政”、“勤俭之德不及先皇”。当时，道光帝丧期将满，胜保于是说，据群众反映，朝廷游观之所焕然一新，意味着新君“释服之后必将有适性陶情之事”，进而指责“鼓乐田猎，何损圣德”，提醒咸丰帝“自古帝王必先天下之忧而忧，后天下之乐而乐”。揽奏之后，咸丰帝十分不爽，“明谕指驳”，将他降为四品京堂。

胜保做言官闯了祸，改做武官，仕途仍是磕磕绊绊。太平天国运动越演越烈，降职不久的胜保为求翻身，加紧上奏“疏陈办贼方略”。咸丰帝见他说得头头是道，命他“驰往河南”，交由钦差大臣琦善差遣。咸丰三年春，胜保因“疏陈军事称旨”，受命“以内阁学士会办军务”。官复原级后，打了几场小胜仗，咸丰帝一度“诏嘉胜保果勇有为，授钦差大臣”。随之，在河北一带“坐追贼不力，镌二级”。之后临清失守，胜保又“坐褫职，戴罪自效”。复职后，加太子少保，又因在高唐围剿起义军“数月不能克”，被“迭诏诘责，褫职逮京治罪，遣戍新疆”。咸丰六年，胜保从新疆被召还，发往安徽军营。咸丰七年，被授予副都统衔，帮办河南军务，前往围剿捻军，先后因功加头品顶戴、命为钦差大臣等。最终，却又“坐剿匪不力，降授光禄寺卿，召回京”。

胜保打内战屡尝败绩，上阵与洋人交手更是一触即败。咸丰十年（公元1860年），英法联军“内犯”京城，胜保受命率八旗禁军驻守定福庄，偕僧格林沁、瑞麟进战于通州八里桥。结果“败绩”，胜保受伤，“退保京师”，稍事抵抗，即行溃阵，导致英法联军长驱直入，上演了火烧圆明园的耻辱一幕。清政府与侵略者“停战议和”后，胜保“收集各路溃军及勤王师续至者共万余人”，居然又受命“亲督操练”，成了“改练京兵”的总教头。

胜保在同洋人打了败仗后捞到的这个“亲督操练”的差事，尽管听来十分可鄙，却竟然在关键时刻非常神奇地有了“用武之地”。咸丰十一年七月，咸丰帝在承德避暑山庄驾崩，其五岁长子载淳在慈安、慈禧两宫太后扶抱下嗣位。史载，咸丰帝驾崩不久，“肃顺、载垣、端华等辅政专擅”，这便是史上有名的“顾命八大臣赞襄政务”。在这种情况下，两宫皇太后和恭亲王奕䜣利用官民对英法联军入侵北京、火烧圆明园的强烈愤怒，把全部历史责任都加到顾命八大臣头上，也把咸丰皇帝死在承德的责任加到他们头上，从而发动了一场惊心动魄的夺权政变，史称“辛酉政变”或“北京政变”。由于这场政变发生在咸丰、同治间只存在了短短一年的祺祥（公元1861年）年间，也被称做“祺祥政变”。政变中，在北京握有重兵的胜保发挥了重要作用。

胜保在政变之前，就早早地站在了八大臣的对立面，依恃手中兵力“昌言将入清君侧”，使得肃顺等人“颇忌惮之”。慈禧护送小皇帝“回銮”提前抵京后，胜保即上疏说：“政柄操之自上，非臣下所得专。皇上冲龄嗣位，辅政得人，方足以资治理。”又说怡亲王载垣、郑亲王端华等

同治皇帝的原定年号为祺祥，辛酉政变后改为同治。图为该年发行的铜钱

“竟揽君国大权，以臣仆而代纶音，挟至尊而令天下，实无以副寄托之望，而餍四海之心”，直指八大臣专权擅政，不是辅政良臣。同时，主张赞襄政务“当以亲亲尊贤为断，不当专以承写为凭”，将两宫太后及奕䜣等后族、胤族势力置于皇亲大臣之上，推向政治前台，认为“嗣圣既未亲政，皇太后又不临朝”是政柄尽付他人。得出朝中“虽无垂帘之明文，而有听政之实用”的结论，呼吁：“为今之计，非皇太后亲理万几，召对群臣，无以通下情而正国体；非特简近支亲王佐理庶政，尽心匡弼，无以振纪纲而顺人心。惟有钥恳皇上俯察刍荛，即奉皇太后权宜听政，而于近支亲王择贤而任，仍秉命而行，以成郅治。”

胜保的疏论奏上，与大学士周祖培等人的言论形成合力，致使八大臣中载垣、瑞华被“诏赐”在宗人府空室自尽，肃顺处斩，褫景寿、穆荫、匡源、杜翰、焦祐瀛职，穆荫发往军台效力。辛酉政变后，“肃顺等并伏法”，载淳在太和殿即皇帝位，恭亲王奕䜣立于左，惇亲王奕𫍽立于右。御座后设一黄幔，慈安皇太后与慈禧皇太后并坐其后，从此拉开了影响中国近代史近五十年之久的“垂帘听政”的序幕。为了庆祝政变后由两宫、载淳与亲贵共同治政的这一所谓“同治新政”，特将次年年号由“祺祥”改为“同治”。鉴于胜保在政变中发挥的文武两方面的独特作用，特授予他镶黄旗满洲都统兼正蓝旗护军统领。同治三年，又因围剿捻军中“击破贼垒”，加兵部尚书衔。

胜保在与太平天国作战时，曾收买叛徒苗沛霖，将起义军英王陈玉成诱擒，诛于军前，被授钦差大臣，督办陕西军务。后因“擅调苗沛霖率兵赴陕，严诏斥阻，不听”，又先后与多隆阿、曾国藩、僧格林沁等将领不睦，“迭诏训饬，褒其才略，戒其骄愎，卒不悛”，引起上下不满。于是“中外交章劾胜保骄纵贪淫，冒饷纳贿，拥兵纵寇，欺罔贻误”。经僧格林沁等“查实奏上”，朝廷“密诏多隆阿率师至陕，传旨宣布胜保罪状”，将他“褫职逮京，交刑部治罪”，并籍其家。同治二年，经议政王大臣“会鞫”同审，胜保仅承认自己“携妾随营”，有违军纪，随之反戈一击，参劾上述诸人“诬告之罪”。最终，“诏斥其贪污欺罔，天下共知”，且“养痰贻患”，有“挟制朝廷之意”。胜保被“从宽赐自尽”。

《清史稿》认为，胜保“屡踬屡起”，因“负气凌人”，与湘军“不相能”，加之“无自练之兵，无治饷之权；抚用悍寇而紊纪律，滥收废员而通贿赂，又纵淫侈不自检束”等，遂致获罪。这与《清实录》记载他讳败为胜，捏报大捷“藉以请奖纳贿”及“携妓随营”等“荒淫贪纵”的表现互相印证。历史一再证明：类似“屡踬屡起”之人获得重用，身上毛病往往越纵越多。问题官员的复出确当慎行。

安得海：宦竖再兴势难久

——传为慈禧男宠，曝尸疑是替身

祺祥元年发生在北京的“辛酉政变”中，另有一人“劳苦功高”，他就是慈禧的心腹太监安得海。咸丰帝死后，安得海充当慈禧和恭亲王的密使，奔走于热河和北京间。政变成功，“小安子”被破格提拔为总管大太监，一度恃权纳贿，干预朝政，致使“宦祸”自明末被成功抑制了两百多年后重新抬头。

《清史稿》不为宦官列传，故于安得海其人所述甚简，只在山东巡抚丁宝桢列传内，记有寥寥数言：“安得海者，以奄人侍慈禧太后，颇用事。八年（即同治八年，公元1869年）秋，乘楼船缘运河南下，旗缯殊异，称有密遣。所过招纳权贿，无敢发者。至泰安，宝桢先已入告，使骑捕而守之。安得海犹大言，谓：‘汝辈自速辜耳！’传送济南，宝桢曰：‘宦竖私出，非制。且大臣未闻有命，必诈无疑。’奏上，遂正法。”从这段带有明显轻蔑色彩的叙述中，已约略可见安得海仗慈禧太后的声威招摇过市、为非作歹的影子。至于在宦官势力被成功压制了两百多年后，如何在清末又出现了安得海这样一位靠参与政治而用事于朝廷内外的权宦，以及他是如何招权纳贿，又何以竟被一个地方督抚说杀就杀了，这些似乎都没能进入清史馆史官们的法眼，我们也只能从留存于世的各种史料中寻找线索了。

关于安得海是假太监的说法，在民间一向由来已久。清末民初史家天嘏著《满清外史》第五章《安得海之伏法》载：“安得海者，直隶之南皮人也。自宫入内为阉宦，以擅吕不韦舍人嫪毐术，时那拉氏年未逾三十，得之颇欢，安得海藉是以干国柄。”嫪毐是战国末年秦国人，秦始皇生母赵姬的男宠。据《史记·吕不韦列传》载，吕不韦为摆脱太后赵姬的纠缠，将市井无赖嫪毐召入府中作舍人。太后赵姬好淫乱，遂召嫪毐入宫，日夜宠爱之。以天嘏的一家之言，安得海应是“自宫”不彻底混进太监队伍，成年后被年轻守寡的慈禧所宠。安得海是不是假太监，一直没有明确证据。按天嘏的说法：“得海伏诛后，裸尸暴市，以释人疑。然欲盖弥彰，世皆知此中别有暧昧事矣。或曰闻山东人言，肆市之尸，乃得海随身小珰，与得海同伏法者，非其真身也。然则其故益可思矣。”由此可知，尽管清廷故意将安得海暴尸示众，让百姓亲睹，对其“验明正身”，以便平息民间多年来沸沸扬扬的议论，但山东百姓还是宁肯相信安得海的尸体在死后被“调包”，大家看到的那个死太监并非安得海本人。

安得海照片

安得海不光“擅嫪毐之术”，据说也颇有文化，在同治帝登基前即曾入潜府伴太子读书。《清稗类钞·阉寺类》载：“咸、同间，太监安得海藝术精巧，知书能文……初，宫中内官多读书识字者，安得海入侍，过从问字，殷殷请益。久而斐然，出诸阉上，能讲读《论》《孟》诸经，孝钦后深器之。”这段叙述，说明安得海与慈禧的关系起于咸丰帝在世之时。但那时的孝钦慈禧太后还只是咸丰帝后宫里的一名贵妃，为避人口舌，自然要顾及很多。不久，因安得海与恭亲王奕䜣“不洽”，慈禧即“令暂引去”，让安得海自动申请调离后宫“以自远祸”。安得海“遂自荐请卫侍冲主”，倚靠自己在太监中文化水平较高的优势，进到年幼的太子潜府中，并“尝自称太子伴读，以比先代名儒”，把这段经历当成了日后炫耀的资本。

咸丰十一年，皇帝驾崩，安得海作为慈禧与恭亲王奕䜣之间政治合作的密使，往来奔走于热河和北京间，促使“祺祥政变”成功，推翻了“顾命八大臣”执政，开启了两亲王辅政、两宫太后垂帘听政的所谓“同治新政”。《清稗类钞》载：“孝钦后藉恭亲王之力，以诛端华、肃顺，时奔走其间者，实惟内监安得海。事成，孝钦倍益宠幸之。而安亦自恃有功，愈跋扈，恃势妄为，无所不至。”“小安子”于是被破格提拔为总管大太监。此后的安得海并未收手，另据《满清外史》载，他看透女主子逐渐走向专权的心思，“先谮奕䜣短，以去其议政权”。继而，“又笼络朝士，使奔走其门，势焰骎骎，遂与明季之魏忠贤埒”。

安得海成为清朝的魏忠贤后，依傍慈禧做了不少坏事。民初许指严清史笔记《十叶野闻》载：“孝贞时称慈安太后，那拉氏称慈禧太后。慈安事事退让，慈禧因渐纵恣。慈安服御简朴，一若寒素；而慈禧则奢靡成性，且喜服戏装，嗜听戏成癖。因而太监安得海等乘机攫财，恣为奸利，遂怂恿慈禧建造戏园，土木雕绘，穷极工巧。又广征南北诸名伶，排日演试。近今生荣死哀之大名谭叫天，即诞生于是时者也。安既以奢侈中慈禧意，权力渐次增长，顾尚碍于慈安之守正，不敢公然纵欲，言官亦弹劾屡起。慈禧虽恶之，而为名誉计，不得不敷衍嘉纳，以掩饰慈安耳目。”

安得海不顾影响，竭力为女主子打造腐败生活，终于被恭亲王奕䜣抓住了把柄。《十叶野闻》载：“一日，恭王闻安得海等有滥窃贡物，为慈禧裁量戏服之举动，以为大背祖法，密奏于慈安。为先发制人之计，乃下谕。”慈安太后谕旨说：据御史贾铎奏，“风闻内务府有太监演戏，将库存进贡缎匹裁作戏衣。每演一日，赏费几至千金。请饬速行禁止，用以杜渐防微”。慈安太后进而直指安得海所为：“外间传闻，必非无自，难保无不肖太监人等，假名在外招摇，亦不可不防其渐。”并说：“嗣后各处太监，如有似此肆意妄行，在外倚势招摇等事，并著步军统领衙门一体查办。总管太监不能举发，定将该总管太监革退，从重治罪。”

在慈禧轿前，安得海与李莲英一左一右

此后，安得海“倚其势焰，凌轹王公大臣，无所不至。朝臣皆侧目，而恭王尤甚”。一次，恭亲王请见慈禧，“慈禧方与安得海谈话，辞不见。恭王怒，退语所亲，非杀安不足以对祖宗、振朝纲也”。这便有了同治八年“慈安与恭王协议惩办安得海”一事。

关于惩办安得海，《清实录》同治八年八月载：“本月初三日丁宝桢奏，据德州知州赵新禀称，有安姓太监，乘坐大船，捏称钦差织办龙衣，船旁插有龙凤旗帜，携带男女多人，沿途招摇煽惑，居民惊骇等情。当经谕令直隶山东江苏各督抚派员查拏，即行正法。兹据丁宝桢奏，已于泰安县地方将该犯安得海拏获，遵旨正法。”另据《十叶野闻》载，山东巡抚丁宝桢奏报时，“慈禧方酣嬉于戏剧，未之知也”，故丁宝桢得行其志而“慈禧不及援阻”。一些史料认为，此事也有同治帝载淳参与其间。《满清外史》载：“是时载淳年逾十龄，知二人所为，心耻之。”《奴才小史》则载：安得海“干预政事，纳贿招权，肆无忌惮，穆宗年渐长，知其所为多暧昧事，乃告东朝（即慈安太后）”。

《清实录》载，慈安太后谕旨强调：“我朝家法相承，整饬宦寺，有犯必惩，纲纪至严。每遇有在外招摇生事者，无不立治其罪。”这话虽是为“小安子”的事说给西宫太后慈禧听的，倒也大可以让后世惯于打着上级机关和大领导旗号要威风的“豪门小吏”们有所触动：连封建皇家都要“有犯必惩”的事，时至当今还是不做为好。

刚毅：苛下以全“主仆谊”

——曾为小白菜案平反最终成贪官

很多人以为，刚毅就是晚清四大谴责小说之一《老残游记》里那个“清廉得咯噔噔”的酷吏刚弼。光绪（公元1875-1908年）初年，时任刑部郎中的满臣刚毅，因参与了“杨乃武与小白菜案”的平反得到嘉奖，由此步步高升而“外任封疆，内入军机”；又因官风苛酷，为清廷大肆搜刮民财而深受慈禧信任。在历史上，此人还是个大大的贪官，在为筹集甲午赔款而“无公私悉取之，岁得千数百万”的同时，“饱入私囊者乃不可胜数”，回京时“箱笼等物至数千件”，成了百姓争相围观议论的丑闻。

刚毅，字子良，满洲镶蓝旗人，《清史稿》《清史列传》及民初流行的《贪官污吏传》皆有传述。同治五年，刚毅以笔帖式入仕，累迁刑部郎中。光绪初年，刚毅在刑部摸爬滚打七八年，已是“谙悉例案”，恰逢浙江余杭县民妇葛毕氏案（即杨乃武与小白菜案）进入三堂会审，主审官是刑部尚书桑春荣和“四朝名臣”皂保，时任刑部浙江清吏司郎中的刚毅受命发话讯问。由于此案得到慈禧太后直接关注，结果杨、毕二人“获平反”，判决文书交由刚毅“按律定拟”。后“得旨嘉奖”，刚毅得到外放为官的机会，先后“出为广东惠潮嘉道，迁江西按察使，调直隶；迁广东布政使，调云南”。光绪十一年，刚毅被擢为山西巡抚。

刚毅像

《贪官污吏传》载：“刚毅一生外任封疆，内入军机，主眷优隆，一时罕见。”按《清史稿》所述，刚毅在慈禧面前似乎也的确称得上是位言听计从的能臣。在山西任上，他申请设立“课吏馆”，对各级官吏进行培训，还手辑《牧令须知》等诸书作教材进行讲习。慈禧得知十分赞赏，特意“诏饬行各省”，将他的做法予以推广。后移抚江苏、调广东，也都得到慈禧赏识。

其实，真正让“老佛爷”对他青眼相加的，还在于他深谙清朝历来讲究的所谓“主仆之谊”，及时向主子尽上了那份“孝心”。清人王无生《述庵秘录》载：“刚毅由清文翻译，历官部郎巡抚。不识汉文，好琐屑，自谓精能。巡抚广东，以甲午入都祝嘏（慈禧六旬寿），希大用。时内地通用银，广东独制银币。刚谓总办某道曰：为我制银币三万，携入都。某曰：诺。制成赍往，刚默然。至都，因内侍献慈禧，且言刚毅知万寿赏号繁，特铸币以表敬意。慈禧故喜，誉币新色可喜，遂饬收。刚寻入军机，某道亦不敢索偿。”正是在慈禧生日献上的这三万特制银币，让原本不识汉文的刚毅，只凭为官苛酷的“琐屑”之能，即踏入军机大门，成为慈禧宠任的重臣；而一旦刚毅身居要位，那位受到勒索的道员也只有忍气吞声自认倒霉，也许还要庆幸自己抬对了轿子，日后在朝中有了靠山。

《清史稿》载：光绪二十年，刚毅被召回京城，授军机大臣，礼部侍郎。光绪二十四年，刚毅以工部尚书协办大学士，成了慈禧的左膀右臂。此时的大清王朝，刚刚经历了甲午战争的失败，又正是戊戌变法的多事之秋，刚毅疏陈“实仓廪，严保甲，罢不急官”等，均为慈禧太后所采纳。光绪二十五年，刚毅出按江南及广东诸省，不断就筹备长江防务、筹集粮饷练兵、清理财政及整顿地方等事宜上疏，慈禧下诏“皆饬行”。刚毅的贪敛丑行，也正是发生在这一时期。

刚毅之所以出按南方各省，一个十分重要的使命，其实是为清廷搜敛钱财。《贪官污吏传》载：“自甲午战争后，赔款大增，财政奇绌。荣禄一意练兵，苦军需之无所出也，密奏派刚毅赴两江、两湖、两广、闽、浙等省大肆搜刮。”刚毅到了南方诸省，施展酷政手段，“除常款外，无公私悉取之”，竟然“岁得千数百万”，引起“海内骚然”。但是，刚毅上述搜缴的钱财“犹托为公家所取者耳”，还都只是摆在明面上可以上交国库的部分。问题在于，他在为清廷搜刮钱财的同时，并没有忘记自己顺手牵羊也捞一把，故而“饱入私囊者，乃不可胜数”。刚毅回京时，“箱笼等物，至数千件”，引起大街小巷百姓围观：“道旁观者皆曰：此中悉累累黄白物也。”可见“其贪鄙无耻盖如此”。

关于刚毅这次出按南巡敛财之旅，《述庵秘录》又载：“刚毅既入枢府，慈禧殊重之。戊戌新党败，载湉幽瀛台，朝廷颇欲搜罗各省库藏，充挥霍。刚毅喜事挑剔，以为能也，命查各省库藏，节冗费。”刚毅在江宁“调查盐务厘金及地方行政簿”，他原本文化不高，对账目“昏昧弗省”，只是勒令当地官员一律“各认增若干”。于是当地官员便层层勒逼下属多上交银两，“长官督之于属僚，属僚督之于吏役，最瘠唯行坐商人而已”。最终“官增数方，私橐殊无加损”，受伤的还是底层商众。由此，“吏役横暴，目无法纪，谓朝廷加税，不得不尔，其实彼等私橐累累也”；甚至由于经手此事可发大财，当地还出现了地方官员争相“认增”的怪现象。刚毅抵达粤东，那里的藩司最初“弗审刚意”，在他的教唆下也很快“会其意”，纷纷干起了同样的勾当。结果，“刚毅此行殊得意，归装颇丰富”。

刚毅反对新事物，而且待人严苛。他由京城南下时，正逢戊戌政变后，当时各省所设公私学堂，皆由热心兴学者组织而成。刚毅因仇视康梁之故，“凡见学中有迹近新党者，务摧锄之，不遗余力”。《贪官污吏传》还记载了他与清末名臣张之洞的一段纠葛：张之洞时任两江总督，刚毅巡按至两江总督府，与谈论，口若悬河，张竟“鼾声大作”。当时张之洞年事较高，老人瞌睡多，“在春秋高者类如此”，这不过人之常情，并非对刚毅有所轻慢。而刚毅“以为侮己也”，于是“誓报之”。回京复命时，刚毅便“备言南皮（张之洞籍贯南皮）老惫不任事状，盖犹廉颇‘三遗矢’之意耳”。由于他的谗毁，张之洞被罢去两江总督，在慈禧面前“恩眷之衰者凡几年”。

光绪二十六年（公元1900年），义和团进入直隶，刚毅等受命查办。刚毅参透慈禧因在康梁戊戌变法中“患外人为梗”、转而仇视洋人的心态，“还京复命”时“盛推拳民忠勇，有神术，可用”。慈禧“愈信之，因命刚毅、载勋统之，比于官军”。在刚毅挑动下，义和团运动逐渐走向失控。八国联军入侵北京，“两宫西狩，刚毅扈行”，途中染疾死于山西侯马。其后“各国请惩祸首”，刚毅“以先死免议，追夺原官”。

说到刚毅的贪敛，《述庵秘录》认为：“满人生性好财，其故由馈赠宫阃亲贵。包衣人严主仆之谊……主至其家，则尊事若父母，有欲取辄携去……故满人应官多贪鄙。”百年之后，因贪污受贿被判处死缓的四川省石油系统某高官曾说：“搞大量钱，是为了我能做大官；做了大官便可以继续搞到钱；因为上级领导做官也需要钱，所以我要经常给领导送钱，领导升官了，我也能随之高升。”对比可见，清朝官场那种“主仆之谊”不仅仍在，且已演变为一种逻辑严谨的利益关系。

崇礼：“临难不逃”为守赃

——借同治帝大婚捞第一桶金

说到南方各省官员借刚毅南下“搜罗各省库藏”之机纷纷饱入私囊，其实早在同治年间，时任粤海关监督的崇礼就曾使用类似的“搭车贪腐”伎俩，打着为同治帝筹办大婚物品的旗号，从民间“括银数百万两”。回京后，崇礼更是将其用于政治投资，从而“数迁”，“得大拜”。如此一介“贪夫”，在光绪末年死后竟被清廷祀之为“贤良”，足见清王朝已现必亡之势。

崇礼，字受之，内务府汉军正白旗人，《清史列传》《清史稿》《贪官污吏传》均有传述。崇礼本姓蒋（《清史稿》作“姜氏”），早在咸丰七年即“以拜唐阿为清漪园苑丞”。拜唐阿，满语，指清廷各衙门管事而无品级者。在京文官三品以上、武官二品以上，在外文官按察使以上、武官总兵以上，其兄弟子孙年满十八岁者皆得入选。由此判断，崇礼的入仕，也是靠了一定的家庭背景。清漪园即后来的颐和园，咸丰十年（公元1860年）遭英法联军毁坏前，曾是一座山水秀美的皇家园林。咸丰帝巡幸至此，见到小心候驾的崇礼时“尝询以事”，因崇礼“奏对称旨”而“嘉奖之”，将他由员外郎提为内务府卿，又加内务府大臣。可惜几年后，此园即与圆明园一道先后为外寇所毁。而原本对崇礼印象颇佳的咸丰帝，也在逃难热河时染病一命呜呼了。

崇礼像

崇礼的真正“贵人”，说来还得是“老佛爷”慈禧太后。咸丰帝驾崩后，慈禧太后发动祺祥政变成功夺权，开始了她将近半个世纪的垂帘听政；崇礼勤于职事，太后“念先帝识拔，颇推恩遇”，不断对他委以重任。至同治七年，崇礼竟“充粤海关监督”，得到了这个人人争抢的肥缺。同治十一年，同治帝载淳年满十六岁举行大婚，崇礼迎来了一个新的表现机会。伴随这个政治机遇而来的，还有他贪官生涯中疯狂崛起的“第一桶金”。清代，粤海关一直是政府重要的财政支柱，更是内务府经费的主要来源。皇帝大婚前，粤海关已奉旨为婚礼筹办所需物资，崇礼因“恭办木器陈设”受到奖励，“赏给二品顶戴，并赏戴花翎”。不久，新的任务又不断派下。这对于崇礼来说，既是机遇，也是实实在在的挑战。

关于崇礼奉旨承办同治帝大婚物资一事，正史列传所载皆不详。《清实录》同治十一年载：“谕军机大臣等：崇礼奏，传办缎绸各件，请分派各织造兼办，并正珠、玉如意等件难以购觅等语。据称广东丝料工作不及江浙……即著崇礼将传办缎绸各件均匀分派，分别咨明江宁、苏州、杭州各织造照数承办；应需银两，本日据瑞麟、崇礼奏，已筹定银三十万两，存储备拨……其玉如意陈设等项……惟他省采办，较之广东更属不易，仍著责成崇礼设法采购，不得稍涉推诿。其正珠等件，并著一并采办进呈，毋误要需。”瑞麟是当时的两广总督，在筹办物资一事上也与崇礼绑在了一起。由这条谕旨可见，朝廷当时对采办物资一事催逼甚严，如此压力下，瑞麟、崇礼显然有些扛不住了，竭力推掉采买缎绸等部分任务，却仍被勒令出钱出力赴异地协助采买。至于正珠、玉如意等物品，则是推也推不掉的，必须按质按量按时完成。

当年八月，谕旨又下：“传办缎绸各件，请饬各织造就款核实尽办尽解一折，粤海关监督应办大婚典礼缎绸各件，业经谕令江宁、苏州、杭州各织造匀分承办。现在为期已迫，自应陆续办解，以期无误要需。瑞麟等所筹工料银三十万两，已经分解应用，虽与各该织造所估银数尚有不敷，而粤省库款支绌，一时无从筹解，亦属实在情形。著庆林、德寿、文治、即就现经筹解之款，核实尽办尽解，克期到京，不得稍有延缓。将此谕知瑞麟、张兆栋、并传谕崇礼、庆林、德寿、文治知之。”庆林、德寿、文治等都是江浙一带的官员，他们因为崇礼对缎绸一项采买的推诿，显然也被绑在了同一条绳子上，需要为崇礼所筹资金的不足部分埋单。这条谕旨的严厉之处更在于，不论庆林、德寿、文治还是崇礼，朝廷给他们完成各自任务的最后期限已经快到了。即使缎绸的任务完成，崇礼还要抓紧完成当初没能推掉的正珠、玉如意等令他头疼的采办任务；并且明眼人都能看得出，这些任务真正令人头疼之处，其实并不在于当地是否为“产地”、有没有可供采买的物品等来回扯皮的问题，而在于承办者如何筹集到采买这些物品所需的经费！

既然问题出在钱上，那就使出各种手段去敛财；既然可以打着皇上大婚的旗号敛财，又何尝不能多敛一些留给自己？在当时，很多受命承办大婚采办的地方官员都是这样想的，并且也都是这样做的。《清实录》载，当年九月，懿旨下：“皇帝大婚礼成，昨已加恩惇亲王等以光庆典，所有内廷行走及执事诸臣亦应一体加以奖励……粤海关监督崇礼，著赏加总管内务府大臣衔，并赏加二级……”显然，崇礼通过加紧敛财，终于在朝廷留给他的时间已经不多的情况下，赶在限期之前顺利完成了相关任务，得到加官晋级奖励。而另据《贪官污吏传》载，崇礼此后在担任粤海关监督任期将满时，竟然还舍不得离开这个曾使他尝尽苦头继而又尝尽甜头的“光荣战斗岗位”，并且还“肆其夤缘手段”谋得连任。如此不遗余力地留下来，自然要有“好处”，其结果，崇礼“括银数百万两（其仆王姓且拥资数十万，其主可知）回京，数迁，得大拜”，粤人称之“贪夫”。“其居处之宏丽，都中人皆见之”。

崇礼住宅为全国重点文物保护单位

崇礼回京后，用他在广东贪敛得来的数百万银两作为政治投资，夤缘贿赠，八方投靠，官越做越大：光绪元年，授山海关副都统；五年，历迁内阁学士，命在总理各国事务衙门行走，补礼部右侍郎；九年，授光禄寺卿，历理藩院侍郎，转兵部、户部；二十年，加太子少保，赏黄马褂，擢理藩院尚书，出为热河都统；二十四年，授刑部尚书，兼步军统领。这一年，慈禧发动政变镇压戊戌变法，之后“复训政”，重新开始垂帘听政，事件“牵涉大小臣工多员”。崇礼这次又“押对了宝”，因站在慈禧一边，继续留在朝中获得重用。

崇礼“得大拜”荣升宰辅，竟也与他多年为官聚敛的巨大家产有关。《清史稿》载：崇礼在光绪二十六年“调户部，协办大学士”；光绪二十九年，“授东阁大学士，转文渊阁”。光绪二十六年正是八国联军入侵北京之年，崇礼何以单在这一年官运亨通呢?《贪官污吏传》揭开真相：“光绪庚子，北方拳乱作，联军入京师。崇礼之宅，为奥军所据。崇礼不敢出都，日在宅之后院哭泣，目尽肿，其心不独以鹊巢鸠占为忧，盖恐楚人一炬，可怜焦土故耳。已而和议成，两宫返，崇礼居然以临难不逃，获宫眷颇优，旋以予诰大学士。卒，予谥文恪，入祀贤良祠。”

一代巨贪为护家私，竟能“临难不逃”。换个角度看，限制官员资产转移，对于防止贪官外逃来说，也许还真能起到超乎预想的作用。

苏元春：怯敌媚寇做家贼

——贪黩当斩竟有法国总统为他求情

闻一多曾作组诗《七子之歌》，为近代以来“失养于祖国，受虐于异类”的七处沦陷国土抒发哀忧，其中的广州湾（今广东湛江港），便是当年清政府经广西提督苏元春之手与法国签约被迫租让的。其实，让苏元春留下骂名的又岂止于此。他镇边多年逢敌怯阵，且“师律渐弛”，因贪污克扣军饷而纵兵肆行盗抢，更是一个祸害本国民众的家贼。

苏元春，字子熙，清末武将，《清史列传》《清史稿》有传，清末民初《贪官污吏传》亦将他列为“武职中之贪者”。苏元春是广西永安人，其父为地方乡团首领，早年战死；苏元春为报父仇而加“从湘军”，参与围剿苗民起义，于同治初年“累功至参将”。他“领中军征黔苗”，先后被清政府赐号“健勇巴图鲁”，“擢总兵”，“晋提督”，“赏黄马褂”，“赐头品秩”，被清廷视为打击太平天国运动、应对南方苗民“反乱”的一枚得力棋子。

苏元春身为清末武将，最大的用武之地本应是抵御外侮的战场，而在这方面，他却似乎显得有点“力不从心”。光绪九年（公元1883年），法国入侵越南，中法战争爆发，苏元春及其所属部队不可避免地被卷入其中。光绪十年，“和议中变，法人大举攻桂军”，清廷下诏命苏元春署提督，率“湘军劲旅”精毅营中的毅新军迎战由越南入境法军。一开始，苏元春率部“鏖战五昼夜”，夜半设伏“大破虏”。但后来法军加强进攻，苏师却“连战失利”。再后来，“敌毁镇南关，元春出陇窑御之，不克”，以至“自南宁至桂林居民大震”。

苏元春像

关于苏元春在对阵法军时的表现，《清史稿》列传表述较略。镇南关失守后，清军仓皇失措，法军由艽封直窥龙州。后来，清军在主帅冯子材带领下背水一战，才“大破之，复镇南关”；又“追蹑连捷，克谅山”，才使李鸿章等人获得“乘胜即收”的机会，向法国侵略者寻求妥协，缔结和约。而另据《清史稿·冯子材列传》载，当年在主帅冯子材麾下，包括苏元春在内的几员大将作战并不主动，是靠了这位年界古稀的老帅亲临战阵，严厉督战，才有了“镇南关大捷”的军事胜利。传中描述：“其时苏元春为督办”，冯子材“闻谅山警，亟赴镇南关，而法军已焚关退”。此时“龙州危棘”，冯子材“以关前隘跨东西两岭，备险奥，乃令筑长墙，萃所部扼守”。众将群议“不欲战”，冯子材“力争，亲率勤军袭文渊”，“宵薄敌垒，斩虏多”。后法军“悉众分三路入，子材语将士曰：法军再入关，何颜见粤民？必死拒之”！于是“士气皆奋”。法军攻长墙，“炮声震山谷，枪弹积阵前厚寸许”，冯子材“指麾诸将使屹立，遇退后者刃之”，几乎是拿刀逼着这些怯阵的将领，使之没有机会开溜。其后又“自开壁持矛大呼，率二子相荣、相华跃出搏战”。诸军“以子材年七十，奋身陷阵，皆感奋，殊死斗”，关外“游勇客民亦助战”，清军这才连复失地，取得军事上的暂时主动。

与实际战绩相比，苏元春依靠这次机遇获得的好处却是不少。传载，由于作战一度失利，广西巡抚潘鼎新被罢免，苏元春“遂命主广西军事”。镇南关收复后，“停战诏下，诸军分顿关内，元春驻凭祥，居中调度。和议成，授提督，晋三等轻车都尉，又改额尔德蒙额勇号”。此后，苏元春在广西“择天险”、“相形胜”，筑炮台“百三十所”；又“凿险径，辟市场”，创建铁路“百余里”；还“增兵勇，设制造局”，使其领地“屹然为西南重镇”。朝廷为了避免他重走当年“西南王”吴三桂之路，对他极力安抚，又为他“加太子少保，晋二等轻车都尉”。

苏元春御敌疆场表现并不神勇，参与对外和谈的表现，更是为他招来了千古骂名。光绪二十五年，苏元春应召入觐，受命“赴广州湾划界”。广州湾即如今广东湛江一带，因有天然深水良港而被法帝国主义侵略者垂涎已久。在19世纪末列强瓜分中国的狂潮中，法国与英、俄、德等国一样，也在瓜分狂潮中向中国提出侵略要求。先是向清政府提出不允许把云南、广西、广东让与他国，进而又明确提出将广州湾租给法国九十九年，并且声称，法国所提方案不得更改一字，要清政府立即作出答复。在法国的嚣张气焰威逼之下，清政府彻底屈服，按法国限定的日期复照同意，于是派苏元春为代表，同法方“会勘”租地边界等。中英《展拓香港界址专条》签订后，法国不等两国官员会勘，擅自派军舰驶进广州湾，强行登陆，占领炮台，制造事端，任意扩大租借地范围。苏元春在谈判中则处处被动，于当年年底被迫同法方签订了《中法广州湾租界条约》，把原属高州府吴川县南三都的广州湾大部分行政区域租借给法国。广州湾从此成了事实上的法殖民地，直至“二战”结束。而这片美丽国土也如同澳门、香港、九龙、台湾、威海卫、旅大一样，成为闻一多笔下失养于祖国母亲怀抱的“七子”之一。

苏元春一生更大的污点，还在于他的贪黩。《清史稿》传载：苏元春身为武将，“前后镇边凡十九年，阅时久，师律渐弛，兵与盗合而为一，蔓滋广”。而其手下兵众之所以盗抢百姓，竟是由于主帅苏元春克扣军饷所致，所以，“朝命岑春煊督两粤治之，御史周树模劾元春演饷纵寇，敕春煊按覆。春煊谓不斩元春无以严戎备，诏夺职逮讯”。据查，苏元春莅边，以“凡所设施不足”为由，前后挪移军饷“十二万”之巨。后“刑部拟以斩监候”，情急之下，苏元春“请以应领公款十六万备抵偿”，又搬出当年其父“死难”，按例“得减”的从宽理由，才被免于一死，“诏戍新疆”。而关于其贪，其实还远不止这些，清末民初《贪官污吏传》载：“苏元春，武职中之贪者也。为广西提督时，恒孳孳于滇之盐井、粤之盐田、湘桂之田亩房屋，若军事如何，有所不暇计者。”苏元春为中饱私囊“以缺额克饷”，由于“饥军乏食”，“有脱巾狂噪势甚汹汹者。元春无以应之，则潜令恃打单而生活，而广西益以多盗闻”。这些缺饷的军士们专靠打家劫舍为生，“始犹明火执仗，继则白昼横行，其穿军衣者不可胜数”；而苏元春“以克饷之故，不得不纵兵；以纵兵之故，不得不庇匪”，遂使“祸作于边军，毒流于全省，兵匪既无所分，剿抚两难得力”，酿成非常被动的政治局面。这样一来，清廷才不得不出手将其“拿下”。

《清史稿》传载：苏元春被判死罪后，“法总统闻其状，急电公使端贵等谋缓颊”。《贪官污吏传》亦证实：苏被“械至京师”，清廷“欲诛之，法人为之请求，乃处禁锢”。若不是当初对法交涉时讨好了法方，“法人”哪得如此“厚报”？自古贪黩者皆有丧大节，也就不能奢望这样的人还存有民族气节。

焦滇：贿卖密图通日寇

——曾赴日与阎锡山共入同盟会

清末官场已陷深度贪腐。贪黩不仅使苏元春等武职败类变成家贼，也使一些政府文员里通外国，做了帝国主义入侵的帮凶走狗。发生在宣统末年的东三省测量局文员焦滇贿卖秘密地图案，即向国人展示了这样一个丑陋肮脏的灵魂。

《清实录》宣统三年（公元1911年）三月载：“陆军部奏，东三省测量局文员焦滇受人贿托，私将掌管秘密地图交付外人，讯明属实，即予正法，以昭炯戒。从之。”这便是当时轰动全国的文员焦滇向日本人贿卖秘密地图案。《清史稿》也将其作为一件大事，记录于“宣统皇帝本纪”中。

有关焦滇其人，《清史稿》等记载不详。清末民初《贪官污吏传》载：“焦滇原籍山西，其父贾于云南时所生，故名曰之滇，昆池其字也。”就此，可以认定焦滇为晋商之后，而且家境较为殷实。传载：“光绪乙巳（即光绪三十一年，公元1905年）八月，山西陆军学堂考选出洋学生，焦滇亦与其列，乃派送至日本，由驻日公使保送入振武学校。”当年，与焦滇一道留洋日本的，还有他的老乡，那位在日后叱咤民国政治风云的大军阀阎锡山。据中国社会科学院近代史研究院编、中华书局版《民国人物传》载：阎锡山是1902年“考入山西武备学堂，1904年被清政府选送日本留学，先入振武学校，后入陆军上官学校”。这说明焦滇与阎锡山留学前后相差仅一年，是阎锡山在日本不折不扣的同乡师弟。而另据山西沂州官方网站公布的地方志传介绍：1902年，山西武备学堂筹备复办，接收第二期学员共一百二十余人，阎锡山、焦滇都是这期学员。“1904年，这期武备生尚未到毕业期，即由清廷择其成绩优秀者二十四人，保送日本留学”。这甚至又把焦滇与阎锡山的“同学之谊”推到了留学日本之前。

焦滇与阎锡山留学前后相差仅一年，是阎锡山在日本不折不扣的同乡师弟。图为日后不可一世的阎锡山

焦滇早年留日期间，还曾加入由孙中山建立和领导的全国性革命政党即中国同盟会。《民国人物传》载，阎锡山在日本留学期间结识了孙中山，受到革命思想的影响，1905年加入中国同盟会。沂州地方志传则载：1906年5月26日，焦滇二十四岁，在日本由同学“介绍”，孙中山先生“主盟”而加入中国同盟会，成为“忻县籍留学生中唯一由孙中山主盟入会的会员”。而且焦滇“少萌壮志，赴日本途径山海关时，心潮起伏，吟诗一首：男儿壮志出山关，谋不成今誓不还。埋骨何须桑梓里，人间到处有青山”。只可惜，这一切都已成了一段令人扼腕的美好往昔。《贪官污吏传》载：焦滇其人“性阘弱，寡廉耻……卒业后，以私通旅馆女，不愿升入士官学校（因陆军士官学生，不能在外留宿），乞监督改送测量学校”。由此，焦滇便与考入日本士官学校的阎锡山等同学分道扬镳，走上了各自不同的人生之路。

据载，与焦滇私通的这名女子“姓松本，名铃子，其父名松，居东京王子町一百四十二番地，日本对清实业家男爵涩泽荣一氏之花匠也。其妹荣子，为王子制工社会之女工”。“焦滇与此女通后，生一子，时山西同乡以人言啧啧，名誉攸关，乃劝作为正妻”。焦滇“奉子成婚”娶了这位名叫松本铃子的日本女子后，即改学测量。由于焦滇“固深于算学”，理科基础较好，“遂得优等卒业”。其后，“由同学陈锦章介绍赴奉天，充东三省测量总局科员”。就这样，焦滇作为当时的一名“海归”，正式成了清政府的文职官员。

自近代以来，日本帝国主义者一直觊觎中国领土，特别是对资源富饶的中国东北一带垂涎三尺。焦滇被清廷录为东三省测量总局文员的消息传出后，立即引起了日本军方特务机构的重视。《贪官污吏传》载：“焦滇由日本濒行时，曾寓陆军省勋章局官陆军大尉某日人家约半月，及为东三省测量总局科员后，某日人托其代觅东三省详细地图，并函催其迅为之。”焦滇在国内工作一年多后，日方仍催促不放，并施以贿赂引诱，没几个回合便将焦滇“拿下”。焦滇于是函覆说：“去岁所言者，现已略具端倪。惟长春地图，正在修理之际。其他地图，不日亦可告竣。”焦滇不仅在地图一事上竭力效命，还唯恐做得不够，又利用自己接触大量与朝廷往来文件之便，在信中附上“东省时局及东督把持政策”等政治情报，“洋洋数千言，遣人送至讲武堂某日人处”。“东三省讲武堂”是东北地区历史最久、培养干部最多的军事教研机构，由东三省总督徐世昌1906年设立于奉天（今位于沈阳），与“云南讲武堂”、“保定陆军军官学校”、“黄埔军校”并列为中国四大军官学校。作为“带兵者研究武学之所”，该校曾聘用部分日籍人士担任教官，其中的“某日人”便成了焦滇的固定接头者。

不巧的是，焦滇的密信送到讲武堂时，“某日人适外出”，于是“由督队官代收”。又因信中夹寄资料太厚，“信纸过多”，引起这位督队官警觉，“私启阅视，大惊骇”，当即“将原函交讲武堂刘总办核夺”。此后，“刘以此事关系重大，又须保守秘密，随至督练处请示办法，并将原函呈阅。参议刘一清阅毕，大震怒，给焦滇至督练处，追询此事”。焦滇被绑缚押往讯问时“始犹坚不承认”，“刘将原函宣读之，焦滇即变色”，案情于是真相大白。由于此案关系重大，焦滇被押送交由时任东三省总督锡良处亲自查办。焦滇在狱中自知凶多吉少，于是作绝命诗数首。其诗云：

悔觅封侯绝塞边，燕京西望恨绵绵。而今何处堪埋骨，梦到榆关马不前。
吟卷长歌偶曲肱，依稀儿女笑同衾。窗前鬼卒一声叱，剩得残灯半灭明。
辽海胥涛夜夜来，灵魂凄绝断头台。将吾恨骨埋东土，东土虽亡骨不灰。
历尽风波数十年，飘蓬断梗几辛艰。沈阳偶印泥爪迹，祸变无端降自天。
宴罢归来笑语嬉，娇妻稚子一庆围。鹃啼惊破鸳鸯梦，谁识今朝诀别时。
阴风冷雪逼寒衾，巡更窗前叱咤声。项羽歌残垓下曲，囚人永夜卫兵营。

此案案发时，正是辛亥革命爆发前夕，国内外形势格外敏感。所以，“嗣锡良以事关泄漏军情，关系颇大，一面飞咨陆军部请示，一面札交特别审判厅严讯。旋经军法会议，研讯确实情形，录供呈由锡良咨部，请示定罪。旋得部覆，准就地正法”。《贪官污吏传》又载：焦滇被正法之后，“日妇将其所有尽行捆载，携带其子飘然而去。仆人吴玉昆哀求某总办赏给葬费银二十元，缝其首级，葬于山西庙后义冢，率同焦滇五岁子亚江、三岁女英儿痛哭坟前”。焦滇入葬后，时任两江总督张人骏暨江南军界还“曾请将焦滇之身装于玻璃药水瓶内解至上海，陈列博物院，以供众人浏览，且藉以寒卖国奴之胆”。料想，张总督的创意即便实现，也未必吓得破卖国奴之胆；只要一个贿字，贪官污吏们还有什么不敢卖？所以，最重要的还是做好制度防范，别让贪黩者钻了空子。

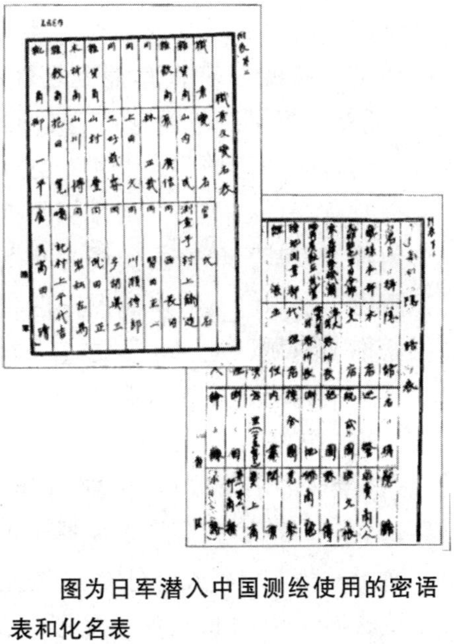

图为日军潜入中国测绘使用的密语表和化名表

奎俊："食赈"而肥庇群贪

——光绪年间跻身"京城四大财主"

清末，国家积贫积弱，各地民不聊生，加之自然灾害频仍，募捐放赈就成了各级官员们的一项重要职责。然而，《贪官污吏传》中却记载了这样一则怪闻："水旱偏灾，何处蔑有？灾告，则督抚以下各官急筹款以赈之，甚则国家发帑开捐以赈之，所以重民命也。食赈者，类皆极贫之民与乞丐等耳。稍好，粜之而已。夫稍好尚不食赈，岂有以总督大员而食赈者乎？有之，则自奎俊始。"

这则怪闻之所以令人称奇，不仅在于奎俊身为总督，本当带头募赈，反倒成了"食赈"者；其荒诞之处更在于，这位总督大人正是依靠"食赈"，竟然积累了一笔巨额财富！回京做官后，奎俊即以其聚敛之多，很快成了当时的"京城四大财主"之一。据说其位于北京南锣鼓巷一带的老宅盛极时有三百多间房，至今仍留有坐北朝南三进院落，横跨今沙井胡同三个门牌，以其豪华富丽而成为北京市重点文物保护单位。

奎俊，字乐峰，清末满洲正白旗人，瓜尔佳氏。奎俊在清末北京民间不仅获称"京城四大财主"之一，他同时还是慈禧晚年所倚任的大学士荣禄的叔父，有着非凡的家族势力。有关奎俊最早的记载，见于《清实录》光绪二年。这一年，身为理藩院司务的奎俊顺利通过京察，得"补行引见"，被令"照旧供职"。光绪五年，奎俊被外放为官，任福建延建邵道（辖今南平一带），三品衔。光绪十四年，任福建兴泉永道（辖今夏门、泉州、莆田一带），不久升任福建按察使，署理福建布政使。光绪十五年，奎俊正式做了山西布政使；又于光绪十七年升任山西巡抚，开始位列封疆，并兼管江南织造等。光绪二十四年，奎俊被授四川总督，先后总制西南军政达五年之久。其后还京，历任刑部尚书、吏部尚书、内务府大臣。宣统三年（公元 1911 年），清廷试行所谓君主立宪制，奎俊还做过"责任内阁"弼德院的顾问大臣，可谓改朝换代而官运不倒。

奎俊寄任封疆之初，也曾大力整饬吏治，积极组织赈捐，获得过朝廷

奎俊像

的认可。《清实录》光绪十八年二月载：“谕内阁：奎俊奏，特参贪庸溺职各员一摺，山西开缺河曲县知县赵廷清行止有亏，性尤贪鄙，著即行革职……太原府司狱王茂甲怙恶不悛，罔知轻重；毕齐克齐（今内蒙古土默特左旗一带）巡检曾德重荒谬糊涂，有乖职守；保德州吏目李修文居心巧诈，胆大妄为；祁县典史袁慈荫纵丁索诈；翼城县典史胡棫擅理民词；试用巡检况宝臣品行卑污；署辽州学正大挑教谕侯敦典勒索多端，士林不齿；前辽州训导李润之唯利是图，不堪司铎。著一并革职，以肃官常。”可见，奎俊对山西各地官员的管理还是相当严格的。当年，正值顺天、直隶一带发生自然灾害，《清实录》又载：“以筹办顺直赈捐出力……赏山西巡抚奎俊一品封典……”这说明，奎俊协助朝廷赈灾工作抓得也还不错。

光绪十八年四月，奎俊调任江苏巡抚。随后两年中，他先后上奏“保荐贤员”，嘉奖擢用清官循吏，又先后参奏，对一批“庸劣不职”、“办案乖谬”、“行为鄙薄”、“唯利是趋”的县级官员予以“革职”，对一些“居心险诈”、“操守难信”、“品欠端方”、“不知检束”的下层官吏予以“降补”及“勒令休致”的处置。光绪二十年春正月，慈禧准备庆祝她的“六旬庆辰”，特降懿旨加恩在廷臣工及各省文武大臣，以“久膺重寄”、“卓著勋劳”，对大学士、直隶总督李鸿章以下多位督抚官员予以嘉奖，奎俊“同膺懋赏”，得“从优议叙”。

奎俊的主要贪败行为，发生在他担任四川总督期间。光绪二十四年至二十八年，奎俊升任四川总督，成为“总制一方军政”的土皇上。从此，这片远离朝廷的“天府之国”，竟成了他为所欲为的独立王国。《贪官污吏传》载：“奎俊之督川也，以成都知府阿麟为鹰犬，多行不义，阴济其贪，驯至吏治不修……”并说奎俊“握督篆时，阳令阿麟为首府，阴实恃为爪牙”。这一时期的其他史料，也佐证了这一说法，《清实录》光绪二十七年

位于北京黑芝麻胡同的奎俊宅

的记载即证实：当年六月，奎俊的确上奏朝廷“荐举文武人员以备任使”，其中就有“在任候补道四川成都府知府阿麟”，获批“著交军机处存记”。事实上，奎俊庇护的爪牙也远不止一个阿麟，仅仅过了不到一年，这些人就受到当地正直之士的揭发。《清实录》光绪二十八年四月夏的一条谕旨载：“谕军机大臣等，有人奏四川成都府知府阿麟捕务废弛，信任家丁，致吏治不修，盗风日炽；前成都县知县邓元譓冶游受辱，旋署涪州，贪懦养贼；现署涪州知州邹放贪酷逢迎；纳溪县知县许时中、永宁县知县杨昱贪污纵盗；江安县知县耿秉枢懦弱养奸。”奎俊被责令“确切查明，据实具奏，毋稍徇隐”。

奎俊对上述官员的贪纵行为并非不知，而是由于他自身行为不端，才不再像他在山西、江苏等地担任巡抚时那样严查深究。《贪官污吏传》载：“先是，光绪戊戌、己亥间（即光绪二十四年至二十五年，公元1898-1899年），山东大灾，天下奉旨筹赈，四川官绅集捐甚巨。其时赈款解司，不收入库，皆交山西巨商蔚长厚代收，除汇往山东外，存赈款六千数百两。”奎俊违规私存巨额赈灾款，无非是要中饱私囊，因为此时，奎俊已在为返京入朝做官作准备，想要在“将启行”时大捞一把。他先是到处诉苦喊穷，“数以己之贫苦状，告新任川督及藩臬两司”，臬司（四川按察使司）曹穗乃“奎俊之私人也”，遂与藩司（四川布政使司）员凤林等商议，提取被他们截留的山东赈款五千两，作为奎俊离任返京时路上需用的“赆仪”；同时“又令成都、华阳两首县函派沿江自彭山至巫山二十州县共出船价五千两，合成万金，以与奎俊”，奎俊则“笑纳焉”。由是，川人“咸知奎俊之贪”，其豢养下级贪官为爪牙为他捞钱敛财的事也就“益昭然若揭矣”。

奎俊果真能依朝廷批复，对川人举报的这些贪官做到“确切查明，据实具奏，毋稍徇隐”吗？答案显然是否定的。《清实录》光绪二十八年九月载：“又谕，前据御史王乃徵、高木滟擎先后奏劾四川藩司员凤林、知府阿麟等及文武各员，当经谕令奎俊确查。兹据查明复奏：调任四川布政使员凤林精力尚健，并无溺职营私情事，应毋庸议……成都府知府阿麟信任家丁，致招物议均已另案革职，应毋庸议……本任华阳县知县邹放查无贪酷确据……著免其置议。”这就是说，上述贪官的问题经奎俊的“确查”，不是没有问题，便是问题不大，不需再做任何处分；朝廷也采纳了奎俊的覆奏，不再接受对此问题的各种置疑。

自古为官“官箴”即有“廉生威”、“廉则吏不敢欺”一说，像奎俊这样自己失去了廉洁，即便下属贪败与己无关，也只能睁只眼闭只眼，何况又是上下勾结。这也就是许多腐败案件往往成为窝案的根本原因。

李莲英：“牝朝”嬖宠专天下

——宦祸再起仅仅因为女人当政

自1861年发动“祺祥政变”，慈禧太后相继以“垂帘听政”和“训政”的名义，实际统治同治、光绪两朝长达四十七年之久；由这个清朝女强人一手遮天的那段黑暗朝政，也就被一些传统士人蔑称为“牝朝”。不管这个称谓有无“性别歧视”，“牝朝孱主”，倒的确是明亡两百多年后中华王朝宦祸再起的一大根源。继当年“小安子”失事，另一位“营私纳贿，无恶不作”的权宦倚“老佛爷”的恩宠权倾朝右，他就是清末百姓尽人皆骂的大太监李莲英。

李莲英又作李连英，早先还有个绰号叫“皮硝李”。清末天嘏著《满清外史》及“民国老吏”著《奴才小史》均称：李莲英，直隶河间府人也。本一无赖子，曾以私贩硝磺系狱，后得脱，改业补皮鞋，是以人呼之为“皮硝李”。据载，“河间本太监出产地”，李莲英“幼失怙恃”，同乡沈兰玉“先为内监”，“见而怜之”。李莲英“遂恳其引进”。许指严《十叶野闻》则说他得益于同乡太监前辈崔玉贵的引荐：“安得海既诛，崔署给事总管……李幼时孤苦……至十六岁，因乡人某言宫禁宦寺之显赫，即以崔为标榜。李闻之，艳羡不已，且自顾身世蹭蹬，终无温饱望，乃决计自宫，以求援于崔。崔见其活泼，勉留于家，以俟机会。适太后语崔，欲觅一年少之内侍，充梳头房役务，崔遂以李应命，太后甚喜之。”

李莲英像

李莲英貌虽平常，但“软媚有姿，能得人怜”。相传慈禧发式“须每日一变形式，名目务极新巧”，太监中以梳头者“最难称旨”，这让李莲英有了出头的机遇。《奴才小史》载：“适孝钦后（即慈禧）闻京市盛行一新式髻，饬梳头房太监仿之，屡易人，不称旨……遂出外周览于妓寮中，刻意揣摩。数日，技成……而莲英遂从此得幸矣。”李莲英不光习得绝技，平日亦能“翻新出奇”，且名目繁多：“或如天上云霞，或如水中波影，或百卉异态，或虫鸟殊名。随手拈来，都成妙谛；信口编出，即是佳名。太后明知其无所依据，变幻取笑，而其心窍之玲珑，大可激赏。复善语言，每太后忧虑之际，彼出一语，辄为解颐，有如黍谷春回，赤地雨降，无不立沛生机。于是不独太后怜爱，即宫中上下人等，非彼不欢矣。”

李莲英的名字也是慈禧赐予的。《十叶野闻》载：“太后春秋方盛，吟花弄月，悄然不怡，对此玲珑活泼之少年，自有无穷遐想。乃辄留之榻旁，与谈家常琐屑，以慰岑寂，美李之名曰‘莲英’，比于古之六郎，殆非无意也。莲英天生媚骨，突过秦宫，凡妇女心性，体贴备至，能娓娓情话，引起人心头之滋味。异哉，尤物移人，不假一毫学力，自然入妙，无怪其擅四十年之荣宠，久而不替也。”其中，所谓“古之六郎”，即指唐朝武则天男嬖、“莲花六郎”张昌宗。关于李莲英与慈禧间关系暧昧的各种传闻甚多，《满清外史》载：“那拉氏既得莲英，喜甚。凡挽一髻，簪一花，必令莲英为之，不则意怏怏不快。”特别是慈安太后死后，李莲英迎来他的“全盛时代”：“迨钮祜禄氏既殂，益无忌惮，秽声日闻于外。而那拉氏付之夷然，甚则听戏必并坐。内廷遗膳，例与内监，然遇莲英所嗜者，必节食以遗之。其四十寿辰，给予珍品蟒缎福寿等字。以梳髻房侍者而为总管，所赐寿礼，几等大员。慈眷之隆，有加无已。由是莲英之权势，莫与匹敌。”

李莲英深通“一人之下，万人之上”的“做人之道”。由于慈禧专权，朝中内自军机、外自督抚都想攀附他的关系，“王公大臣有庆事，为宫廷所赐赉者，必敬延莲英指置。以太后临幸，非有莲英之成法，不能称旨也”。李莲英也在暗中充当慈禧的政治耳目。《十叶野闻》载：“当戊戌政变之初，康有为之密谋，莲英日伺其旁，若有所悟，遂告太后，令荣禄备之。”这之后，“太后益赏莲英之先见，自是凡重要事件，罔不与谋矣。而莲英对于太后，独自居谦退，谓己系贱役，不敢与闻军国大事。太后以为知礼，而不知其在外间招权纳贿，早有‘九千岁’之称也。”

李莲英（右）为慈禧扮善财童子

李莲英权倾朝右，却因“但婪财而不猎高官”，得以“藏身极固，获福最厚”。《十叶野闻》载：李莲英“终身不过四品”，“亦不求至外省骚扰”，此“虽鉴于安得海之事而然”，然李之索贿自有“妙诀”：“彼未尝自向人道一语，须使人自愿辗转请托，一若无可奈何，而始得一应酬，不知其囊中已盈溢矣。”据载，有位道员在地方“得资甚丰”，于是“入都谋干，欲升擢疆圻重任”，有人向他献策说：“非夤缘李莲英不可。”但李莲英“表面极谨慎，凡外省大官来京陛见者，均谢绝，不与通往来。即有造谒者，亦不答拜也”。如此“远嫌”，令这位道员“不敢复尝试”；没想到，经某“京曹”点拨，通过白云观某道士辗转行贿四十万，“竟得放某省巡抚，始终未与李一见也”。这件事传开后，“外省之运动者纷纷来，李择其肥瘠多寡，无不各如所望。然皆绝不接洽，而金已入其橐中，前后共计所得，庚子以前，已数百万”。

公元1900年，庚子国变，慈禧“西幸”，李莲英留在京城的巨额赃财“为某内监所泄”，被入侵的八国联军攫得。为此，“李大怒，谮某监于太后，杀之”。说到八国联军入侵，李莲英负有误导国政之责。早在1895年，清政府因甲午战争失败与日本签订丧权辱国的《马关条约》，言官劾奏中即有“和议出自皇太后，太监李莲英实左右之”的说法。庚子之乱中，慈禧亦是听了李莲英误导而招致国祸。《十叶野闻》载，当初端王载漪及大臣刚毅等“俱借重于李以自固”，提出扶持义和团灭洋之计后，“太后意尚未定，以问莲英”，李莲英极力赞成，“太后亦首肯其议”，才导致其后一系列内政外交政策上的紊乱。“及联军入京，太后始知莲英之计不可恃”，李莲英“努力出其小忠小信，以固太后之宠，太后终不罪之”。此后，李莲英仍倚权婪赃，弥补自己在庚子国变中的损失：“庚子而后，八年之中，复事搜括，所得不下二百余万。及太后崩，彼得以富翁之资格，归老纳福矣。”关于李莲英的晚年及财富，清史笔记《都门识小录摘录》载，“权阉李莲英秽迹腥闻纪于各报者，已彰彰在人耳目”，因“惧罹不测”而“退居闲散”。李莲英死后，“群阉瞰其私蓄累累，筹思篡取，各遣心腹四处调查，闻除大城原籍及各银号金店存款外，其储于宫内者尚有现银三百余万之多”，乃至来日隆裕太后许多置产及挥霍“或谓皆出于李莲英死后之报效也”。

李莲英生前虽广遭唾骂，却极少遇到弹劾。《清实录》中唯一相关记载见于光绪十二年（公元1884年）。当年四月，慈禧“派醇亲王奕譞巡北洋海口”，李莲英被指乘李鸿章派给王爷的坐船炫耀声威。但其结果，醇亲王奕譞站出来否认此事，弹劾者御史朱一新反倒因言获罪。当老鼠转而成为宠物，捕鼠的猫必然挨打；反贪斗争只有从依靠领导批示走向法制，“打狗看主人”的被动才会避免。

张兰德：末代权宦携赃隐

——假太监之说不都是空穴来风

《清稗类钞》载：“孝钦后（即慈禧）最宠用之内监，其先为安得海，后则硬刘、李莲英、小德张三人。”硬刘“以其早死，名遂不甚着”，而“小德张”则因其“得安、李衣钵，而势力之扩张，较之安、李尤过数倍”，被《奴才小史》归为“清廷宫中发生最后之阉宦”，更被《十叶野闻》定性为中国太监史上一枚“殿二千年来宦寺之局”的“收官之子”，讽刺他“即非天之骄子，亦历史上不可不载之人物也”。

张兰德亦名张德、张元福，“俗呼为小德张”。慈禧当年宠用的太监多出自今河北沧州一带，且多被民间指为假太监，在这一点上，小德张也不例外。《清稗类钞》载：“小德张，河间府人。世有谓其非阉人者，谰言也，确为椓人。”民间说小德张是假太监，其实也并非空穴来风；其证据，大约主要缘自小德张曾十分张扬地为自己“选美”。《奴才小史》载：“阉宦而娶妻纳妾，自古罕闻。惟张元福则居然享此艳福。王子元、李乐亭、金云卿皆元福之狐群狗党也。恒往津门，以多金买良家幼女而为。”更为离奇的是，小德张似乎对一些“重口味”的图籍表现出浓厚兴趣，也引起坊间不少猜疑：“元福时出至荷包胡同，购秘戏图，为众目共睹。意者其授诸妻妾乎？抑将备独居寡偶者，临摹之助乎？民之多言，伊可畏焉。”

张兰德像

小德张的“全盛时代”，应起于慈禧太后“归西”之后、隆裕太后称制之时。光绪三十四年（1908年）十月，光绪帝与慈禧太后在两天之内相继晏驾“宾天”，光绪皇后抚年仅三岁的皇侄宣统帝溥仪即位，被尊为隆裕皇太后，与宣统帝生父摄政王载沣一同主掌风雨飘摇的清王朝。次年，太监总管李莲英获准“原品休致”，离开宫廷。小德张开始逐渐接替原先大红大紫的李莲英，成为宫中头号权宦。清末史料集《国闻备乘》载：“隆裕初无他志，唯得时行乐而已。”“及宣统初尊立为皇太后，宠用内监张德，甫释服即召进梨园，筑长春宫，工费颇巨。复兴宫市，聚欧美、苏广杂货”。可见，小德张正是因迎合隆裕太后而获宠。对此，《十叶野闻》载：“隆裕太后权力远不及慈禧，而亦有宠监著闻，卓者小德张之能继靴子李而兴也。”《奴才小史》亦载：“方两宫殂谢后，国服未除，已在宫内排演戏剧。他人所不敢为者，而元福傲然为之。无他，为隆裕后所嬖故也。”

小德张最热衷的，就是在宫内大兴土木。《奴才小史》载：“兴修延熙宫西式铁楼，虽隆裕后有懿旨宣布于外，而实出于元福一人之主谋。”隆裕太后之所以同意小德张开工，除享乐需要外，更多地出于把持宫廷财政的考虑："盖国服期内，大工不兴，则内帑不动。虽欲肆其侵蚀手段，而苦于无隙可乘。"由此，小德张向隆裕太后提出"兴修延熙宫之役"，隆裕太后自然"首肯"。而"迨隆裕后一首肯，则元福之目的达矣。工无竣期，款无定额，宫廷任其拆毁，帑项恣其浪用。久之而孝钦显皇后之积储金，不翼而飞入于私囊内"。

做大预算，虚报款项，是小德张贪污公款的主要方法。《清稗类钞》载："第其设法骗取宫中之钱，实有之。先是，宫有佛殿数座，孝钦后在时已旷废，小德张乃怂恿隆裕后修理，报销至二百余万。时内务府大臣奎俊自请处分，谓报销太不实，隆裕以经手者实为小德张，置不问。且又尝怂恿隆裕游颐和园，预算经费甚巨。即黄轿八乘，已由小德张直接向崇文门税务项下拨银十八万两。"然而，按照慈禧当年遗嘱，宣统年间的朝政大事须由隆裕太后与摄政王载沣协商办理，载沣听到小德张虚报侵吞公款的密报后十分愤怒，立即"召小德张至，切责之"，于是"游园之议乃罢"。为这事，"小德张遂切齿于王"。

按照清廷旧例，"凡亲王或世子入承大统者，其潜邸例须改建佛寺以祝厘焉"，当年雍正帝登基后，其王府改为雍和宫喇嘛庙即为范例。如今轮到载沣王府改建，没想到这事竟也被小德张用来敛财。据载：一开始，"王以别筑新邸，土木丹青，备极崇丽，估计工程，乃须款至二百五十万之多。度支部入奏，王报可"。但第二天，"内廷忽传懿旨，召王即入对"。三小时后，载沣走出后宫，"气促汗流，面色如土"，"大忿回邸"。不久，朝廷通电各省关监督及盐运使"特别解款六百万两，为宫中工程岁修之用"。但这笔大大超出合理预算的钱款纳入小德张的工程管理后，却"三年以内，绝无一木一石之新建筑"。加之后来隆裕太后服阕理丧时须"制轿之费七十余万亦小德张所经手"，"小德张乃暴富"。

小德张在宫中"肆无忌惮，胡随口称奉懿旨"，处处打着隆裕太后旗号，作他为所欲为依凭的"常山宝符"，"故宫中人无敢与抗颜行者"。《奴才小史》载："其气焰能使犹子（即小德张收养的义子）入宫廷而旁人莫敢发；纳贿七千金而慎刑司不敢深究；永德厂工之私窃禁物，擅伐御花园神木多株，而守园吏不敢问。"清末刘体仁《异辞录》则载："小德张继为总管，与京朝官吏时有酬应。母寿，贺客盈门。值骡马市大街修治道路，为途所必经，警吏为之先期竣工。犹子某，供职军谘府，已入宦途，与张绍轩军门联谱，隐有亢宗之意。"张绍轩即曾在民国上演复辟闹剧的“辫帅”张勋，他早年挥金如土，“小德张未得意时，军门知其有宠于皇后，辄先纳交甚笃，且与联宗……隆裕尊为皇太后，小德张为总管，声势煊赫，军门因缘而为显要”。清末风气，“人人观念，颇以为军门之荣”，但亲贵王公们“反介军门以结于张德，为取悦宫闱之捷径”。可见小德张在当时势力之强。

《清稗类钞》载，宣统三年（公元1911年），李莲英病死，留下巨额赃财，“隆裕后即以李所总管之小花园赐小德张居住，一切皆承李之后”。此时，小德张已成为太监中的“首富”。其家业正如《奴才小史》所载：“不见夫安定门，极乐寺胡同内，美轮美奂之楼房百余间乎？屋主为谁？则张元福也。陈其内者，有楠木桌案，楠木雕花落地罩及装饰等物，并有两殿卷之客厅。电灯满院，照耀通宵。又取南海銮仪殿所有之电机锅，移设于其宅之花园内。又于宅内设德律风通至宫中，余如几案所陈之内廷器皿，及园中之太湖石，鱼池华厅。六方凉亭，皆自建福宫移置于此者。其果为隆裕后所赏给耶？抑乘其不知而盗取之耶？”

小德张的晚年，见于《十叶野闻》所记：“民国而后，太后既退居深宫，小德张尚能拥资自乐。惟群监已失婪贿之路，皆欲朔饥欲死，闻小德张独富，遂一见即向之索钱。小德张绝足不敢出宫门一步，并其私宅亦不敢归。然其在前门外大栅栏所开最巨丽之洋货肆，名曰‘德义’者，尚金碧耀煌，购物者肩摩毂击也。隆裕下世，小德张遂出宫居私第，公然又为某金店之主人翁矣。”如此，莫不正是贪官们人人所盼“平安下庄”后的“幸福晚景”？

瑞洵：拥金挟姬岂“泰如”

——晚年“小三翻脸”损了不少赃财

清末，把持大内的太监们在婪取他们退场前的“盘缠”，那些外任疆圻的大员们也没闲着，他们也纷纷利用地远山高的“优势”，在各自的封疆之地恣意贪腐，演绎着封建时代权力的最后疯狂。被清政府派驻西北边疆重地担任参赞的贵族高官瑞洵，即因在当地“短亏屯粮”、“婪赃舞弊”

被革职，随后携巨额赃资回京，寓居德胜门内，“拥多金，挟美姬”，过上了悠然“泰如”的无耻生活。

瑞洵，博尔济吉特氏，满洲正黄旗人，清朝王公贵族后裔。《清史稿·琦善列传》载，瑞洵为琦善之孙，“乌里雅苏台参赞大臣”。早在清朝立国之初，瑞洵的先世格得理尔即因“率属归附”而获世袭一等侯爵，此后世代为高官，至其祖父琦善更是历任封疆，位至宰辅。瑞洵虽系高官之后，却也自幼读书，未舍科举之途。查阅《清实录》记载，光绪九年九月，接替左宗棠督办新疆军务的钦差大臣刘锦棠奏请调派举人前往，以供“差委”，瑞洵即以举人身份赴任，“前往刘锦棠军营听候差遣”。光绪十二年五月，瑞洵考中进士二甲，朝廷敕令“著改为翰林院庶吉士”。光绪十六年四月夏，瑞洵以二甲庶吉士身份被授为编修。

瑞洵自认为走的是科举正途，对那些靠各种关系和背景混入官场的人也曾极其不满。光绪二十年三月，时为国子监司业的瑞洵上奏，揭露“外省附保积弊”，并“请旨严禁，以杜幸进”。朝廷降旨：“近年各省滥保之弊屡经降旨严饬，无如积习相沿。原保大臣瞻徇情面，其附名滥列者仍复不少，如该司业所称未曾在事出力，转相乞情，滥登荐剡，甚有两处同时并保者，种种情弊深堪痛恨。”随即按瑞洵的意见通谕各省督抚将军都统及边疆大臣：“遇有保案务当秉公核实，不准稍涉冒滥……著吏兵两部严行查核：如有一名不符者，即将全案驳回，以重名器。”

对于那些官场司空见惯的八旗子弟胡作非为的现象，瑞洵也曾痛心疾首予以谴责。《清实录》载，光绪二十二年十二月，光绪帝谕内阁：“翰林院侍讲学士瑞洵奏大员子弟失教妄为、请饬严加约束各摺片，宗室及中外满汉大员子弟叨承禄荫，宜如何束身自爱，力图上进，以期无坠家声。若如所奏，近来大员子弟往往不循礼法，不务正业，种种妄为，实足败坏风气。嗣后中外满汉大员于各该子弟等，务须随时教诫，严加约束，毋染浮华积习。傥或踰闲荡检，致蹈愆尤，该大员等亦不能辞咎，定当一体严惩，毋谓诰诫之不豫也。将此通谕知之。”

光绪二十四年（公元1898年），康有为、梁启超等发动以学习西方、改革政治制度、提倡工业文明为主旨的资产阶级改良运动，史称“戊戌变法”或“百日维新”，瑞洵也曾积极投身其中，向光绪帝献计献策。《清实录》载，当年七月，光绪帝谕：“瑞洵奏请创设报馆、实力劝办一摺，报馆之设，原期开风气而扩见闻。该学士所称现商约同志于京城创设报馆、翻译新报、为上海官报之续等语，即著瑞洵创办，以为之倡。此外，官绅士民，并著顺天府府尹、五城御史切实劝办，以期一律举行。”此前，自中日《马关条约》引发“公车上书”后的三年多时间内，先后有康有为、梁启超等人在北京出版《万国公报》（后改名为《中外纪闻》）、在上海创刊《时务报》；严复创建《国闻报》；唐才常等人在湖南创办《湘报》等，掀起了近代国人办报高潮，但这些宣传变法维新的报纸多为民办报。此次光绪帝谕旨批准瑞洵创办官方报业，并按其请求下旨令顺天府府尹、五城御史“切实劝办”、“一律举行”，切实推动了中国新闻业的发展，瑞洵也由此成为中国近代最早的“体制内”报人之一。

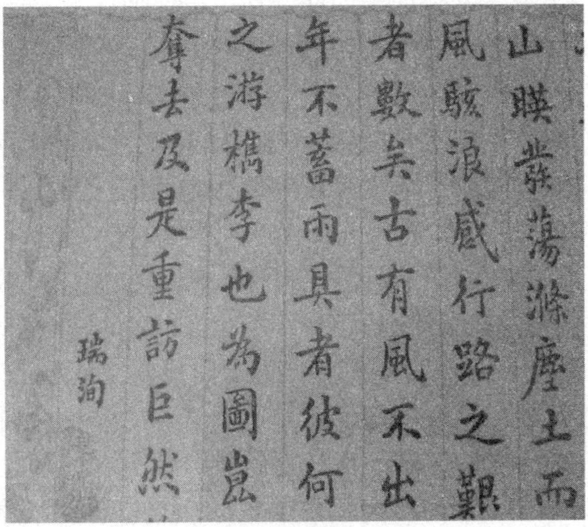

瑞洵墨迹

然而，无论一个官员曾提出怎样正直的主张，发表过怎样开明的政见，都并不能保证他本人一定能为人守正、为官清廉。此后的数年中，变法失败，光绪帝被囚，瑞洵也远离翰林院、国子监一类“清水衙门”，被外派边疆，执掌军政，并逐渐蜕化成为一个蠹害一方的腐败分子。《清实录》载：光绪二十五年九月，由慈禧重新执掌的朝廷下达任命：“命科布多参赞大臣崇勋留京当差；赏翰林院侍读学士瑞洵副都统衔，为科布多参赞大臣。”不久，朝廷再次下令：“命科布多参赞大臣瑞洵兼总理各国事务大臣衔。”科布多是清朝西北边疆与俄罗斯接壤的一个政区，边防、外交形势十分复杂。瑞洵以总理各国事务大臣衔出任那里的参赞，也曾对那里遗留的俄方“借地”等问题提出相关对策，后来却不了了之。正如《清稗类钞》中所言：“边疆大吏，皆以为多一事不如省一事，原奏者非欲认真办事，不过藉此以邀功，查复者则更畏难苟安，不惜饰词以罔上，故迄未查明借地实行收回。”与此同时，瑞洵却不断就饷银、经费等问题向朝廷催办索要，甚而以“裁撤团兵”、辞职不干等相胁。

几年后，瑞洵的腐败问题终于爆发。《清实录》载：光绪三十年，“科布多参赞大臣瑞洵因病解职”。光绪三十一年十月慈禧谕内阁：“据称前科布多参赞大臣瑞洵行李过境，需用驼马至一二百只、毡房至数十架之多，所带巡捕家丁，并有折价索银情事等语……该大臣竟敢肆意扰累，纵令随从人等沿途需索，实属荒谬。瑞洵著即行革职。发往军台效力赎罪。”两个月后又谕内阁：“兹据查明复奏，瑞洵纵容家丁营私通贿，又复捏报添兵，均有实据。”谕军机大臣等：“前科布多参赞大臣瑞洵亏短布伦托海粮石一摺……查明瑞洵亏短屯粮三千一百三十五石六斗四升，及节次提用银三万三千七百四十四两八钱二分一厘，粮一千六百八十九石二斗七升，请饬追赔……著刑部归案办理。”

没想到的是，又过几年，瑞洵的问题却越查越小，甚至不了了之。《清实录》光绪三十四年四月载：“法部奏，审结革员瑞洵赃款限内全缴，并报销各案，尚无亏挪重情，应否仍行发往军台。得旨：仍发往军台效力赎罪。”在这之后，瑞洵的事便没了下文。

另据《贪官污吏传》载，瑞洵“旋以赃败，革职，寓居京师之德胜门内，拥多金，挟美姬，泰如也”。该传进而讲述了瑞洵腐败晚年的一则丑闻：“诸姬中有玉燕者，最幼而最宠，其母王李氏旦夕入瑞宅，名为探女，实则销纳赃物，与门者贿通，已非一日，而瑞洵不知也。无何，王李氏与门者不谐。某日，氏自内出，门者搜之，得股票字画等物，禀于瑞洵，指为私窃。瑞洵命拘至内城警厅幽之。事为玉燕闻，大发雌威，批瑞洵颊，哭詈曰：何物老糊涂，敢指吾母为窃！是区区者，余畀之也。汝既送彼至厅，吾亦从此逝矣！披发曳衣出。瑞洵惧，跪而留之。怒未已，瑞洵又呼告密之门者至，痛殴之，按其项作叩头伏罪状。别传一门者令至厅出王李氏于狱，车载以归，事始寝。语云：货悖而入者，亦悖而出。瑞洵必遇玉燕，则赃物始可销亡，亦此理欤?”

恶有恶报，古今皆然。类似“小三翻脸、贪官现形”那些事儿，“亦此理欤?”

贻谷：以贿逃身出狴犴

——查贪不“从快”难免夜长梦多

光绪末年，出任绥远将军的边疆大臣贻谷利用督办蒙旗垦务之便“攘夺蒙民”，“剥扣兵饷”，“纵通滥杀”，“败坏边局”，“几激成变”，被判以绞监候勒限追赃。但到了三年后的宣统末年，此案“卒以查无实据了之”，贻谷不仅“负赃而出狴犴”，人赃两全；还借时局动乱躲过远戍新疆之苦，留在离京城不远的易州逍遥法外，直至终老。时人兴叹：天无法网，“宗社安得不墟！”

贻谷，字蔼人，乌雅氏，满洲镶黄旗人。论资历及官位，贻谷均在瑞洵之上，故得以被史官列传。据《清史稿》列传载：贻谷为光绪元年举人，分配到兵部任主事，晋升员外郎。光绪十八年，贻谷“成进士，选庶吉士”，又“授编修，累迁内阁学士”。光绪二十六年（公元1900年），八国联军入侵京城，“两宫西幸”，贻谷闻讯后“步行追及宣化，流涕入对”，随后扈从“老佛爷”慈禧到了西安，被授兵部左侍郎。

贻谷像

随两宫逃难期间，贻谷获“屡召”咨询时政，“直言无隐，上皆嘉纳”。次年，贻谷护驾还京，“兵部公署已毁，假柏林寺为廨舍。贻谷昕夕莅事，如在行在时”。贻谷在庙里办公，直到当年冬天，“山西巡抚岑春煊奏晋边察哈尔左右翼及西北乌兰察布、伊克昭两盟荒地甚多，请及时开垦，派大员督办。诏以贻谷为督办蒙旗垦务大臣”。从此，贻谷就开始了他“职视专圻”的边疆大臣生涯。

贻谷镇边的表现远在瑞洵之上，所做的事情也还比较多。《清史稿》载：“贻谷有经济才，坚贞自励。既奉命，锐以筹边殖民为己任。其督垦地界，绵延直、晋、秦、陇、长城、河套，凡数千里。统筹全局，拟陈开垦大纲，规划至详。疏入报可，并加理藩部尚书衔，节制秦、晋、陇沿边各厅州县。旋复授绥远城将军，事权始一。”此后，贻谷“立垦务局，设东路公司，官商合办”，调解直隶、山西民户的“频年互争”，兴修水利，使绝塞大漠蔚成村落，又“创设陆军，置枪炮器械，筑营垒，兴警察，立武备陆军学校及中小蒙学校数十所，创工艺局、妇女工厂，资送绥远学生出洋”等，“众皆称之”。

但贻谷在镇边时所做的坏事，与瑞洵相比也更多、更恶劣。这方面，《清史稿》列传中较少提及，只作如下记载：“三十四年，贻谷劾归化城副都统文哲珲侵吞库款，而文哲珲先以败坏边局、蒙民怨恨劾贻谷。朝命军机大臣鹿传霖等往查，传霖以已革布政使樊增祥等为随员，奏覆，只贻谷革职，逮京，下法部勘问，三年不能决。”事实上，贻谷的案情比这严重得多。关于此案的定性，《清实录》载“已革绥远城将军贻谷前因办理垦务，攘地图利。纵通滥杀，案情重大”。

贻谷在绥远“攘地图利”的详情，见于《清稗类钞》“鹿文端查办贻谷案”一节。据载：“贻为理藩院尚书衔绥远城将军兼垦务大臣，尝责令蒙旗报効地亩，又设公司，以贱值购买，及出售，则往往得善价，家本饶裕，至是益富。”该书“河套垦务”一节则说：“朝廷之防闲蒙人，无所不用其极，既提倡喇嘛以减其生殖，又遮绝交通以封蔽其耳目，故蒙地虽广漠，而定制不准其私自开垦。于是口内贫民时时有溢出者……至道、咸间而极盛。自光绪时，将军贻谷奉命督办蒙旗垦务，而垦务乃大坏。凡民垦之地，一切夺之入官，其放而租之民者，又各加以重租。于是蒙人失地，汉人失租，故汉、蒙皆反抗之，贻卒以败。”综上可见，贻谷在河套一带所行苛政，将清廷原本就有的严酷政策推向极致，目的却只为搜刮财富。

关于贻谷在当地“纵通滥杀”，则以《贪官污吏传》所载略详：“有丹丕尔者，内蒙古之台吉也，贻谷既纵兵焚杀其一家五命，复罗织成狱，以丹丕尔置诸重辟。狼心毒手，世无其伦。”台吉是清政府对蒙古贵族所封爵名，地位相当于一至四品高官。为了攘夺土地、鲸吞财产，贻谷连丹丕尔这样的当地豪族都敢诬杀，更何况是一般的蒙汉民众。《清稗类钞》“王同春垦蒙地”一节，就记载了这样一起冤案：邢台人王同春“少时家赤贫”，随父“觅食塞外”，以垦荒为生。后来，王同春靠“能识水脉”的一手绝活“岁获滋多”，成为当地头领，“晋、秦、燕、豫贫民争趋之，日操畚锸者常数万人，岁获谷类至巨万，馈运口内，不可胜计”，也使那里“茫茫荒野”变成“村落云屯、富庶过于壮县”的丰饶之地。但“将军贻谷奉命督办蒙旗垦务，如蒙人弗善也，乃罗致同春，欲以开导蒙人”，正巧，当地有个叫陈四的人被人谋杀，“贻谷从吏合谋借是以毙同春，分其产。乃勒令同春尽献垦田，且诳之曰：‘如此，则为尔消案，不则私垦蒙地有罪，杀人有罪，两罪并发，祸且及子孙矣。’遂出一纸迫之画诺。同春不知书，手印之，其田尽没，然终以陈四案囚系之狱”。

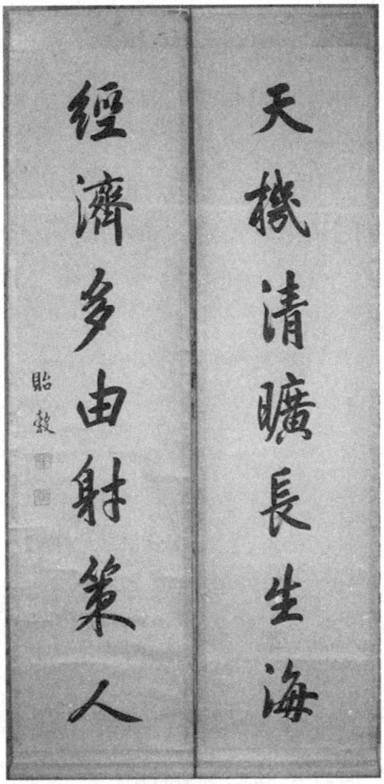

贻谷墨迹

《贪官污吏传》载：“贻谷工心计，善殖财”，于边民大局“悉置不顾”，惟思“苛索巧取”。由于他“以官地垦局，而假立公司之名辗转渔利，饱其私囊”，以致“垦局之名誉堕地”。“且又需索蒙旗，扣留荒价，拣放官缺，批索银两，开设店铺，与民争利，剥扣兵饷，几激成变”。贻谷的事被朝廷发觉以后，“既廉得其实”，遂“派员至绥远，收取公司之私产，店铺之货物，以备抵浮收蒙民及报销不实之数百万金”。原本，“按诸国法，非将贻谷诛戮之，亦当永锢狱中，以为天下后世之贪残者戒”。但“不意羁绁仅三年，而于宣统辛亥春，喧传贻谷有出狱事”。《清史稿》也载：贻谷“宣统三年赴戍，方经鄂，武昌变起，直隶总督陈夔龙奏请进止，诏改易州安置”。易州即今河北易县一带，北部毗连京城；贻谷最终“负赃而出狴犴”，落了个人赃两全，就躲在那里，度过了他的富足余生。

贻谷带赃出狱一事，被《贪官污吏传》指为“明系出于贿赂之力无疑也”，具体情况为：贻谷家一伶工“尽悉其家事，嗣见贻谷被羁久，终不免于一死，遂为之运动权要，以开一线生机”。清末言官胡思敬所著《国闻备乘》总结道：“近数十年来大臣赃款累累，虽屡见言官参折，卒以查无实据了之，未有能破案者。”进而揭发：“凡贻谷任内劣迹，虽原参所未及者悉以上闻，据称贪赃至二百余万，遂下刑部治罪，论者料其必诛。而贻谷出荣禄门，素通声气，京内要人多为之缓颊，其子侄布在朝列，代撰冤词，四出布散。法司遂为所动，欲轻减其罪。”当时，由于力主严查此案的军机大臣鹿传霖尚在，受贿法官“乃藉咨查款目为名，悬案至三年不结”；后来鹿传霖去世，“未及一月而贻谷定罪发边充军”，先是死里逃生，继而又借武昌起义时局动荡之机，最终躲过了处罚。

看来，在“背景特殊”时，对某些涉贪案件“从快”处理，实为必要。

盛宣怀：千夫所指复出难

——曾送李鸿章国企干股表“孝心”

清宣统三年（公元 1911 年），川、粤、湘、鄂等省兴起保路运动，反对清政府将民办川汉、粤汉铁路出卖给西方国家，由此直接导致了辛亥革命的全面爆发。《清史稿》认为：辛亥革命“特以铁路国有为发端耳，宣怀实创斯议，遂为首恶”。诚然，辛亥革命使中国两千多年帝制归于终结，提出相关铁路政策的邮传部尚书盛宣怀也以“涂附政策，酿成祸乱，实为误国首恶”等罪名，被垂死的清政府予以“夺职”处分。但盛宣怀尚有卖国自肥、赃贿狼藉诸恶，实不应仅以“善蓄藏，称富，亦往往罔利”等一笔带过。

盛宣怀作为李鸿章的幕僚，很早就参与了旨在“师夷长技以自强”的洋务运动。《清史稿》载：“盛宣怀，字杏荪，江苏武进人。以诸生纳赀为主事，改官直隶州知州，累至道员。尝赞置轮船招商局，开采湖北煤铁矿，李鸿章颇信任之。”光绪五年（公元 1879 年），盛宣怀临时署理天津海关道时，李鸿章“督畿辅”，是他的顶头上司。李鸿章推行一系列新政，“以铁路、电报事专属宣怀”；盛宣怀早年也曾组织民族工业与外国资本入侵抗争，如光绪八年，“英、法、德、美议立万国电报公司，增造自沪至香港水线，垄利权。宣怀复劝集华商自设缘海各口陆线，以绝觊觎”。此后，盛宣怀在参与洋务运动事务中的一些策略和做法，也得到洋务派大臣曾国藩、左宗棠、张之洞等人的欣赏和支持。

盛宣怀作为晚清洋务派的一位重要官员，曾先后出任天津海关道、太常寺少卿、会办商务大臣、邮传部尚书等职，官加太子少保。他曾参与创办轮船招商局、天津电报局、卢汉铁路、中国通商银行、北洋大学堂等，甚至还曾担任过中国红十字会第一任会长——光绪三十年（公元 1904 年），日俄战争爆发。这场在中国领土上进行的帝国主义战争使东三省百姓尽遭涂炭，一些爱国人士和外国友人在上海成立“万国红十字会上海支会”奔赴东北救助难民和侨民，盛宣怀对此事亦多襄赞。《清史稿》载：“日俄战争，宣怀与吕海寰等谋加入瑞士总会，中国有红十字会自此始。”后来，清廷遂将此事委于盛宣怀负责，“命充红十字会会长”。

盛宣怀像

《清史稿》载，盛宣怀是“以铁路收为国有，致召大变”而“世皆责之”。而事实上，盛宣怀招致世人责骂处远不止此；其假公济私、聚敛无度，在其多年宦海生涯中也是早就闻名的。清末学者沃丘仲子著、刊行于 1919 年的《近代名人小传》即载：“宣怀趋炎附势，寡廉鲜耻。迹其生平，唯知冒利，可谓白日之魑魅，亡国之妖孽矣。”据载，盛宣怀“少即柔媚，善事人”，追随李鸿章后“尝赞置轮船、招商局、官商、电报、开平煤矿，中皆有虚股若干以馈鸿章，故鸿章倚之若左右手”。盛宣怀不仅向李鸿章奉上国企干股以表“孝心”，为了揽权固位，同时还向清廷多位权贵行贿讨好：“时李莲英势犹未盛，宣怀独以京商王某为介，纳贽称弟子，莲英喜过望，屡于后（指慈禧）前称其忠。”天津海关道是个众人皆知的“肥缺”，得知盛宣怀通过李莲英的关系欲袭此缺，慈禧的另一位“红人”、时任总理各国事务大臣的孙毓汶声言：“若是优缺，而军机莫名一钱，吾必有以处。”盛宣怀“闻而惧”，生怕失去这个机会，于是“又以巨金投毓汶门下”，此事“乃解”。

盛宣怀官声不佳，仕途屡有挫折，亦常以行贿开展“危机公关”。《近代名人小传》载，甲午战争失败后，李鸿章因“覆师”获罪被罢去北洋大臣职务，言官也争相对盛宣怀发起弹劾，指责盛宣怀“如严嵩之赵文华”。朝廷下旨，命王文韶、张之洞二人查办此事，盛宣怀赶紧行贿，结果，王接受了盛的贿赂，但张却“不能赇”，不为其贿赂所动。同为洋务派，盛宣怀深知张之洞在汉阳办铁厂、在武昌办纱厂正陷入亏损，于是派人向张之洞表示：“苟宽，宣怀愿出资弥汉冶铁厂、纺纱织布局各亏耗。”这下，“之洞喜，遂覆称其才大心细，堪备缓急，竟以一开缺道员擢四品京堂，令筹芦汉铁路”。由此，便有了盛宣怀督建中国第一条铁路干线的“光荣业绩”。此内幕亦为清末掌故集《国闻备乘》所揭。

盛宣怀以贿得官，以贿保官，也必然会以居官行私来捞回其行贿成本。据“小传”载：“铁政自改商办，事皆宣怀把持，广布私人，年私钜利……其他实业亦无不公私糅杂，窳败弊溷。”官办实业如此经营，必然亏损。于是，所办铁路等“务假日债”，依靠向日本人举债而维持，“公司既不破产，亦当转入日人范围”。故而中国近代官办实业难以兴隆，其根源“皆宣怀之腐败模型所波及也”。为了使这种腐败模式得以继续，盛宣怀又要从官办实业中拿出钱来不断向上层行贿。自庚子（公元 1900 年）以来，盛宣怀“贡拉后（即叶赫那拉氏慈禧太后）、馈荣禄、莲英费逾百万”，还借此得到太子少保这一“宫衔”。

《辛丑条约》（公元 1901 年）签订后，李鸿章在国人唾骂声中惭恨而死，袁世凯继为北洋大臣。盛宣怀失了后台，又“扼于袁世凯，屡进不得柄用”，于是“乃愿供载泽邸中私用，又结岑春煊为外援，复收名流郑孝胥等为幕客，遂代唐绍仪为邮部尚书”。载泽是光绪帝隆裕皇后的姐夫、当时的亲贵重臣，盛宣怀利用载泽与袁世凯之间的矛盾当上邮传部尚书，负责督建铁路，此后仍使用他先前创造的腐败模式，“数订京汉诸路借款”以补亏损，并将其中“回扣逾千万”自揽腰包。同时，“更以利诱载泽等，收铁路为国有，以行其大假款之志”。盛宣怀提出的所谓“铁路国有”计划，实则将已交由国内民办的川汉、粤汉铁路强行夺回，再以贷款修路为名将筑路权转让给西方列强。这与列强通过控制铁路将侵略魔爪伸向中国腹地的计划不谋而合，却激起国内民众保路风潮，最终引发辛亥革命，将清政府送上终结之路。盛宣怀也被即将倒台的清政府以“误国首恶”治罪，下召“夺职”。

武昌起义（公元 1911 年 10 月 10 日）爆发后，已被革职的盛宣怀为躲避愤怒的民众，在外国公使保护下，经天津逃往青岛、大连，旋即又亡命日本，样子十分狼狈。民初姜泣群辑掌故集《朝野新谭》有“盛宣怀之腿”一节：“辛亥，盛杏荪在津日，有人馈以火腿一对。谓是‘宣威云腿’，而其人误书为‘宣怀云腿’。盛见之大怒，对来使曰：‘老夫一双腿，尚留以有用，不劳汝等馈送也。’及盛事败，即日仓猝出都，遁至青岛。人言此即宣怀腿之用处。”令国人没想到的是，民国成立后，盛宣怀竟又跑回国内谋求复出，且继续充当东洋买办，为日本人奔走效力，直到几年后病死。故此，盛宣怀之腿，亦可谓“走狗之腿”。狗改不了吃屎；好在民众早已经识破其嘴脸，民国环境下足够的舆论压力令贪官的复出梦终未得逞。

端方：卖差卖缺伪“端人”

——惯以收藏古董字画洗钱销赃

提起保路风潮，还有一人不得不提，那就是盛宣怀借“铁路国有”出卖筑路权计划获通过后，被清政府临时委任负责实施这一计划的督办粤汉、川汉铁路大臣端方。武昌起义爆发后，受命前往“灭火”的端方没能像前者那样迈开“宣腿”一走了之，遭革命军处死，被《清史稿》美化为“从容就义，示天下以大节”。但更多史料显示：此人本一“狎邪小人”，靠谄事慈禧做上总督，多年间贪赃纳贿无恶不为，也是个民愤极大的腐败分子和反动官僚。

《清史稿·端方列传》载：端方，字午桥，托忒克氏，满洲正白旗人。由荫生中举人，入赀为员外郎，迁郎中。端方早先也曾是维新派官员，光绪二十四年（公元 1898 年），端方“出为直隶霸昌道”，即逢戊戌变法。百日维新中，光绪帝在京师创设农工商局，特将端方征还“管局务”，赏三品卿衔。但后来变法失败，慈禧太后剿灭维新党人，并欲严办一批支持变法的朝官，端方眼看就要受到查办。为逃脱厄运，端方深揣慈禧内心，遂作《劝善歌》一首，通篇阿奉之辞，通过李莲英等进上。结果讨得“老佛爷”欢心，端方不但免遭处罚，还官升一级，“除陕西按察使，晋布政使，护巡抚”。

端方的歌功颂德，使他同慈禧结下了不解之缘。两年后，逢庚子事变，八国联军入侵京城，“两宫西幸”，硬是“追”着他到了陕西。正在陕西代理巡抚的端方赶紧“迎驾，设行在”，忙前跑后，再得“老佛爷”欢心，于是“调河南布政使，擢湖北巡抚”。此后，于光绪二十八年“摄湖广总督”，三十年“调江苏，摄两江总督”，又历任湖南、闽浙等地任督抚。端方在督抚任上“颛志兴学”，曾“资遣出洋学生甚众”。“老佛爷”见他对国外新鲜事物感兴趣，便“诏赴东西各国考政治”。传载，端方考察归国，“成《欧美政治要义》，献上，议改立宪自此始”。光绪三十二年，端方又“移督两江，设学堂，办警察，造兵舰，练陆军，定长江巡缉章程”，据说政绩斐然，“声闻益著”。

端方像

端方虽说“政绩”了得，但官声却并不好听。《近代名人小传》载：端方移督两江，“乃通贿赂，搜罗金石书画，滥支公款，以贿报馆、政客”，这才换来“声闻大著”。其实，早在他出洋考察前做湖北巡抚时，就已经开始贪赃败政。《奴才小史》为端方作传说：“端方之在鄂也，日以纳贿为事。尝语人曰：‘差可卖，缺不可卖，则朝廷不能察其实而加罪于我。’其设谋之狡如此。凡与外人酬酢，时时演出一种献媚之态，见者皆指为剧中之曹孟德。盖其面色本白，而状态又似之也。故端方在鄂久，而名誉不佳。”

端方任两江总督时，一面卖官鬻爵，大收贿赂，一面又打着雅好收藏的幌子，为大笔黑色收入洗钱。《清稗类钞》载：“端方督两江时，有刻薄者曾撰一联诬之。其上联云：‘卖差卖缺卖厘金，端人不若是也。’下联云：‘买书买画买古董，方伎何其多乎。’”关于其卖官，《清稗类钞》以一事列举：“有许某者，以知府得综理财政局差，许感之甚，会端移节北洋，许特馈白金二万以报之，美其名曰贶敬。然许卒以中饱败。”可见花大价钱向端方买官的，也都是些贪官。关于其洗钱，则说：“外间盛传端在江南，曾侵吞赈款银至二百余万两之多，经言官揭参，固查无实据也。”可见其“反侦查”伎俩之高。

端方不但借收藏金石书画等为自己洗钱，还以各种手段收买人心，为自己洗刷名声。关于其兴学一事，《奴才小史》载：“端方知江苏人多文弱，又矜言新学。彼惟于学堂中拨款若干，以为补助资，则趋之者，已如蚁慕膻……实则所拨者，皆取于汉族之财，而托名为国家也。端方一已之悭囊，纤毫未破。”关于其假廉真贪，又载：“及量移至江苏为巡抚，欲市官声。凡属吏入谒时，应馈门包，概令和盘托出，改作公用。骤聆之，似廉洁，岂知其别有一术焉：凡不纳苞苴者，对之有怒容，或于归公之门包外，更袖门包一分以进者，见之则有喜色。于是属吏皆具两分门包。门包之累累者，何自来乎？皆括江苏人之脂膏也。”门包分两份：少的一份送在明处，以备交公假充廉洁；多的一份送在暗处，真正归入领导私囊。这办法如今也似曾相识。无怪一些地方所谓领导干部上交礼金礼品及设立“581”廉政账户之类的做法，总有些不那么让人放心。

端方的这些手法骗得了老百姓，却骗不了曾与他共事的那些官吏。熟谙官场内情的清末进士何刚德所著《春明梦录》，即对端方的贪官嘴脸多有揭露：“端午桥官工部时，与余多同事工程。后由霸昌道不十年游历封疆……乃告余曰：‘隔别多年，君竟留须矣（余四十二岁到建昌，路人谓太守为年轻，特于接印之日留须）。当时君记名，我尚未记名。君记之否？’盖自夸其已为总督也。旋渠改督两江，余简放苏州，竟成属吏矣。然总督驻扎江宁，而苏州则在苏抚范围之内，尚少直接关系。故渠在任，有盛行赂贿之名，而余则一毛不拔，虽未邀其青眼，却未曾稍有龃龉也。”丙午即光绪三十二年（公元1906年），端方于该年刚刚自东西方各国考察归国。看来西方的进步思潮，也并未能改变他灵魂深处腐朽的封建特权意识。

端方奉慈禧“老佛爷”指派，于光绪三十年（1904年）赴美国考察宪政时的照片

端方出洋考察，倒是着实带回不少洋货，并且由此惹上了麻烦，“摊上大事”。事情还要从慈禧老佛爷“宾天”说起。光绪三十四年，皇上、太后两宫相继晏驾归西；次年，宣统改元，端方奉调直隶，正赶上老佛爷“入土为安”。《清史稿》载：“孝钦皇后梓宫奉安，端方舆

从横冲神路，农工商部左丞李国杰劾之，坐违制免。既而御史胡思敬又弹其贪横凡十罪，事下张人骏，覆奏入，以不治崖检被呵斥，因已罢官，贷勿问。”关于其“横冲神路”的前因后果，《春明梦录》更有描述：“值孝钦梓宫奉移，以永安山陵，道涂观者达数万。外国驻京公使，咸与于执绋役。端方于此，忽演一奇特事，盖令人携摄影器，于沿途及陵寝内拍照，且安然乘舆，横冲神路，辟易而过也。”至于胡思敬弹劾端方一事，《清实录》亦有详载。

《清史稿》载：宣统三年，端方复出，受命“以侍郎督办川汉、粤汉铁路”。武昌起义时，端方入川，至资州，“所部鄂军皆变，军官刘怡凤率众入室，语不逊，端方以不屈遇害”。《春明梦录》则指他“惟其热衷太甚，倒行逆施，知进而不知退。自调直督罢斥后，仍求四川一差，以为再起之计，致遭惨杀”。端方身后毁誉不一，亦与当时舆论界乱象有关。曾弹劾端方“贪横十罪”而无果的言官胡思敬事后在《国闻备乘》一书中写道：“民之所畏者官，官之所畏者，一曰言路，一曰报馆。”继而揭露端方“于报馆月必馈干修，或投资与之合股，或出重金鬻归官办”，遂得舆论界网开一面。

如何保持媒体的中立与廉洁，至今仍是反腐斗争中的一项重要课题。

世铎：“非礼不亲”礼亲王

——肯向李莲英屈膝“敌礼”的王爷

庚子国变，八国联军进京，与贻谷、端方等人积极护驾两宫“西幸”被加官晋爵相反，身为军机大臣的礼亲王世铎却因不愿扈从，受到慈禧“老佛爷”的革职处分。国难当头，这位表面上素来“接人谦穆”的礼亲王一再拒绝西行，甚至称病卧床逃避征召，无非出于胆小怕死。但他“入莞军机”多年渎职卖官，受起贿来，却是理直气壮，胆量十足。甚至还因不见礼物不办事之故，被人私下里戏称为“非礼不亲”之王。

爱新觉罗·世铎，清太祖努尔哈赤后裔，礼烈亲王爱新觉罗·代善九世孙。据《清史稿·太祖诸子列传》载，世铎的先祖代善本为努尔哈赤次子，天命元年被封和硕贝勒，并在其兄褚英死后“以序称大贝勒”，又于努尔哈赤死后先后扶立四弟皇太极，以及皇太极第九子顺治帝福临两代清帝继承皇统，受封“和硕兄礼亲王”，成为“世袭罔替”的“清初八王”，也即俗称的“八大铁帽子王”之首。道光三十年，世铎的父亲、第八世礼亲王爱新觉罗·全龄过世，世铎袭礼亲王。同治年间（公元1861-1875年），世铎被授内大臣、右宗正。

世铎之所以能在慈禧垂帘听政时期获得重用，自与他在诸王中的位置有关。光绪十年（公元1884年），领班军机大臣和总理各国事务大臣的“鬼子六”奕䜣以“委靡因循”被慈禧免职，世铎迎来晋升机会。《清史稿》列传载：“恭亲王奕䜣罢政，太后谘醇亲王奕譞诸王孰可任，举世铎对。乃命在军机大臣上行走，并诏紧要事件会同奕譞商办。”那么，世铎何以能跨越诸王独获推举呢？民初版《近代名人小传》对此多有诠释。首先，世铎在诸王中辈行较高。“世铎袭爵，当咸丰中，以辈行高，令掌宗人府”。宗人府是中国古代管理皇室宗族谱牒、爵禄、赏罚、祭祀等项事务的机构，清代宗人府位居内阁、六部之上，世铎在同治年间即已担任右宗正，地位仅次于该府长官宗令，此后又入掌该机构，在皇族成员中自然积累了相当大的势力。

世铎能获得“老佛爷”慈禧的认可，也与他“识时务”、表面“亲和”的性格有关。《近代名人小传》载：世铎“接人谦穆，终身无疾言厉色，对内侍尤恭谨”。何以“对内侍尤恭谨”呢？这显然又要说到慈禧垂帘听政时期宫中最红、说话最管用的大太监李莲英。为了讨好这位李大总管，世铎处处陪着小心恭敬，甚至报以满人规格很高的屈膝礼：“李莲英向之屈膝，亦报之屈膝。”诸王中，如此平等地以“敌体仪”对待“诸阉”的，“前此所未有也”。所以，“甲申，奕䜣罢政，后以左右争誉其贤，遂令预机务”。这里的“后”，自然是太后慈禧；而“左右”，则无疑确指以李莲英为首的慈禧太后身边“诸阉”。可见，世铎能做上军机大臣，与醇亲王奕譞共掌机务，太监们的推举也是至关重要的。

世铎这个礼亲王，当得可算是“名实相符”。为了揽权固宠，他能放下身段，以“敌礼”对待“诸阉”；一旦手中大权在握，清廷的宗室皇族及大小臣工们有事求他，竟也一律都要以“礼”相待。早在世铎担任宗人府宗正时，他就开始尝到了受贿的甜头。按清廷宗法，袭承王爵应以嫡系相传，但同治年间，由于部分宗室的“香火”出了问题，出现了数起违例情形。据“小传”载：“同治初，以承志袭郑亲王爵，载敦袭怡亲王爵，皆以旁宗入继。”其中，载敦是上一代怡亲王、咸丰帝顾命八大臣之一爱新觉罗·载垣的族弟。咸丰十一年，载垣在慈禧夺权的辛酉政变中被夺爵赐死，后清廷恢复被革之怡亲王世爵，其家族中血缘最近的便只剩下载敦这个“共高祖不共曾祖”的远堂弟。对此，世铎一开始还依宗法“持之”，假装坚持原则予以反对；但后来，上述二人为顺利袭爵使出撒手锏——“各致贿万金”，世铎也就将礼金“笑纳”，做个顺水人情，对此“报可”，放其过关了事。事后，“京师人形诸歌咏”，专门编了讽刺歌段加以嘲谑，一时广为传知。

世铎做了军机大臣后，慈禧命他“紧要事件会同奕譞商办”；而奕譞身为光绪帝的生父，自光绪帝登基后便退出一切政务，居家调养身体。所以，世铎便须“日走譞所”，向这位名义上的“太上皇”请示工作。但即便如此，世铎依然贪心未改，不放弃任何以权谋私的机会。清末，宗室人员骤增，仕途越加拥挤，于是，朝廷如何提拔奖掖人才，就成了全社会广受瞩目的一件大事。而世铎身居军机要位，在挑选人才时，不以其是否“仆仆为苦”、努力上进作为标准，而是“益务求贿”，只看其向自己行贿多少来决定升降陟黜。甚至还传出给礼亲王送礼的价码：“贽二百金者，以门弟子畜之”，也就是纳金二百，即可被收纳为礼亲王门生，从此不愁没有前途；“杀至五十金，亦可乞其荐牍达诸疆吏”，也即纳金五十者，亦可得到世铎写给各省封疆大吏的“条子”，将行贿者“推荐”到相关地方担任官职。于是，“时有非礼不动之嘲，言非礼物不受嘱托矣”。世铎这个礼亲王，也就成了“非礼不亲”之王。

世铎受贿不论多少，“取赂细大不蠲”，很快聚敛了足够多的财富，于是就在老家置房买地，“于辽沈间多垦荒购地，以此富甲诸王”。但世铎其人胸无大志，在政治上一向唯唯诺诺，“领军机十七年，而实未尝一日自操魁柄”，始终是个居要位而无实权的傀儡。那些年间，军机处的情形正如《近代名人小传》所载：“譞殁，毓汶主政”，世铎于是“降心从

礼亲王府

之”，甘为其下。甲午战争失败后，孙毓汶因其投降派立场招致朝野反对而被迫下台，“毓汶逐，而奕䜣复入值”。这位卷土重来的“鬼子六”奕䜣毕竟是慈禧的“懿亲元辅”，与世铎相比“势迥出其上”，世铎只得“更拱手听令”。奕䜣去世后，荣禄帮助慈禧借戊戌变法发动政变再次夺权，世铎在军机处“尤弗能与抗”。光绪二十六年，八国联军攻入北京，世铎贪生怕死，“上奉太后西巡，世铎不及从。召赴行在，复以病未至”，终于被慈禧“老佛爷”一怒拿下，免去他军机大臣之职，但仍给他留了个御前大臣的职务。

世铎贪败渎职，并非无人弹劾。《清史稿》载，光绪二十年甲午战争失败，言官张百熙“疏劾李鸿章阳作战备，阴实主和”，“又劾礼亲王世铎筦枢务，招权纳贿，战事起，一倚鸿章，贻误兵机”，但朝廷“皆不报”。且“时值太后万寿，承办典礼者犹竞尚华饰”，张百熙等又“弹枢臣朋比误国十大罪”，也都不了了之。另据言官胡思敬《国闻备乘》载，十年后，日俄战争又起，时逢慈禧七十大寿，已卸去军机处枢臣重任的世铎不恤时艰，仍上疏“固请”为之大操大办；有大臣“奏劾之”，结果，仍是“折留中未发”。这正如章太炎先生联语中所讽：“叹黎民膏血全枯，只为一人歌有庆。痛赤县邦圻益蹙，每逢万寿祝疆无。”既然升降陡黜决于“一人”，便只需全力讨好主子，做个察言观色的奴才，又何必在意百官的弹劾、百姓的唾骂？

奕劻：匿赃洋行避按查

——清廷钦差吃了汇丰银行闭门羹

跟礼亲王世铎比起来，庆亲王奕劻的爵位虽也是“世袭罔替”，却不是袭来的，而是他自己“混”来的，因而在清末满人“铁帽子王”当中，只能算是个后来居上的暴发户。奕劻靠夤缘慈禧而权位渐崇，集内外大权于一身，却庸碌无为，且为人贪鄙，与其子载振一同贪败，还将大笔银子存入英商汇丰银行，创下贪官借外国银行隐匿赃资的恶例。

奕劻是乾隆帝第六子、庆僖亲王永璘之孙。根据《清史稿·诸王列传》记载，永璘的这个亲王头衔是他临死才得到的，而且并非世袭罔替。这就意味着其袭承次数有限，同时每承袭一次，承袭者就要降低爵位一等。到了奕劻父辈一代，其爵位已经降至镇国将军。而到了道光三十年(公元1850年)，轮到奕劻袭爵，又进一步降为辅国将军，只能排在清朝爵位的第十等。更糟的是，由于爵位太低，奕劻袭爵后，其家族已没有资格继续居住在当年永璘受赐的和珅豪宅，只能搬出另住，迁往定阜大街原大学士琦善的空闲宅第中。而和珅那座著名的豪宅也就再次换了主人，让给了有“鬼子六”之称的恭亲王奕䜣居住，也就成了今人所称的恭王府。

奕劻像

奕劻早年靠攀附慈禧及权臣发迹。费行简（笔名沃丘仲子）《近代名人小传》载：奕劻“本罪宗永璇裔”，也即那位曾经因罪被夺爵的乾隆第八子、仪亲王永璇的后代，所以，奕劻袭爵前只是个“四品闲散宗室”，依靠领取微薄的宗人府津贴度日，“贫甚，几不能自存”，后来过继到永璘这一支上才得以袭爵。奕劻“工书翰，习绘事”，颇有几分才艺，又“尝共孝钦外家居”，与慈禧娘家邻居，“辄代照祥为书达后”，帮慈禧的这个娘家弟弟给宫中写信。这就给慈禧留下了好印象，“及垂帘，遂渐向用”。中国社科院近代史研究所编《民国人物传》亦载：“奕劻家住北京方家园，毗邻西太后的母家，常为西太后之弟照祥代书家信，问候其姊起居，因此西太后渐知他颇通文墨。后来又与西太后的另一胞弟桂祥结识，并结为儿女亲家，成为他日后得到西太后‘帘眷’的缘由。”奕劻袭爵后搬出和珅豪宅，给恭亲王奕䜣腾房，也让他跟这位炙手可热的“鬼子六”搭上了关系，由此“得到奕䜣的提携和援引，开始崭露头角，爵位和官职也逐渐显赫。同治十一年（1872年）加封郡王衔，授御前大臣。光绪十年（1884年）奕䜣罢官后，所遗总理各国事务衙门一职由奕劻接替，不久封为庆郡王”。

奕劻对慈禧“老佛爷”的效忠，使他一度取代奕䜣，成为朝中宗室亲贵圈里的实力派人物，作威作福，无人能撼。《清史稿》载：光绪二十年，

“太后六十万寿”，懿旨将奕劻晋为亲王。二十六年七月，八国联军入京，“上奉太后幸太原，命奕劻留京会大学士李鸿章与各国议和”。次年七月，他与李鸿章代表清政府，与英、美、日、俄等十一国签下了丧权辱国的《辛丑条约》。签约后，“两宫回銮”，改总理各国事务衙门为外务部，命奕劻仍“总理部事”，并于当年十二月为其子载振加封贝子衔。

奕劻与其子载振共同贪败，这一点很像明朝的严嵩父子。光绪二十九年三月，慈禧下旨“授奕劻军机大臣，仍总理外务部如故。寻命总理财政处、练兵处，解御前大臣以授载振”，父子俩开始同登清末政治舞台。同年十月，载振“宴集召歌妓侑酒”，受到御史弹劾。其结果，仅得上谕：“当深加警惕，有则改之，无则加勉。”次年三月，御史蒋式瑆再奏：“户部设立银行，招商入股。臣风闻上年十一月庆亲王奕劻将私产一百二十万送往东交民巷英商汇丰银行收存。”奕劻向国外银行存款不唯露富，也暴露了其财产来源不当，以及惧怕事发被朝廷查抄的阴暗心态。蒋式瑆进而指出，奕劻“自简任军机大臣以来，细大不捐，门庭如市”，大肆收受贿赂。鉴于“其父子起居、饮食、车马、衣服异常挥霍，尚能储蓄钜款”，提请朝廷“将此款提交官立银行入股”。御史蒋式瑆的这次弹劾，在史上较早提出了官员利用跨国金融机构洗钱的危害性，具有相当的敏锐性和前瞻性。慈禧阅章后，也比较重视，“命左都御史清锐、户部尚书鹿传霖按其事”。但由于奕劻父子势力正强，加之其犯罪手段隐蔽，最终也因“不得实”而不了了之；弹劾者蒋式瑆反因上奏不实被究责，受到了“著回原衙门行走”的“薄惩”。

奕劻袭了爵，却不得不让出当年祖辈受赐的和珅豪宅，眼睁睁见它成了恭亲王“鬼子六”的王府

奕劻存入汇丰银行的这笔巨款，主要来源于窃国大盗袁世凯的贿赂，奕劻也由此为袁世凯所收买。据《民国人物传》载：时任直隶总督、北洋大臣及练兵处会办的袁世凯听说奕劻即将升任首席军机大臣，即派人送去十万两银票一张，“此后月有月规，节有节规，年有年规。

庆王府遇有喜庆婚丧诸事都有袁世凯预先布置，一手操办，不用奕劻操心”。至于被举报的那一百二十万银两，“此事离奕劻领军机处仅十一个月，贪污还不可能已得如此巨款，显然其中大部分是出于袁所报效”。拿人钱财，就得为人办事：“自从奕劻主中枢后，由袁授意汲引，经奕劻荐举，而得到慈禧太后擢升的有：军机大臣徐世昌，丞参梁士诒、杨士琦、梁如浩，尚书梁敦彦，侍郎唐绍仪、严修、赵秉钧，巡抚杨士骧、朱家宝、冯如癸、吴重喜等人。还有已发表为黑龙江巡抚，不久被参降调的段芝贵。”

奕劻父子分别收受段芝贵金钱及色情贿赂的事，亦见于《清史稿》记载：“三十三年，命奕劻兼管陆军部事。东三省改设督抚，以直隶候补道段芝贵署黑龙江巡抚。御史赵启霖奏：段芝贵善于迎合，上年贝子载振往东三省，道经天津，芝贵以万二千金鬻歌妓以献，又以十万金为奕劻寿，夤缘得官。”但赵的弹章奏上之后，“上为罢芝贵，而命醇亲王载沣、大学士孙家鼐按其事”，其结果，竟又是“不得实”，并且转而追究弹劾者责任，“夺启霖官”。至于载振，竟还于次年十一月受命“以亲王世袭”，成了其父的接班人。《清史稿》载：“宣统三年四月，罢军机处，授奕劻内阁总理大臣，大学士那桐、徐世昌协理大臣。”不久，武昌起义爆发，“奕劻请于朝，起袁世凯湖广总督视师。袁世凯入京师，代奕劻为内阁总理大臣，授奕劻弼德院总裁”。次年，清帝“诏逊位”，奕劻携赃资避居天津。“后七年薨，谥曰密”。

关于奕劻“存放汇丰银行私款”一事，《清实录》载，光绪三十年三月，清廷派人“前往该银行”，覆奏却称：“该银行往来账目不以示人。”随后，“询以与庆亲王有无往来”，亦“据称未经见过”。时过百年，外国银行为贪官保守秘密的这种“规矩”总体上依旧未改，遂有“97刑法”规定隐瞒境外存款罪这一反制措施。遗憾的是，如今贪官携赃外逃屡见报端，而干部队伍中以此种行为获罪的却寥寥无几。是贪官们“太狡猾”，还是我们的查办手段尚有不及？

第六章 “立宪共和”难绝腐 “皇权民权”皆可蠹

那些『浑水摸鱼』的贪官们

辛亥革命推翻了清王朝，结束了中国延续两千多年的封建帝制，但随后的袁世凯窃国及南北对峙、军阀割据，不仅让中华民族饱受磨难，政客军阀们的贪蠹也让国人看清，贪腐并非皇权社会所特有，当皇权代之以『民权』，仍不能彻底杜绝公权力的私用滥用。

袁世凯：恃权冒利欺天下

——“洪宪皇帝”喻示“弘扬宪法”

辛亥革命推翻了清王朝，结束了中国延续两千多年的封建帝制，但此后袁世凯窃权及其假共和、真复辟的倒行逆施，却将这场革命引向失败。费行简《当代名人小传》评价，袁世凯“挟其恃权冒利心以衡天下”，最终招致众叛亲离、恚愤而死的结局，恰与东汉末年篡国失败的袁术“末路迨同”。而亿万国民在认清这个窃国大盗嘴脸的同时，也开始清醒地看到，即便是现代政体，亦难以从根本上解决权力的腐败问题。

袁世凯，字慰庭（又作慰廷、慰亭），号容庵，河南项城人，生于清咸丰九年（公元1859年）。综合《当代名人小传》及中国社科院编《民国人物传》所载：袁世凯家族以办团练镇压捻军发迹，其叔祖父、叔父分别做过清廷漕运总督、江南盐巡道。袁世凯自幼过继成为其叔父嗣子，一直过着纨绔子弟的生活。他先后在济南、南京、北京等地就读，两次乡试落榜，即决定放弃科举之途，依靠世交关系，投靠淮军统领吴长庆，在其军中效力。

袁世凯早年在官场寅缘权贵，颇善脚踩多船。光绪八年（1882年），朝鲜发生“壬午政变”，袁世凯随吴军开赴朝鲜征伐“叛党”，以功“擢同知，留戍朝”；归国谒见淮军总帅、直隶总督兼北洋大臣李鸿章，李鸿章“异其才”，保荐他做“驻朝商务委员”，并“屡保至道员”。光绪二十年，甲午战争爆发前，袁世凯一再怂恿清廷派兵入朝，使李鸿章受其误导作出错误判断。甲午战争的惨败使李鸿章的北洋水师全军覆没，其本人也被解除了位居二十五年之久的直隶总督兼北洋大臣职务，一度“投置闲散”。而对此负有重要责任的袁世凯却于开战前见势不妙及时请调回国，躲过了相关问责。战后，袁世凯见清廷有意改练新军弥补湘淮旧军不足，于是入宫觐见，以“敷陈练兵制械事慷慨详明”博得光绪帝“动容”，又得慈禧亲信荣禄及军机大臣李鸿藻等人保举，受任赴天津小站训练新军，并借机网罗了徐世昌、段祺瑞、曹锟、段芝贵、张勋、王占元等一批爪牙，奠定了日后北洋军阀势力的基础。

袁世凯懂得紧跟潮流，也善于见风使舵。甲午战争后，国内变法维新的呼声高涨。《马关条约》签订前，正在北京参加会试的各省一千三百多名举人集会主张“拒和、迁都、变法”，通过了康有为起草的一份万言书，史称“公车上书”。袁世凯见有机可投，便于数月后将其万言书代递督办军机处，并参加了维新团体“强学会”，向改良派递送秋波。光绪二十四年戊戌变法期间，袁世凯为升官，先是派徐世昌到北京活动，得到光绪帝召见，特赏候补侍郎，专办练兵事务。后来，以慈禧、荣禄为首的顽固派发动政变，谭嗣同接光绪帝求救密诏，当晚到法华寺急访袁世凯，要求他“杀荣禄，除旧党”，他当面慷慨应诺，转眼却返回天津“告密于荣禄”。政变成功，慈禧重掌国柄，“由是倾心任之”，袁世凯再度升官，从候补侍郎“擢工部侍郎，移山东巡抚”，仍负责练兵，并率其武卫右军镇压了山东境内的义和团运动。光绪二十六年，八国联军攻入京城，袁世凯一面假装“北上勤王”，暗中与各国达成妥协，保存自己的军事实力；一面又向逃亡中的“老佛爷”慈禧进贡粮饷物资，博其好感。庚子国难后，清廷拱卫京畿主要力量武卫军中前后左中四支几乎全部崩溃，只有袁世凯的武卫右军完整保存下来，成为北方最大武装。

袁世凯像

《当代名人小传》载：作为“恃权冒利”之人，袁世凯以为“信义廉耻者皆迂儒肤阔语”，不足信法。只要“有权以制人，有利以饵人”，则“国之人任其操纵矣”。这深刻道出了其丑恶的人生理念和价值观。《辛丑条约》签订后，李鸿章在国人唾骂中惭恨而死，袁世凯署理直隶总督兼北洋大臣，政治军事势力迅速膨胀。为了巩固自己的地位，他贪污巨额军费，“岁截旷银（空额兵饷）三百万”，其中，“以什三（十分之三）贡拉后（慈禧）、贿李莲英、奕劻诸人，以什三为军官津贴，余则纳之私囊”。袁世凯死后当年，由文艺编译社紧跟出版的《袁世凯轶事》一书，也以“当事人记当时事”口吻，披露了他曾勾结属吏长期匿报贪污长芦盐政税款，以及与部下梁士诒合伙侵吞铁路贷款的丑闻。袁世凯不但贪污、行贿，其手下人如杨士骧、徐世昌之流对他也多有“孝敬”。袁推荐杨士骧接任直隶总督，“士骧因月提粮饷局金三万，供世凯京邸用”，而徐世昌“于奉天所馈”亦“视此为差”。光绪三十四年，光绪帝和慈禧接连驾崩后，袁世凯一度躲回河南老家，“积资凡二千万，家彰德（今河南安阳一带）起园林若城堡”，可见其敛财之巨。

按照袁世凯对“权”与“利”关系的理解，取得更大权力，才是他获取更大私利的根本。宣统三年（公元 1911 年），武昌起义爆发，清廷为调动北洋军前往镇压，只得请袁世凯再度出山。袁通过徐世昌与清廷讨价还价，最终获任钦差大臣、指挥水陆各军，并得到内阁总理头衔，再集军政大权于一身。随即，袁世凯又派唐绍仪与革命党人谈判，于民国元年（公元 1912 年）二月在逼使清帝退位后，如约接替孙中山，当选为中华民国第二任临时大总统。袁世凯上台后，为实现专制独裁统治，于民国二年三月派人暗杀了国民党代理理事长宋教仁，并于七月派北洋军镇压了孙中山发动的“二次革命”。为复辟帝制，当年十月在胁迫国会选举他为正式总统后，先后解散了国民党和国会。民国三年，他宣布废除《临时约法》，取消国务院，设立政事堂，以徐世昌为国务卿，以其子袁克定编练“模范军”，掌握军权，自己则通过修改总统选举法获得终身连任及指定继承人的权力。民国四年，袁施展外交手腕，换取国外帝国主义对其称帝的支持，又组织朱启钤、张镇芳、梁士诒等一批官僚及段芝贵、倪嗣冲等一帮地方军阀上下勾结、伪造民意，“推戴”其为“中华帝国大皇帝”。其后接受朝贺，封爵加官，筹备大典，改总统府为“新华宫”，改民国五年为“洪宪元年”，上演“登基”闹剧。但历史不可逆，民心不可违，继孙中山发表讨袁檄文，蔡锷在云南组建护国军起义讨袁，讨袁力量日益扩大，只做了八十三天皇帝的袁世凯只好宣布取消帝制，恢复中华民国年号，请求护国军停战议和。无奈，讨袁声浪继续高涨，其北洋军阀爪牙及旧日宠臣也都众叛亲离，纷纷割据独立，袁世凯眼看再任总统无望，羞愤成疾，于当年六月六日一命鸣呼。

说到袁世凯称帝，有人认为其改元“洪宪”即表明他有弘扬宪法的诚意，并举其《新皇室规范》中“自亲王以下至于宗室，犯法治罪与庶民一律”、“凡皇室亲属不得经营商业，与庶民争利”等诸条为证。其实，这样的规范，今人做起来尚且不易，帝制背景下，袁克定那样的皇室宗亲又焉能做到？不把权力切实关进制度的笼子，无论“民主共和”还是“君主立宪”，仅靠改换政体并不能消除腐败；至于袁氏的忽悠，又岂能当真。

袁世凯为自己定制的“龙袍”

徐世昌：徇私害公添禄位

——“深沉过于世凯”，擅长“三公消费”

民国之初，以晚清中枢重臣做上总统的，除袁世凯外，还有一个徐世昌。民国时期报人陶菊隐著《政海轶闻》，评价此人“仕清室添握机枢，佐民国俨居元首”，连袁世凯长子袁克定都恶其权术阴谋，“呼为活曹操”。多方史料更指其一生沽名贪利，假公济私，“耄老犹嗜货不止”，也是个为人不齿的庸吏加赃官。

徐世昌，字卜五，号菊人、弢斋，原籍天津。《民国人物传》载，徐世昌祖父在河南做过六品通判，至其父则为“候选县主簿”，实已“家景败落”。徐世昌幼年丧父，成年后在河南“历就沁阳、太康、淮宁诸县署文书，或为家馆教师”。清光绪五年（公元 1879 年），徐世昌在淮宁与回老家参加乡试的袁世凯结为兄弟。有关二人交好，正如《政海轶闻》所载：“袁意气磅礴，徐则唯否因人，刚柔相济，恨相见之晚。”结果，袁因考试失败，烧掉诗文赌气从军；徐则接受袁的资助，北上应试成为举人，并于光绪十二年中进士，选为翰林院庶吉士，授编修等。

被总统职位弄得疲惫不堪的徐世昌

与袁世凯一样，徐世昌也是靠政治投机起家。徐虽科场顺利，但因才学平平，在朝中原本前途渺茫。费行简《当代名人小传》载：徐世昌“素俭于学，所习唯小楷试律”，只是工于书法、长于应试而已。当时，“京师主文事者为翁同和、潘祖荫”，这两位“帝师”级的当朝宰辅“皆尚淹博”，根本瞧不上像他这种“考场英雄”。于是，徐世昌在朝廷内不受重视，“久之不获一差”。据载：“当时编检有八红八黑之目，世昌则八黑之一也。”甲午战败后，袁世凯在天津小站创练“新建陆军”，即奏请徐以翰林兼管营务处，往来于京津间。徐世昌由此成为袁的重要谋士，亦与军中多位日后的北洋军阀头目交结深厚。戊戌变法前夕，徐世昌“共世凯入保国会，附康有为议新法”；变法失败，也与袁一道背叛维新派。庚子国难，徐世昌随慈禧逃到西安，次年经袁世凯保荐得慈禧召见，升为国子监司业。据说，觐见时，徐世昌的仪表和口才唬住了慈禧：“拉后见仪表端凝，奏事明晰，大喜，退告左右曰：若世昌者，足继李鸿章矣。”

托慈禧的“乌鸦嘴”，李鸿章不久果然一命呜呼，但继承其位的却不是徐世昌，而是已成国内军阀老大的袁世凯。袁并没忘记徐世昌这个同乡兄弟，经再次保奏慈禧，将徐提升为兵部侍郎兼会办练兵事宜，同时授军机大臣、督办政务大臣，二人得以同值朝廷枢要。后来，徐得袁保举，又重贿庆亲王奕劻，被委任“钦差东三省总督兼管三省将军事务”，权势超越各省督抚。在东北，他以推行“新政”为名，获慈禧“拨镑余二千万”；又加征捐税，“或新创名目，或增高旧率，涓滴不漏，聚敛称能”。由于他延揽了大量“冗阘无才”的权贵子弟及戚旧乡党，一时当地“倡寮戏园游客若鲫”。但仅过两年便“资已罄”，其“新政”成果，“仅造成宏丽之公署一，他唯电灯马路之类”。

徐世昌干正事办法不多，玩弄权术却是一把“好手”，且“深沉过于世凯”。据《民国人物传》载：慈禧宾西，载沣摄政，袁世凯被罢官，徐世昌因与袁关系密切，处境也曾岌岌可危。但他施展官僚手腕，用奉天公款和枪械向亲贵行贿，取得载沣信任，竟于不久后复为军机大臣，并授体仁阁大学士。奕劻的“皇族内阁”成立后，徐又任协理大臣。辛亥革命爆发，徐世昌力主起用袁世凯，并暗助袁世凯逼清帝退位。民国元年（公元1912年），袁世凯窃据总统，徐托言“国变忧愤”退出政界，避至青岛，观望形势。直至孙中山“二次革命”失败，袁稳住局面，他才接受袁的邀请出任国务卿。民国四年，袁推行帝制，徐世昌与袁密议，假作“局外人”姿态退居河南辉县水竹村，以期“事机不顺”时“为谋转圜”。袁称帝后，封徐世昌为“嵩山四友”之一，特许不称臣，不跪拜。袁死后，徐世昌虽有觊觎元首之意，但因实力不足，故作淡泊，重回水竹村，自号“水竹村人”、“退耕老人”，以待时机。

徐世昌自谓北洋元老，惯以“调停者”姿态介入派系斗争，坐收渔翁之利。民国五年起，总统黎元洪与总理段祺瑞之间的“府院之争”因“一战”参战问题而白热化，双方一度都提出推举徐世昌上台。张勋复辟期间，徐也一度图谋拥护宣统帝复辟，以借机重掌国家大权，后因日本人反对而放弃。民国六年，直系头领冯国璋任总统，北洋军阀直皖两系矛盾激化，徐又以和事佬自居。民国七年，冯任满下台，皖系首领段祺瑞指使其控制下的安福国会“选举”徐为总统，徐世昌虽如愿以偿，却始终被南方军阀把持的广东护法军政府视为非法。民国八年，北洋政府在巴黎和会上遭遇外交失败，激起五四运动的爆发，徐起先认为谈判代表对《凡尔赛和约》“应行签字”，并下令逮捕示威学生，公开褒扬卖国贼曹汝霖、章宗祥、陆宗舆“体国公诚”，激起国人义愤；后迫于舆论压力，又免去上述几人职务，实现“丢卒保帅”。徐世昌自以为八面玲珑，努力在直皖、直奉各派军阀斗争中保持平衡，却最终受到抛弃。民国十一年，曹锟、吴佩孚以恢复旧国会和由黎元洪复任总统为名，逼徐世昌下台，并由旧国会通电揭发了徐的“种种罪恶”，宣布他为“伪总统”。这个曾被袁世凯长子袁克定称为“活曹操”，更被当时政界视为“八面琉璃球”的官场老滑头终于智绌计穷，称“衰病”辞职，溜回天津英租界私宅以书画自遣，直至七年后病死。

徐世昌就任总统时，与他的文臣武将们合影

徐世昌一生为官贪鄙，《民国人物传》指其“用做官搜括的金钱，在辉县、青岛、天津各地购置大片地产”。《政海铁闻》载：“徐为人善居积，无子，宦囊逾千万。每夕命庖人持账簿，亲较锱铢，闻者深鄙之。”马叙伦《石屋余沈》则说他“耄年犹嗜货不止，拥财数百万”，因而“不齿于翰林”，并披露其当年在东北“以赠贻王公貂狐马匹及酬酢游宴之资，支用应请奏销之数达百万”；继任者锡良向朝廷举报无果，“遂将此案通知各省，以窘世昌而泄愤”。费行简专著《徐世昌》中说“锡良公私皆俭，唐绍仪公私皆奢，世昌则俭于私而奢于公”。费氏与徐“庚戌（公元1910年）夏见于京师”，曾见徐“衣一旧罗衫，长仅过膝，状颇可笑”；知情者说他“日食及仆媪工资”皆由公费支付，为节省个人车资，还放纵马夫开设赌局以补应付工钱，“巡警亦不敢干涉”。与此相比，徐花起公款却毫不吝惜，在东三省“假公帑为私贶”，以公款买人情“尤慷慨挥霍”，“外自奕劻以下，内自李莲英以下，皆有月馈。载振偶乏用，立以五万金遗之”，用的都是粮饷局的公款。这种损公肥私者正像代代繁衍的蠹虫，当年从腐朽的封建社会残躯爬向民国新生的机体，百年后仍在以“三公”等形式，损害着国家和公众的利益。如欲彻底治理，须祭出更有效的“猛药”。

唐绍仪：政无足纪以奢闻

——遭军统特务斧劈至今是谜案

民国史上，唐绍仪是继徐世昌后，“阴助”袁世凯“获元首之选”的另一位斡旋高手。作为袁内阁的全权代表，唐绍仪以逼清帝逊位为条件，换取孙中山向袁世凯让出临时大总统职位，自己也如愿当上了首任民国总理。这位“谈出来的总理”政绩平庸，“多用私人”；且腐化奢靡，“用公私财咸如泥沙”，其作风在当时即饱受非议。

唐绍仪，字少川，广东中山人。《民国人物传》载，唐绍仪自幼随经商的父亲到上海学习外语和洋务知识，并经清政府选派赴美留学，回国后在天津税务衙门任职。袁世凯任“驻扎朝鲜总理交涉通商事宜”时，唐绍仪被派往朝鲜办理税务，深得袁氏赏识，调任其为西文翻译。甲午战争前夕，袁调回国内，委唐代理其驻朝鲜的职务。甲午战败后，唐绍仪回国随袁世凯至小站练兵，与徐世昌一起经管营务处。其后，袁任山东巡抚，唐以道员身份随往山东，办理外交和商务。李鸿章署理两广总督时，曾招唐入幕府。冯自由《革命逸史》载，“己亥庚子（公元1900年）间”，唐在广东充任李鸿章幕僚。一日朝廷来电，“令将康有为、梁启超二人祖墓铲毁”。李阅毕，问诸僚应如何办理，当时，“众俱唯唯莫敢置答，独少川起言曰：罪人不孥，古有明训。若株连及于党人祖坟，似太残忍，尤碍各国观瞻。还请傅相三思”。两处墓穴由此免遭劫难。据说，有关此事，康梁师徒“至民元后始知其详”，

唐绍仪蜡像

并“尝先后向少川竭诚叩谢”。

唐绍仪为康梁仗义执言，使他当初在维新派中博得了较好的名声；但与此同时，他的豪奢和喜欢讲排场，也使闻者对他多有微词。费行简《当代名人小传》载：李鸿章死后，袁世凯接任其直隶总督、北洋大臣职务，唐绍仪则“从世凯于北洋，荐升道员，授津海关道”。天津海关道是晚清出了名的肥缺，任该职者可以在任内搜刮各种“羡余”，捞取丰厚的“油水”。但唐绍仪“豪纵自喜”之余，却仍嫌“油水”不够多，“以津关羡余之丰，尚不足供挥霍”。对此，“其父闻而疑焉，北上察之”，没想到，唐绍仪竟“迓以兵轮”，动用了军舰为其父接驾。抵达天津码头，更有“鼓吹趋从，迎迓煊赫”。其父虽为富商，终是民间人士，未曾经过如此场面，于是“见而大乐，疑遂释”。

唐绍仪为官架势很大，却“政无足纪”，历任要职，政绩乏善可陈。20 世纪初，英国加紧侵略我国西藏，唐绍仪奉命以“清政府议藏约全权大臣”的身份与英国交涉，先后用了两年之久，与英国签署了《续订藏印条约》，英国虽确认中国对西藏地方的领土主权，但取得了从印度架设电线通往西藏已开有关商埠的特权。其间，唐绍仪历任外务部右侍郎，沪宁、京汉铁路督办，邮传部左侍郎等职，后又出任奉天巡抚。在奉天，他企图依赖美国修建东北“新（民）法（库）铁路”，设立“东三省银行”，但由于日本干涉，未成事实。另据《当代名人小传》载，唐绍仪在奉天的排场摆得也很大，曾主张“建西式公署”，仅置备各类器物就需“费至数十万”，只是由于“日势渐逼”，形势吃紧，这一计划才不得不打消。唐绍仪任内多与洋商打交道，故“在京师日，每出游归，后车累累皆东西洋货”，一些洋商行“闻唐至，承迎恐后”。唐绍仪在奉天还被传贪污挪用公物，“取商品陈列所（官办机构）品物为女子妆奁”。至此，“操行殆不可问”。

唐绍仪一生最大的政治资本，就是他在辛亥革命之际，利用其在广东的人脉关系，参与了南北议和，并以逼清帝逊位为条件，将袁世凯推上了临时大总统之位。武昌起义后，经徐世昌斡旋，清廷起用袁世凯为内阁总理，时任邮传部尚书的唐绍仪则受命以袁内阁全权代表的身份，于当年年底开始与南方革命领袖在上海谈判议和。据陈灨一著《睇向斋逞臆谈》载，袁世凯之所以派唐绍仪为自己的全权代表，是因为南方革命党人的全权代表是武廷芳，“伍、唐同乡里，且同官京朝，宿有交谊”。另据实报社编、民国二十四年版《现代中国名人外史》载，南北谈判双方“几经磋议，乃订清帝逊位，成立共和民国之条件；而由袁继任临时总统”。袁上台后，即安排唐绍仪担任第一次内阁总理，以“酬其议和之劳绩”。但随后，唐因用人等问题与袁发生冲突，又被同盟会及辛亥革命元老章太炎疾为“买办人才，不足当国”，遂于两个月后弃职离京。此后寓居上海及家乡广东多年，集资办起“金星保险公司”，并不断被民国走马灯似的各色政坛人物所利用。抗战爆发后，唐绍仪留住上海法租界，与汉奸温宗尧私交甚密。日军侵占上海、南京后，加紧拉拢唐绍仪等充当汉奸傀儡，唐还在犹豫观望中，于民国二十七年（公元 1938 年）九月三十日在家中被国民党军统特务杀死。

唐绍仪上海故居，这里是他 1938 年遇刺前的住所

唐绍仪号称“仕清无余资”，至于其从总理位子上离任后，何以能够很快集资办起保险公司并“执公司牛耳”，其“生财之道”若何，至今众说纷纭。但其作风奢靡腐化，则是公认的事实。《当代名人小传》载：唐绍仪“性奢靡，用公私财咸如泥沙，每饭左右列案，馔分华洋，中坐而食之”。《现代中国名人外史》则说：“闻其家庖人，中西兼备，而海陆珍奇，又恒咄嗟皆办，每日一餐之费，足罄中产人数家。制中肴者，除家乡风味外，又选京苏闽蜀名手，每人必擅长一二著名之菜者多人。西餐则由欧美名厨师任之。”唐家“平日早中晚三餐”都要将中西餐分列一桌，唐则“居中坐随意旋转之椅，择所嗜者大啖之”。若遇宴客，则“尤穷珍异，山肤水豢，精美绝伦”。陈灨一《睇向斋秘录》载：“唐少川先生素有阔绰名，居官宴客，仿西人例，每客一菜。偶有不速之客来，必令庖人添制，庖人则就固有之料腾挪塞责。”按说，厨师的这种做法，在省时省力的同时，也节省了宴席成本，本也无可厚非。但唐绍仪却非要“严格管理”，规定“每日应备菜若干额，宴会则数倍之，即不食亦如值以偿”。这样一来，厨子们只好“将计就计”，有时客少“菜亦多备”，客人不吃自己吃。久之，各位大厨皆吃得溜肥，个个成了“腰缠累累”的大胖子。

令人称奇的是，唐绍仪有时竟也将公款吃喝办到自己家来，在享受公费豪宴的同时，也为公款吃喝提提“档次”。据载：“一次外部员司，拟公宴贵客，知唐有精庖，商于其家肆。”唐对此“欣诺之”。结果：“是日之菜，除燕翅金腿及粤产各品均唐厨夙储，不另需值外，其鸡鹅鱼虾等，购诸市肆者，犹计价近百金，豪侈若此，彼何曾之日食万钱！”如今，像唐绍仪这种家有“精庖”可置办公宴的官员大概确实难找了，但一些单位食堂的张宴水平却也不容低估。由此想到，治理公款吃喝，不能只盯着那些社会上的大饭店，也该去摸摸某些单位食堂的“家底”。

梁士诒：公帑营私黑财神

——晚清“铁老大”掌门助袁称帝

民初，袁世凯称帝闹剧中，时任财长的梁士诒为之积极筹措经费，倾尽国家财力，在袁世凯死后被列为“帝制祸首”受到通缉。此公在清末即以“久绾路局”，借经办铁路修建揽取了不少赃财，民国后执掌财权，更是“恒以公帑营私业，日益饶裕”，被指“富过盛宣怀”，人称“梁财神”。

费行简《当代名人小传》载：梁士诒，字燕孙，广东顺德人，清光绪甲午科进士，选庶吉士。后改官道员，“尝充广州电报局总办，举经济科试，取列第四”。另据夏仁虎《旧京琐记》载：“光绪晚年，有经济特科之试，盖等于清盛时之博学鸿词，由三品上京堂及各督抚保荐，不拘资格。考取第一名为梁士诒。”夏仁虎出身科举，又先后在北洋政府交通部、财政部为官，与梁氏保持着较近的接触距离，故应对其了解更深。根据夏的讲述，梁士诒科场成名，也曾给他带来一场灾难，由于他的姓氏和籍贯皆与维新派梁启超相同，梁启超变法失败逃到日本后，有人便向慈禧举报，称“此人粤籍而梁姓，盖康有为之弟子而梁启超之兄弟也”。结果，“孝钦甚怒，梁闻而逃之香港”。

梁士诒当年这段“逃港”经历，也给他带来了另一项专长，那就是突击过了“英语关”。传载，梁士饴后来“以通英语言文字，时称外交人才”。光绪三十二年（1906 年），清政府为“预备立宪”而“厘定官制”，

梁士诒像

将原有的巡警部改为民政部，户部改为度支部，兵部改为陆军部，刑部改为法部，工部并入商部改称农工商部，同时增设了邮传部，对起自隋唐的“六部”格局进行了一次规模较大的向现代过渡的改组。其中的邮传部多与西方打交道，遂由有留美背景的唐绍仪任左侍郎，主持路政，同时延揽“外交人才”，将“通英语言文字”的梁士诒召入，授职右参议。据载：“当时堂司各官，明敏周密者，莫若士诒。邮部重要文牍，咸所手拟。方设铁路局，辖京奉、京汉诸路，即以士诒兼任焉。”于是，梁士诒鸿运高照，竟然在这个新组建的新衙门里独当一面，坐上了“铁老大”的交椅。

梁士诒的“铁老大”日子一度过得蛮滋润。晚清时，留京做官已经变得十分清苦，“京朝官俸入薄，至不供日食”。但邮传部的成立，却改变了人们的这一印象，“及邮传立，曹郎竟有岁获万金者”。其中，又以铁路系统收入最高，“岁入尤丰”。身为新兴衙门“铁老大”的掌门人，梁士诒深知自己是众人羡慕的对象，要想保住这份美差，必须做到“朝里有人”才行。为了做好“公关”，他就动用路局的小金库，“因出其羡余以馈权要”，下至太监，上至王公大臣，“若内阉、若枢府、若亲贵，岁时皆染指焉”，都领到了铁路局奉上的“心意”。“于是众称其贤”，这批关键人物无人不念梁士诒的好，梁也就得到了这些人的有力托举，在邮传部中“实权渐兴”，声势渐隆，以至“与尚书等”。那些原本地位高于他的侍郎、左右丞等“对之且有愧色”。但梁士诒出手大方，且做人圆滑，“以挥霍谦让，无迕于众，故得专利数年”，“铁饭碗”一直安然在手。

俗话说，树大招风。不久，宣统帝继位，梁的顶头上司、邮传部尚书陈璧“以墨败”，被弹劾“滥用私人，靡费公款”而遭撤职，梁士诒也受到波及。传载，陈璧虽“阘弱鄙吝，以附庆（庆亲王奕劻）、袁（袁世凯）得跻正卿”，但众所周知，邮传部早已是“事皆由士诒主政”，因而那些倒陈者也就“兼恶”梁士诒，“台谏官渐劾其把持恣纵”，将梁也捎带其中。亏得接任邮传部尚书的徐世昌“素知士诒能”，且徐世昌“善事亲贵”，其行贿所需“馈遗之资”亦“取之路局”，自然不能让梁士诒轻易倒掉，于是“恒为湔刷，得保其权位”。梁士诒总算度过一场危机。

梁士诒虽善用行贿手段，然而晚清朝廷政以贿成，行贿者一个比一个手法高明，可谓“强中更有强中手”。辛亥革命之前的庚戌年间，徐世昌即将重掌军机，“因与规划”，欲以梁士诒接任邮传部尚书职务。梁士诒见升职有望，便加紧活动，“日往来于劻、桐、涛、洵之门”，找这些权贵行贿跑官。但此时，“京朝官各立门户，水火益甚”，“邮尚”这一肥缺角逐激烈，不久，朝廷下令由唐绍仪担任，却不料宗室重臣载泽“已纳盛宣怀钜金，更嫉绍仪为袁党，排挤颇力”。最终，唐绍仪离开邮传部，而“宣怀竟代绍仪”，梁士诒不但没能升职，反倒连铁路局的原有职务也被免去。过后，盛宣怀“知士诒有宠于世昌，更交通亲贵”，于是“以温语慰之”；而梁士诒在人屋檐下也不得不低头，只得“佯矢感激图报状”。不久，辛亥革命爆发，盛宣怀以主张铁路国有被免职，袁世凯重组内阁，梁士诒才重获抬头的机会，被任命为邮传部副大臣。

梁士诒得了袁世凯这个新靠山，为其窃国奔走，鞍前马后，十分卖命。“时赞袁幕府，谋倒清最力者，厥维士诒”。宣统帝逊位后，袁称总代表，遂任命梁为邮传部代表，也即总长。袁世凯就总统职，梁更进一阶，“畀以公府秘书长，仍兼交通银行总理，参与诸铁路事；时任命官吏，元首佥与商榷，权势几埒内阁总理”。后来又担任财政部部长。梁士诒“夙极豪侈”，由“铁老大”一跃成为“财神爷”后，更爱摆谱，“舆卫尤盛，每出从十三骑，马皆纯白”，京师百姓作谣讽曰：“遥看白马十三骑，知是黑心总长来！”袁氏称帝一事，有人观望，有人反对，袁本人也“志犹未决”。但梁士诒为了沽宠固位，却“首愿担认经费”，充当经济后盾。对此，一心推助老爹称帝的大公子袁克定十分感动，竟“九顿以谢其惠”。

梁士诒为了袁氏称帝花光了国家所有储备：“犒赏军队及组织民意机关费已不资，其他典礼舆服尤务奢泰，及洪宪改元，所费已超过预算倍余。”后来，云南

梁士诒科举功名较高，有翰林总理一称。这是他书写的扇面

蔡锷起义讨袁，川、湘等省纷纷响应，洪宪小朝廷“一时兵费更无所出”，梁士诒下令“加印交通钞三千万以济之”。再后来，“及浙陕独立，知大势已去，而世凯犹日滥提军费、侦探费，士诒曰：船已破，听其沈可耳，益添印纸币”，北方金融“遂陷于绝境”。袁世凯一死，梁被列为帝制祸首，受到通缉，逃往香港。此后又分别受皖系、奉系军阀起用，还曾一度任内阁总理。北伐战争期间，梁因持反对立场遭南京政府通缉，再次逃港，几年后死于上海。

《当代名人小传》载，梁士诒“状貌朴厚若贾人”，一副商人模样，且“接客和巽，喜怒未尝形于辞色；服用奢华，尤喜酢应，一掷万金无难色”。他主持铁路局期间便“夙已拥厚资”，赃钱塞满了私囊；“入民国后，既掌财权，恒以公帑营私业，日益饶裕。或谓其富过盛宣怀，称梁财神云”。孙中山的革命理想是“天下为公”，但推翻清朝统治后，却出现了更多类似梁士诒这样的败公巨蠹。不得不说，若无良好的民主监督机制，“民权社会”的腐败完全有可能甚于皇权天下。

杨度：附权贪利戴污名

——早年拿奕劻、袁克定政治黑金

在袁世凯称帝的那场闹剧中，梁士诒因提供财政后盾，被称为“经济之帝制派”；而时任参政院参政的杨度则抛出臭名昭著的《君宪救国论》，被称为“言论之帝制派”。其一生“时而革命，时而立宪，时而君主”，被讥为“进退失据”；其以政治活动经费为名，先后窃据并挥霍晚清及民国政府巨金，更使他“深玷污名”。

杨度，字皙子，湖南湘潭人。费行简《当代名人小传》载，杨度“幼而颖敏，涉猎甚博，尝从湘绮先生（即国学大师王闿运）游”。社科院编《民国人物传》则说，杨度以此而“自负甚高”，自称“独得王闿运的帝王之学”，成为他后来帮助袁世凯鼓吹帝制的思想根源。这之后，杨度“以举人纳资为郎中”，给自己捐了个官职，回到家乡，“横行桑梓间，人皆訾其无行”。再往后，又“留学日本”，因与梁启超“互榜师承，牵合

杨度像

新旧学说颇支离”，引起老师王闿运不满，“移书绝之”，与他断绝师生关系。但此时，杨度又有了新的靠山：“张之洞、袁世凯皆喜其才，俟其归而荐之政务处。”光绪末年，清廷迫于立宪派的呼声和社会各界压力，成立“宪政编察馆”，着手编制宪法，命其“充总纂”。杨度“晋四品京堂”，有了属于自己的政治舞台。

杨度在清末政治风云变幻中，扮演了一个非常善变的政客角色。《当代名人小传》载，辛亥革命前夜的庚戌年（清宣统二年，公元1910年）间，湘汉铁路风波正在酝酿，杨度则是站在清廷卖国者一派，“主借外债建筑”，也即鼓吹所谓铁路“国有”，将筑路权让与西方帝国主义势力。其结果，引来“湘鄂人恨甚”，在他还乡时“群起而遮之”，将其拦截在路上。杨度不得已“弃衣冠自水窦中逃出”，才得狼狈脱险。由此，当时清廷权臣奕劻及那桐“益赏其贤”。不久，以二人为首的“皇族内阁”成立，杨度被授法制局副局长一职。辛亥革命爆发，杨度“献计那桐等”，主张“宜赦康梁，实行立宪”。“独不主起世凯”，并曾说：“项城（袁世凯）出，当生大变。”但“未几，袁已拥兵入朝”，杨度“知清势乃日去”，又临时转舵，“日奔走袁邸”，选择投靠袁世凯一边。而袁世凯看出杨度是个反复之人，一开始“犹未以腹心视之”，并不打算重新接纳他。但“壬子（民国元年，公元1912年）后，政府与民党日益水火，政府藉共和党为援，以抗异己，奔走联络者，度力为多，宠以渐隆”。杨度就这样靠他的“纵横之术”，帮袁氏斡旋，助其坐稳总统宝座，重新获得了袁氏的信任。

杨度不仅调和过袁与南方革命党之间的关系，此前也曾靠其三寸之舌，帮助濒临下野的清廷向南方阵营中的革命元勋黄兴等人求过情，帮助清代遗老们谋求退位后的优厚待遇，并借机“黑”了清廷一笔不菲的“经费”。此事见于历仕清末民初政府的朱德裳所著《三十年闻见录》中：

"辛亥秋，武昌义起，清廷诏用袁世凯，世凯旧部如蚁赴膻，杨度自北京往。先是，庆亲王奕劻私召度，与商弥乱之策，度曰：革命党奔走四方，未尝享富贵，倘以重金饵之，蔑不谐矣。奕劻听焉，以五十万两予度往上海。时南京已反正，黄克强（黄兴）设临时元帅府于上海白克路九十二号。度初至……介唐绍仪与黄克强相见。于是黄、袁之意通，而清廷优待条件从此出矣。然度之五十万用去者大约五分之一，其余四十余万两乃入度之囊中。"对于杨度乘皇族之危贪污清廷巨额款项这件事，朱德裳还提供了明确的人证："翌年，李穆官财政部，至汇丰银行取款，曾亲见度存数为四十万两云。"并指出杨度得了这笔不义之财，甚感做贼心虚，次年还曾一度外出躲债："壬子，度居青岛……实欲辟奕劻焉。"

杨度的另一笔不义之财，则是他借帮助袁世凯称帝，捞取到的数额更大的政治黑金。《当代名人小传》载：杨度在袁世凯政府中重新获宠后地位渐高，曾经"几夺秘书长于梁士饴之手"；但他虽是一介文人，却"志实在财政、交通两席"，一心想要谋取这两个更加有实权和"油水"的职位。不久，发财的机会终于来了："适世凯有称帝意，克定（袁世凯长子）改国尤急，而朝士无敢昌言者。一日，赴克定饮，袁乃宽为道意。度曰：是何难？特不宜遽言拥戴，当先以频年国内扰攘状，著为论说，言共和之不足奠国。蕲海内明达共商榷，信若此，则事为有根。"也就是说，这次他要挥动其更擅长的笔杆子上阵，为袁称帝摇旗呐喊了。袁克定闻言十分感激，连忙表示："计诚善，而非子与少侯（即同被归为"帝制党"的议长孙毓筠）莫能当发起人者。愿先奉二百万为开办费。"杨度接了钱"喜过望"，之后果然卖命，"不数日而筹安会成立"，且又抛出那篇臭名昭著的《君宪救国论》，以鼓吹所谓君主立宪政体来为袁氏称帝鸣锣开道。当时，不少有识之士都站出来反对杨度的主张，"所识咸以正论规之，复悚以利害"。但杨度得了好处，就要出卖良知，还恬不知耻地说："今非汉代，无所谓名节，以项诚之智、之势、之财，令朝发，国夕改矣。"

杨度得了不义之财，多年来的劣根性亦随之爆发："度夙侈泰，至是金日多，益置姬妾，服用华靡，仅降于梁士诒。"另据台湾史学家王觉源《近代中国人物漫谈》载，早在光绪末年，杨度担任清廷宪政编察馆总编纂时，即暴露出其"才子贪色"的劣根性："是年五月，以箱箧充盈，乃花二千元私购一雏妓为妾。事泄于众，大遭各方攻击，指他假倡立宪伸张民权之名，尽行破坏立宪，迫害民权之实，言不顾行，行不及义，实不宜作宪政、民权运动的领导。"那时，"杨初尚知爱惜羽毛，不欲声名太过狼藉，乃向众申言：皙子素性从善如流，此女已经转赠朋友（实则已别筑金屋暗藏之）”。此次，袁克定“筹巨金给之，供其活动费用。杨拥厚资，生活奢靡。在天津遇扬州女子花云仙，两情相悦，遂秘密同居”。只可惜，杨度这段鸳梦不长，“仅逾年余，因筹安会解体，袁氏败亡，皙子床头金尽，云仙亦蝉曳残声过别枝了”。

杨度在袁氏称帝事败病死后，被黎元洪政府列为帝制八祸首予以通缉。翌年，张勋复辟时，躲过风头的杨度又曾两次应邀参加会议，只因具体主张存有分歧而未公开参与。据《民国人物传》载，经过清末立宪、袁氏称帝和张勋复辟三次失败，杨度一度转向佛学，“闭门思过”。五四运动前后曾接触李大钊等革命者，抛弃《君宪救国论》，改持“革命救国论”，还曾组织营救李大钊、加入中国共产党并为党收集情报等。可惜于 1930 年即因病辞世。

杨度是中国近代史上一个经历复杂、矛盾多变的人物，其主要影响集中在前半生。《近代中国人物漫谈》讲述了杨度在袁氏称帝一事上的一则轶闻：“当袁氏筹备帝制之初，杨皙子自信开创之功，将使新朝道辅非他莫属。当筹备处为新君制龙袍时，皙子也产生了浓厚兴趣，远向法国巴黎订制首相新装。但新装尚未制就，洪宪皇帝迅速夭折，宰辅流落他乡，首相装存在巴黎，皙子渐而弃之，后亦无问津者。”《当代名人小传》亦载，杨度借鼓吹袁氏称帝一事发迹后，“寡廉鲜耻之官吏文人麕集京师，咸奔走其门，冀得进用”。对此，杨度“初尚裨以置顿，既而厌之，告众人曰：待新君践阼，吾任内阁总理，再为若辈谋瞰饭地可也”。这种视官场为名利场，以升官发财为从政理想的旧时政客习气，在如今一些官员的身上也不难看到。杨度为当年的表现毁誉一世，这对这类人颇具警示意义。

倪嗣冲：贪犬落水焉“受洗”

——清廷“永不叙用”却乘乱世复出

北洋军阀武将中，倪嗣冲投靠袁世凯较早，并积极投身袁世凯由窃国到称帝全过程，被称为“袁氏贞臣第一人”。此人一生劣迹斑斑，晚清时集揽黑龙江一省军政，即因贪污巨额垦荒收入被劾，查实后遭清廷革职，勒追赃款，"永不叙用"。辛亥革命后借袁氏提携重握军权，于是挥舞屠刀为袁氏效忠。袁死后其又投靠段祺瑞、张勋等军阀势力，全家包揽安徽省军政要职，在当地横征暴敛，卖官鬻爵，扩军肥私，"皖人衔之刺骨"。

倪嗣冲，字丹忱，原名毓桂，安徽阜阳倪寨人。据社科院编《民国人物传》载，倪生于清同治七年（公元1868年），其父倪淑曾在四川开县任知县，故倪嗣冲少年时随父在四川读书，中秀才后回到家乡，花钱捐了个候补知县。倪早年入淮军幕，历任军记室、佐杂，历保至监司。旋即投靠袁世凯。光绪二十一年（公元1895年），袁世凯在天津小站练兵，任倪为幕僚。后充北洋营务处总办，捐纳知府，渐成袁世凯门下"红人"。

倪嗣冲像

最早有关倪嗣冲贪败的记录，起于清光绪末年。费行简《当代名人小传》载，光绪三十三年，徐世昌任东三省总督，倪"以道员起擢黑龙江民政使，兼巡防军翼长，复司垦政"，由此"全省政权几归一手"。两年后的宣统元年，锡良代替徐世昌为东三省总督，即闻倪嗣冲大量侵吞应上缴朝廷的垦荒收入，"火烧屯荒价多中饱"。后巡至吉林、黑龙江时，"遴员察之"，果然"尽得其实"。当时，担任黑龙江巡抚的周树模，知道锡良一向眼里不揉沙子，"惮良风采，欲自保位，亦密言嗣冲贪劣"。锡良闻知"震怒"，立即"电奏"朝廷，请求将倪嗣冲"虢职归案讯办"。结果，倪嗣冲在一天之内经历了身份骤降："晨犹冠带，陪督抚商政事，夕已革职拘禁。众皆骇然。"

倪嗣冲的这次贪污事败，让他付出了沉重的代价，几乎彻底断送了其政治前程。《清实录》宣统元年七月载：据锡良奏"监司大员，性情夸诈，遇事欺蒙"，上谕："江省财力艰窘，身为大员，应如何激发天良，实心任事。黑龙江民政使倪嗣冲，承办屯垦，竟敢营私舞弊，捏报浮支，实属辜恩溺职。著即行革职，勒追赃款，以肃官方。"当年十一月又载："东三省总督锡良奏：查明已革黑龙江民政使倪嗣冲赃款二万九百余两，悉数追出，拨归屯垦经费。”倪嗣冲在当地安插的一批乡党故旧，也因助其贪败而被锡良查出，被奏请一同予以处理。“其屯垦总理安徽阜阳县附贡生华鉴章浮冒钜款，胆大妄为，请革去附贡生，驱逐回籍；补用游击华钧章，曾经代理屯垦总理，倚势把持，败坏局务，应请革职，永不叙用。此外，不肖员役，一律斥逐离江”。摄政王载沣阅毕批复：“如所请行。”

倪嗣冲当年案发，其背景也与慈禧死后摄政王载沣在朝内“重新洗牌”有关。由于袁世凯、徐世昌一派政治靠山暂时失势，倪嗣冲只能任由锡良等处置。但倪并不甘心以此罢休，在其“以永不叙用结案，还居天津”后，仍“时往来彰德”，与退居在河南老家的袁世凯保持着密切接触，伺机而动。辛亥革命爆发后，徐世昌借机说服载沣将袁世凯重新请回朝中组阁，袁自然没有忘记倪嗣冲这位小兄弟，“荐授”其为河南布政使，让他统领豫军，其后又出镇皖豫交界一带。此事在《清实录》中也有记载：宣统三年，辛亥八月，朝廷电寄袁世凯，鉴于武昌起义“军情紧急”，特准许袁世凯将已革黑龙江民政使倪嗣冲等“调赴前敌，差遣委用”。十月起接连电谕：“开复已革黑龙江民政使倪嗣冲原官，交督师大臣袁世凯差遣委用”、“以开复前黑龙江民政使倪嗣冲为河南布政使，帮办河南军务”、“著倪嗣冲兼署安徽布政使”等。

倪嗣冲得袁世凯撑腰“复出”后，也十分效力。当年年底，倪嗣冲率军五千攻入安徽，镇压同盟会成员组织的淮上军起义，并滥杀无辜百姓五千余人，清廷电谕：鉴于藩司倪嗣冲“督率有方，将士用命，攻克坚城，深堪嘉尚”，特“赏给额尔德穆巴图鲁勇号”。为了帮助袁世凯逼清廷下野，倪与段祺瑞、张勋等四十余名将领向清廷施压，要求“明降谕旨，立定共和政体”。民国成立后，倪拥护并支持袁世凯的北京政府，成为北洋军阀统治时期的重要人物。民国二年，袁派人刺杀国民党领袖宋教仁，引发“二次革命”，倪积极出兵镇压，被袁任命为皖北镇守使、安徽都督兼民政长。倪由此攫得安徽省统治大权，在当地残酷镇压革命党人和反袁人士，解散议会，实行军阀统治。民国四年，袁世凯暴露称帝野心，倪嗣冲在帝制复辟急先锋段芝贵的倡导下，联合十四省将军“劝进”，又在梁士诒等谋划下伪造民意，参与组织“全国请愿联合会”，要求改共和为帝制。当年冬，袁称帝后，册封倪为一等公爵。另据《民国人物传》载，倪在安徽大肆恢复清朝旧制，以配合其统治，甚至在民国五年春天袁被迫宣布放弃帝制后，倪仍极言反对，还向袁表忠心说：“臣愿统领大军平定南方，为圣主效命疆场！”

倪嗣冲一向以“袁氏第一贞臣”的形象示人，但正如费行简为其作传所说，察倪之动机，实则“非有爱于袁，特自爱其位而已”。袁死后，有人找到倪嗣冲“劝其乞退”，倪嗣冲却“恋栈不行”。黎元洪继任总统后，倪又投靠皖系首领、时任国务院总理的段祺瑞麾下，不久改任安徽省省长，继续坐镇安徽。同时他指使儿子倪道杰、倪道煌，侄子倪道良等十余名倪家子侄包办操纵全省的选举、军事、人事等方面事务，安插亲信党羽，包揽全省要职。当黎、段之间发生府院之争后，倪嗣冲乘机支持张勋复辟清室的活动，在废帝溥仪重新“登基”后被任命为安徽巡抚。对此，倪在当地张贴黄榜，宣布“圣谕”，表示要亲自“接旨谢恩”，在全省遍挂清朝龙旗。举国反对复辟，孙中山号召讨伐张勋，段祺瑞见倒黎目的达到，亦自任讨逆军总司令，倪嗣冲也跟着转舵，担任讨逆军南路司令，兼署安徽督军；随后，又被代总统冯国璋任命为长江巡阅使。

倪嗣冲在安徽横征暴敛，扩军自肥，大行腐败。《当代名人小传》也揭露他称霸安徽，“兼巡阅数年，势力仍在皖一隅，从来巡按、省长，非得其同意不可。故政权实暗操督军手。县知事、税员公卖员，员缺优裕者，皆嗣冲所荐，则无一非以贿得者也。故吏治不修，皖人衔之刺骨，而慑于积威，莫敢抗言”。倪嗣冲生活作风也是黄赌毒俱全：“其居蚌埠，恒召妓侑觞，人谓其嗜鸦片，不亚于雷震春（另一徽籍反动军阀）。”陈灨一著《睇向斋秘录》也说：“倪豪于赌，军署中尝设千元一底之麻雀。”“小传”作者费行简感叹：“其在黑龙江罢官被拘日，予曾见之，状至可闵。而今以暮年，竟大兴风云，毒流全国！”故此，贪官落马亦如恶狗落水，鲁迅论“打落水狗”的观点同样适用，绝不能将其落水认作“受洗”！

段芝贵：半生秘事尽狎邪

——以杨翠喜行色贿竟成“帮助革命”

与倪嗣冲类似，北洋军阀中另一皖系武将段芝贵，也曾因赃贿丑闻被清廷罢官；后夤缘袁世凯复出，极力为其效命，京师传言为“袁氏养子”，戏称“干殿下”。其人“半生秘事，关于烟赌狎邪，不胜枚举”；更以

“杨翠喜案”中的拙劣表演，被时人斥为无耻之尤。

说到段芝贵，多路史料都将其与晚清一起著名的桃色丑闻联系起来，那就是光绪末年轰动一时的“杨翠喜案”。清末言官胡思敬著《国闻备乘》，其中“赵御史参庆邸”一节记载：“丙午（光绪三十二年，公元1906年）冬，贝子载振持节渡辽，过天津，留宴十日，悦歌妓杨翠喜，欲纳之，未有因也。次年奕劻七十生辰，芝贵进十万金为寿，并出重金购翠喜，媵以珠貂，献媚于载振。是时东三省初建行省，当设三节帅，遂授芝贵为黑龙江巡抚。旨下，京员相聚偶语，皆不知芝贵为何许人也。翠喜在教坊有盛名，一旦为豪有力者夺去，凡与交好者根究，具得其实。”正如胡思敬所言，杨翠喜是清末名伶，又因其与当时津门才子李叔同的知音佳话而为人乐道，其最终“花落”庆亲王府一事自然传为新闻；而借此色情行贿骤升封疆大吏的段芝贵，当时显然还是个无名之辈，也就成了坊间“人肉搜索”的对象。

这个舍得为杨翠喜豪掷万金，却令众人“皆不知为何许人也”的段芝贵，说来也曾是苦出身。费行简《当代名人小传》载，段芝贵“字香岩，合肥人。说者谓为李鸿章侍僮，以其聪颖，送武备学堂”。天津武备学堂是李鸿章在洋务运动中创立的，它首开近代陆军教育的先河，引起了中国武举制度的废除；它所培养的学生，大多成了清末时期新军编练的骨干和北洋军阀集团的重要成员。段芝贵由一介僮仆得以跻身如此名校，原本实属幸运；只可惜，他的聪颖似乎没怎么用在学习上，最终竟以“肄业”离校。丁酉（光绪二十三年），段芝贵“从世凯于小站”，找到袁世凯这个新靠山，后跟随他“历山东，调北洋，以候补道员充统制官”。据载，段芝贵“机警善伺人喜怒”，“世凯信任，视侪辈有加。其进杨翠喜、献钜贿，皆先谋之于袁者”。另据《国闻备乘》载，段芝贵当初得到候补道员一职，竟也与善伺领导“隐衷”有关：“袁世凯有妾与其仆通，事觉自杀，仆窃藏而逃，久之不获。巡捕段芝贵为悬赏，募得之以献。世凯大喜，赞

段芝贵像

其才，令捐道员，密疏保荐甚力。”

段芝贵利用名伶杨翠喜向庆亲王府色情行贿，从而骤升黑龙江省巡抚一事“浸浸播扬”，引起清廷监察官员的注意，“御史赵启霖风闻入告”。此事《清史稿》中也有记载：光绪三十三年，“命奕劻兼管陆军部事，东三省改设督抚，以直隶候补道段芝贵署黑龙江巡抚。御史赵启霖奏：段芝贵善于迎合，上年贝子载振往东三省，道经天津，芝贵以二千万金鬻歌妓以献，又以十万金为奕劻寿，夤缘得官。上为罢芝贵，而命醇亲王载沣、大学士孙家鼐按其事，不得实，夺启霖官。”《国闻备乘》则说：“家鼐昏髦畏事，不敢开罪政府，复奏尽为申雪，启霖遂以诬蔑亲贵夺职。陆宝忠、赵炳麟、江春霖连章争辩，不获伸。士大夫慕其直声，争置酒，作为诗歌以宠其行。”这便是“杨翠喜案”的全过程。其结果，御史赵启霖竟被慈禧免职，成了这一事件的牺牲品，但“奕劻父子虽悍，固无如舆论何”，载振迫于舆论压力而“疏辞御前大臣、农工商部尚书”，慈禧“许之”。至于事件女主角杨翠喜，据署名“宣南吏隐”、刊行于民国十一年的《绘图民国官场现形记》所载：此女当初是段芝贵借助天津盐商王锡瑛的财力“加赠奁资万两献之庆亲王奕劻长子载振”的，事情败露后，杨翠喜只得被“内部安置”，“遂为王锡瑛侍姬焉”。

一代名伶杨翠喜照片

段芝贵因“杨翠喜案”身败名裂，“一时讥讪遍乎中外”，以致“蜷伏不出者数年”。武昌起义后，袁世凯在清廷东山再起，段芝贵随之“复出”。《绘图民国官场现形记》载：“袁氏当政，段又以大太保资格涉足政界。于是都下遂盛传香儿其人也（段字香岩，对袁常自称儿臣，故人诨之曰香儿）。由江西宣抚使擢升奉天都督，昔年冤气，至此甫伸。然奉省青天，从此加高三尺，继为张作霖逐归。”刘禺生《世载堂杂记》亦载：“袁世凯入民国，重要密件，事事皆付芝贵执行，如密令京津保四镇兵变，捕杀张振武，毒死赵秉钧等案，皆芝贵怀挟密令，相机行之。洪宪帝制，世凯颁皇室规范之制，自皇二子以次，皆得饰碧玉洗于帽前，以别凡流，芝贵亦获此赐，故京师人谓芝贵实居养子之列。”《洪宪纪事》诗：君王碧洗颁冠玉，养子承恩四子婚，即咏此事。芝贵异想天开，思借帝制权力一洗在前清时奉天巡抚被革职之耻，世凯特任之为陆军上将、镇安上将军、督理奉天军务、节制吉林黑龙江军务、一等公爵。芝贵大得意，以为宿恨可报，急赴奉天。其时洪宪局势，已趋末路，张作霖、冯麟阁等联合逐之。

段芝贵除了美人计，还十分擅打“干爹”牌。被张大帅赶出东北后，“踉跄入关泣诉于干父前”，正逢段祺瑞离开湖北，袁世凯于是又将段芝贵任命为湖北将军，“以代老段”。《绘图民国官场现形记》载，段芝贵“不久旧性复发，恣情赌色”，在湖北“无日不挟妓饮酒，无日不赌博通宵”，致使“鄂省吏治不堪闻问”。“洪宪称帝”事败，袁氏忽亡，段芝贵“名列罪魁”，而段祺瑞以陆军总长兼总理。于是段芝贵又奔走其门。段祺瑞，字芝泉，也是合肥人，本为段芝贵的宗侄。段芝贵为讨好他不惜降低辈分，“自称小段，奉侄为老段”，以致被不知者疑为父子，以为他又给自己新认了个干爹。段芝贵对“老段”的巴结“如水银泻地，无孔不入”，替“老段”出面理财，“经营第宅，兼设商铺”，帮他赚了不少黑钱；“老段”说来也十分为他做主，“遂为之运动特赦，又得大肆活动于政界”，又借讨伐张勋将他封为辅威将军，此后，“京畿警备总司令、陆军总长等职渐次到手”。段芝贵于是旧性再发，为了赚钱，竟倚仗军权“大贩烟土”，过金陵海关时被冯国璋查获，“多方运动，始得免究”。

《绘图民国官场现形记》一书作者指出，段芝贵“半生秘事，关于烟赌狎邪，不胜枚举”，却“浮沉宦海，屡起屡蹶”，实具一种“做官学识”，那就是面颜之厚“能人所不能”。民国元年，该作者曾亲见段芝贵被问及杨翠喜一事时，竟喟然叹曰：“天未绝胡，我谋故不成耳！”随后当众表白自己“醉心革命，已非一日”，向庆府父子行贿是以财色诱之，从而瓦解清朝，帮助革命。“不料腐儒持忠君僻见，拘迂阔之词以相攻讦。我何足惜，独念中华民国，因是一阻挠，迟十年成功，多掷无数先烈头颅耳”。如此“漂白”自己的劣迹，除了要有一副厚脸皮，恐怕内心还要有一种自欺以达“自我感动”的本领才能做到。这与某类贪官常扯些“言必及义”的大话来为自己壮胆十分相似，一旦败露，只会更显龌龊。

曹锟：贿营大选窃国柄

——做寿之日京城古董价暴涨

直系军阀曹锟也是天津武备学堂出身，并仰仗袁世凯的“栽培”起家。从清末到民初，曹锟的谋官路径与皖系武将段芝贵十分相似，只不过段芝贵靠一个“贿”字浮沉宦海，屡起屡蹶，最终声名狼藉；而曹锟靠一个“贿”字竟一步登上民国总统的高位，一时“风光”无限，最终也好梦不长，以“贿营大选”被打入窃国者的黑榜单。

曹锟，字仲珊，直隶天津人，生于清同治元年（公元 1862 年）。社科院编《民国人物传》载，曹出生于商贩之家，幼年失学，推车贩布于津沽间。二十岁投淮军当兵，继入天津武备学堂。甲午中日战争，曹锟随军去朝鲜，战后袁世凯受命在天津小站训练新军，曹投袁部，不断晋阶，并屡获清政府嘉奖，累升补总兵，以提督擢用。

曹锟像

袁世凯从窃国到称帝，曹锟都是他的铁杆帮凶。武昌起义爆发后，清廷被迫重新启用袁世凯，曹锟受袁命率第三镇全体官兵移驻娘子关一带镇压革命。民国元年（公元 1912 年），袁窃据临时大总统之位，带兵驻扎在北京南苑附近的曹锟纵兵哗变，焚掠内外城，为袁制造拒绝南下的借口。南北对峙期间，曹锟被任命为长江上游警备司令，与湖南都督汤芗铭共同监视南方革命阵营的活动。民国四年，袁世凯欲行帝制，曹锟上书帮腔，请求改变国体，获授“虎威将军”称号。袁称帝后，封其为一等伯。蔡锷在云南发起讨袁运动后，曹锟率军入川镇压，沿途烧杀掳掠，川民恨之入骨，不久即为护国军所败。

袁世凯称帝失败，羞愤而死，一时树倒猢狲散。曹锟在新总统黎元洪与总理段祺瑞之间首鼠两端，继而也同段芝贵一样靠向段氏一方，做上直隶总督。张勋复辟前夕，曹也一度参与其间，试图获利，黎元洪被逐后，段祺瑞“马厂誓师”讨伐张勋，曹又见风使舵，随之做了其麾下的西路讨逆军总司令，并于战事结束后担任直隶督军兼省长。复辟平息后，冯国璋代理大总统，与总理段祺瑞形成新的“府院之争”，曹锟继续采取“骑墙”姿态，只因被段抛弃，才重回直系立场。五四运动后，段祺瑞声名狼藉，直皖矛盾激化。冯国璋病死，曹锟成为直系“老大”，在直皖战争中联合奉系击败皖系，将段赶下台，自己做上直鲁豫巡阅使，与奉系张作霖共同操控了徐世昌一届北京政府。

曹锟做上直鲁豫巡阅使，手遮北方半壁江山，又与东三省巡阅使张作霖结成儿女亲家，稳住了直、奉关系，便坐享权势，一心一意做起发财梦来。民国十一年版“辽鹤”著《曹锟张作霖轶事》载：（曹锟）“自任巡阅使之后，一意研究经济学，几无事不想生财之道。加以乃弟曹锐任直隶省长，又善理财，为之左臂，于是关于民事项下，凡可兴利者，为巡阅使权力所不能及，则以省长之名义图之，所以无往不利。”又载，曹氏兄弟创办东蒙垦殖局，开辟大清河港口等，牟利“犹患不足”，曹锟“又促乃弟设立稽征税务局，凡直隶一切之统税及矿税，从前归财政厅收纳者，概行划归此局，直属省长管辖”。如此一来，“曹之入项日益踊跃，而直隶人民则不堪其苦”。

北洋军阀统治期间，各路军阀割据为营，大发不义之财，曹锟则“又发明一种敛钱新法”——贩卖耕牛出口。正如“轶事”讲述：当时“最易敛钱者”，是那些军阀之首领，如督军、司令、巡阅使等。其发财方法中不乏贩烟土、贩纸币、贩公债、贩私盐等，甚至专卖军营中的马粪，“皆可称得理财之圣手”。但“不料迩来又发明一种敛钱新法，说来可令人咋舌三日，其法为何？即贩卖耕牛出口。贩卖者谁？即直鲁豫巡阅使、虎威将军曹锟是也”。原来，当年正逢“北方奇旱”，百姓“流离失所，各逃生命，虽有田产之家，或素以农事为业者，皆因迫于天灾，莫能耕种”，于是“耕牛散于四野，无人顾问”，曹锟则命手下人“乘此时机广为收纳，每头收入只花费银币一元或二元”，随后“从青岛贩运出口”转卖给外国人，“每头至少可卖价二十元或三十元不等”。如此算下来，“其收有十万之数，则此二三百万之卖牛利，不费举手之劳，安然入囊矣”。书中测算，当时曹锟财产至少已达五千万，“再如其诸弟，曹锐约三千万，曹锳约二千万，曹镇、曹钧约五百万，合曹氏统总计之，约在一万一千万金之谱”。

皖系败落后，直、奉两系争权矛盾突显，曹锟最终与亲家张作霖撕破颜面，于民国十一年春天掀起第一次直奉战争，将奉系击败，迫其退回关外，一举独霸了北方政权。这之后，曹锟及其亲信发动所谓“法统重光”运动，驱逐了早先由皖系支持上台的总统徐世昌，拥黎元洪重新上台。很快，又通过收买议员、策划内阁辞职，甚至围困住宅断水断电等手段，把黎元洪赶下台。为实现“驱黎拥曹”的最终野心，曹锟与其党徒在北京甘石桥设立议员俱乐部进行贿选活动，承诺大选时出席议员每人贿以五千元支票，以防出现国会议员纷纷离京抵制的尴尬局面，致使大批被时人斥为“猪仔议员”的无良政客由沪返京。民国十二年秋天，五百九十人参加直系包办的“大选”，曹锟以四百八十票当选总统，并于“双十节”这天由保定抵京，“由正阳门入府”登上总统之位。但好梦不长，一年后，第二次直奉战争爆发，曹锟因军事失利不得不宣布辞职，直至十多年后病死天津英租界宅中，再也没能翻过身来。

曹锟做总统时，曹家“一人得道鸡犬升天”，家中妻妾亦“借其余威以肆虐”。古蓨孙著《甲子内乱始末纪实》载：曹锟三姨太有次应酬事毕自保定返京，却错搭了由保定驶向天津的火车。车到丰台发现方向不对，即强令站长“迅将车转向北行”。站长“始知乘车者系总统小妻”，便决定“将三姨太所乘之头等车一节、卫队车一节卸下，另挂一车头开往北京”。谁知换车头时需先向前启动，三姨太误为继续向南，“顿时柳眉倒竖，粉面生红，喝令卫队打人”，结果“受伤者不计”，连洋稽查也被围打致重伤，惹起外交纠纷，“赔偿洋人以巨金，始行了结”。

曹锟当上总统不久即逢其生日，搞得京城沸沸扬扬。以下为当时《晨报》的一则报道：“曹锟总统旧历十月二十一日生日，声明不做寿，禁止京外僚属馈送，已志前报。然近日外间争求贵重物品为献，希冀借寿礼名义，以为固结者，颇不乏人。于是琉璃厂东城各古董商以及天桥挂货铺，因之声势一振，稍为珍贵之件，皆价涨一倍有余。闻某当局自知靠山无人，恐新阁成立不能蝉联，乃借此机会，一表芹献诚意。日来觅得赤金镶宝如意一对，每重一百两，中各镶西洋表两个，周以金刚钻镶大珍珠及各色宝石。据云系内廷之物，索价甚奢，某当局允出万金，尚未成议，因日期已迫，不得已遂增巨额而得之，作为主要礼物之一……”看了这则报道，也就不难明白曹锟当年斥巨资贿选的算盘打得有多么精明了。贪官贿选，说白了不过是一种投资。杜绝贿选，关键是要堵住其背后各种“权力变现”的渠道。

王占元：官财两道据豪财

——李府大厨的先官后商发迹史

李鸿章创设的天津武备学堂不仅将其侍僮段芝贵送入军界，爬至北洋政府陆军总长高位，也将李府大厨王占元培养成北洋将帅，且把持湖北军政多年。王占元同样善于政治投机，借袁世凯称帝骤升，获封一等侯，割据一方；其以权敛财手段则更胜一筹，下野后专心经营所聚产业，由大军阀变身成为当时的大地主兼大资本家。

王占元，字子春，山东馆陶县（今属河北邯郸）人，生于清咸丰十一年（公元1861年）。民国二十四年北平新新印书局版《近代名人轶闻》载，王占元“清季在李鸿章幕中司膳，后投入宋庆部充伙夫”。社科院编《民国人物传》则说，王占元在进入宋庆的毅军之前，曾在1886年被保送入天津武备学堂第一期学习。1890年，王占元毕业，跟随毅军参加了甲午战争。1895年往天津小站，投入袁世凯编练的新建陆军，被委为工程营队官，并一步步由管带、统带、协统领升为记名总兵，又在辛亥革命爆发前晋升为陆军协都统。天津武备学堂这所名校无疑是王占元命运的转折点，使他“一登龙门则声价十倍”，在乱世中由一介伙夫而成将帅。但王的文化水平却并未因此得到多少提升，乃至一生中不断闹出笑话。《近代名人轶闻》载，一次登台训话时，“王演说云：‘人生在世，必有前提，倘无前提，有如马之失去前蹄，寸步不能移动。’全场闻王是言，为之莞然，盖王疑解‘前提’之时髦名辞，为马之前蹄二字也。”

王占元深知升官也要有“前提”，那就是唯主子马首是瞻，为其冲锋陷阵充当“前蹄”。武昌起义爆发后，王占元的第三协奉命南下镇压革命，在冯国璋指挥下夺取汉口，攻陷汉阳，使革命军孤守武昌，因此受到清政府赏赐，由统领晋为第二镇统制。袁世凯就任临时大总统后，北洋军各镇改制为师，王占元继续担任第二师师长，于民国二年、民国三年分别参与镇压“二次革命”，围攻反袁武装，先后获任“豫南剿匪总司令”及湖北军务帮办等。民国四年，王占元积极拥护袁世凯称帝，随段芝贵等人发电“劝进”。袁氏称帝后，王占元又借湖北宜昌附近山洞发现龙骨化石之机，编造离奇神话，向袁献媚说：“当此一德龙兴之日”，“天眷民佑，感应昭然”。又以血腥手段镇压反袁士兵。因效忠于袁，王占元先后获封一等侯及壮威将军、襄武将军，受命督理湖北军务，渐掌湖北一省大权。

王占元像

袁世凯死后，北洋军阀群龙无首，王占元为保住其在湖北的统治，采取左右逢源、八面玲珑的投机策略。黎元洪任总统时，与总理段祺瑞展开“府院之争”，王占元首鼠两端，立场暧昧，被任命为湖北督军兼民政长。张勋复辟失败，直系首领冯国璋上台，又与皖系头目段祺瑞展开新的“府院之争”，王占元虽为直系，但在南北两方战与和的立场上，仍是采取观望态度，最终又是渔翁得利，进一步扩大了自己的军事实力。冯国璋病死后，曹锟接掌直系，王占元附和曹锟和吴佩孚，在曹锟示意下被总统徐世昌任命为两湖巡阅使，又乘直皖战争之机兼并了部分皖系军队。其后直奉两头目曹锟与张作霖之间因分赃不均闹矛盾，王占元又居间牟利，成为北京政府“四巨头会议”的成员之一。

王占元一心想留在湖北，守住他多年来在那里实施割据统治所获既得利益。然而，水能载舟亦能覆舟，最终影响他在湖北去留的并非高层，而是取决于最底层的民众。荫余轩放著《民国野史》十分生动地记载了王占元在本省实施贪暴统治所带来的重重困境，以及他被逐出湖北的全过程：“且说湖北督军王占元到任已是七年，非但对于本地人民感情素恶，就连部下军队也弄得怨声载道。鄂省绅商屡次电达政府，请将占元撤换。政府因他手握兵权，迟迟未敢动手。王督得信，深恐自己地位不保，趁曹锟、张作霖在天津大开国事会议，便也远来加入。曹张两使许与携手，令他担任长江一方面职务。占元自以为势力巩固，即跟随曹张进京，向部里逼索欠饷六百万元。部里没法，只好勉筹了一半给他。他拿着这笔巨款回到武昌，只晓得盘剥生利，安享荣华。全省军队来索饷的，只用东搪西塞的法子对付。不上一个月，宜昌、武昌两处军队先后哗变，到处焚掠，商民叫苦连天，损失不下千万。”

当官的贪污军饷，当兵的抢掠为生——眼见当年清末各省督抚的类似丑剧又在湖北上演，“王督自觉面子上下不去，派出心腹将士带兵剿灭，击毙变兵不少，并当场擒获几名营长连长，解回督署枪决了事”。但是，“至于商民无辜遭殃，却未见分文赔偿”。于是，这些受了损失的商民“只得纷纷请商会及各团体电致政府，陈述王占元罪状”，而北洋政府见“人言啧啧”，遂派陆军部次长蒋作宾赴鄂，“一来向王占元责问，二来慰问受害各区商民”。岂料，“等到蒋氏南下，王占元竟置诸不理”，蒋一怒之下“亲往湖南面见赵恒惕”，请这位盘踞湖南多年的湘军总司令“出兵援鄂”。正当赵恒惕“游移莫决”，王占元又因省长问题，与鄂人大起冲突，“于是在北方的鄂人，齐向政府请愿。一面到保定去，运动曹锟、吴佩孚；在南方的鄂人，也向粤政府及湘省请愿。且湖北人在湘省当兵士军官的，为数不少，都动了爱护乡里之心，在赵恒惕面前竭力怂恿，个个摩拳擦掌，非逐去王氏不可……赵氏司令见时机已至，当派出两师……”。另据《民国人物传》载，这之后，“王占元任命第十八师师长孙传芳担任前敌指挥，进行防御和抵抗，但不到十天，防线就全面被突破”。于是，“王占元被迫辞职，携带他在湖北搜括的大批财物，逃往天津”。

《民国人物传》载：“王占元被逐出湖北后，派人串通张作霖、曹锟、吴佩孚、靳云鹏等军阀政客，企图东山再起。”但此后的王占元却再也没能押对“宝”：第一次直奉战争爆发，他所“极力巴结”的张作霖战败，退回东北。“他又把赌注押在曹锟、吴佩孚一方”，第二次直奉战争爆发，结果“曹、吴失势，张作霖重返北京，对王占元极为冷淡”。北伐战争前夕，王昔日部下孙传芳就任五省联军总司令，王应邀到南京就任孙的训练总监，并“奔走于南京、天津之间，撮合张作霖、张宗昌和孙传芳捐弃旧嫌，共同抗击北伐军”，但北洋军阀很快被击垮，王占元只好再次逃回天津，“托庇英国租界的保护”做起了“寓公”，直到八年后病死。据载，王占元用搜括来的钱财“先后在北京、天津、大连、保定购买了大宗房产”；在山东、直隶、湖北等地投资于纱厂、煤矿、面粉厂、电厂、银号等，垄断军用品，贩卖黄金、倒运铜元，置办土地，还把大量金钱储存在外国银行。中国自古虽有“为官发财，应当两道”之说，但也确有不少贪官以这种“先官后商”的形式携赃下野，带着他们贪敛所得，实现了所谓的“平安下庄”。

张敬尧：身兼两贼遭狙毙

——被冯玉祥两次捉放而假信基督

鄂督王占元被逐出湖北之前，湘督张敬尧也曾因贪鄙无耻，在毛泽东等进步青年和各界群众掀起的“驱张”声浪中被赶出湖南。据陶菊隐《政海轶闻》载，张敬尧督湘时，“湘人以民贼呼之”。多年后，张受日人豢养，出卖祖国，在北平六国饭店“歼于义士之手”，死后又被国人“谥为国贼”。“军阀之为贼者多矣，而祸国殃民，身兼两贼，未有如张之甚者”。

张敬尧，安徽霍邱人，生于清光绪六年（公元1880年）。《政海轶闻》说他“少无赖，流荡徐海间，投身盗薮，习于杀戮。后应募为小兵，因缘时会，擢第七师师长”。另据社科院《民国人物传》载，张敬尧也曾做过清末的士官生：他早年在家乡因偷盗被逐流落山东，因杀人逃到京津地区，投入袁世凯的北洋新军当兵，被选入随营学堂（即武备学堂），受训后回到部队担任下级军官，又在保定军官学堂毕业。武昌起义时，清廷命袁世凯派兵援鄂，张敬尧任第六镇十一协某标标统。民国成立后，陆军镇、协、标等名称改为师、旅、团，张敬尧改任团长。随后在镇压“二次革命”及围攻白朗反袁起义中，张敬尧替袁世凯征战有功，先后获升旅长、师长，成为袁麾下之得力战将。

张敬尧也曾为袁世凯称帝充当急先锋。据《政海轶闻》载：“帝制议起，梁士诒令沈云沛等组织各省请愿联合会，宴客于同兴馆，张亦被邀，手旱烟管，且吸且大呼曰：‘大总统高升一级，做大皇帝，只需下一道上谕，畴敢不从？请愿胡为，讨论胡为！’满座闻之愕然。”张敬尧的言辞，袁氏听了也觉得过于露骨，斥之“莽夫”，但“貌怒而心许之”，由此对他更加重用。袁世凯称帝后，蔡锷领导护国军起义，袁世凯命曹锟为总司令，张敬尧为第二路总司令，由四川攻打云南，他由此被擢授陆军上将衔。袁氏称帝事败身死，张敬尧“进退失据”，却“摇身一变，又以赞助共和自许”，还

张敬尧像

“卑词厚币”讨好蔡锷，逢人便说：“吾与松坡，不打不成相识。吾蓄倒袁之志久矣，非然者，滇黔岂足平耶?”其厚颜无耻，与当年段芝贵借杨翠喜一事表白自己“醉心革命已非一日”实属异曲同工。

张敬尧为了能跻身军阀行列，做梦都想拥有一片可供割据统治的地盘。《民国人物传》载，袁世凯死后，北洋军阀群龙无首，张敬尧在混乱中野心勃勃，先是在回防河南时试图取代河南督军赵倜的地位，未果。其后，把目标转向山西，制造以驱逐阎锡山为目的的“晋南事变”，又被北京政府所制止。此时，操控北京政府的北洋军阀集团已分裂为皖系和直系，张敬尧身为皖人，则顺势倒向时任总理的同乡段祺瑞一方。《政海轶闻》载：“南北战起，张以乡人资格媚事段祺瑞，附于皖系。段喜其愚昧易与，命与吴佩孚出击湘桂联军。”不久，自任南军湘粤桂联军总司令的谭浩明兵败“宵遁”，张敬尧被段祺瑞“授湘督”。一时间，“湘人皆相顾失色”，湖南全省民众对此叫苦不迭。

张敬尧在湖南的统治只有短短两年，却令那里的民众吃尽了苦头。首先，他想尽办法搜刮民脂民膏。《民国人物传》载，张敬尧通过滥发纸币，征收多如牛毛的各种捐税对商民敲诈勒索，并私运米、盐，勒种鸦片，大搞投机买卖，从中渔利。其次，他引狼入室，向英、美、日等帝国主义势力出卖主权和公产，从而中饱私囊。张敬尧曾将湖南全省未开采的矿产抵押给英人，将湖南第一纱厂抵押给日人，从而取得大量贷款，又将湖南省内最大的锌矿充股抵卖给美商公司，将沅江官田、湖南银行房产、矿务局地皮、湘吉轮船等拍卖给私商，直接攫取收益。张敬尧在湖南还推行愚民政策，摧残教育事业，克扣教育经费，命令下属长期占据学校，停止招生，七个月不给教员发薪。他还安插亲信，控制教育会、工会等群众团体，拥护他的反动统治。

张敬尧在湖南大搞家族统治，兄弟四人（即敬尧、敬舜、敬禹、敬汤）穷凶极恶，深遭湘人痛恨，当地流传歌谣：“堂堂乎尧舜禹汤，一二三四，虎豹豺狼!”《政海轶闻》载：“张四弟敬汤，市井无赖也，以兄力为旅长，人呼‘四帅’。恒着八卦衣，顾谓左右曰：‘颇似孔明否?’左右进以谀词，谓四帅武功非武侯所及，敬汤喜不自胜。又常出入绅吏家，见珍品，必抚摸再四，赞不释口。主人慨然赠之则喜，不然即托词假用，视为囊中物。故闻四帅枉步者，皆相顾私语曰：‘孔明又来做贼矣。’”张有一“假子”张继忠，所带部队奸淫掳掠，人称“烂五团”。据载：“张继忠者，曩为盗，张驻军徐州，抚之，悦其韶秀，纳为子，盗部编为第五团，继忠以团长而少帅矣。第五团入湘，旧性不改，且相与言曰：‘北地苦贫，吾侪好身手，所得恒不足当意。南人吾仇也，且富，良机可坐失耶?’故该团日为兵，夜则为盗，不止盗物，且杀人为戏焉，张知之不问。”

1919年，五四爱国运动爆发，张敬尧为讨好日人，以督军兼省长身份发布公告，不许学生“妄干政治”，严禁抗日活动，不准罢课。为了钳制舆论，他下令封闭《湘江评论》《新湖南》《救国周刊》等进步杂志，甚至连《湖南日报》和长沙《大公报》等当时的“主流媒体”也遭罚禁多日。在毛泽东和新民学会等进步力量的带动下，湖南学生青年及各界民众开展了轰轰烈烈的“驱张运动”，宣言“张敬尧一日不去，湘学生一日不回校”，并组织请愿团向北京政府控告张敬尧罪状，用大量事实揭露张的祸湘行径。一年后，直、皖二系酝酿战争，原本对张敬尧担任湘督感到不满的留湘直系军阀吴佩孚、冯玉祥准备撤防北归，便借助“驱张”声势，同时与南军达成默契，敞开防线，致使张敬尧单方受敌，最终不战而溃，逃离长沙，被北京政府以守土不力为由撤职。

张敬尧被撤职后，为复官到处投靠。直皖战争后，直、奉二系有意避免北洋政权矛盾激化，张敬尧一度被奉系军阀张作霖收纳。1922年，第一次直奉战争爆发后，奉系失利，张敬尧又投靠吴佩孚。1924年，第二次直奉战争爆发，冯玉祥发动“北京政变”，曹锟被囚，吴佩孚逃出北京，张敬尧被捕，后被冯释放以示“宽大”。张敬尧还一度投靠新兴军阀张宗昌，因被北伐军击败，又逃到东北，以清废帝溥仪为旗号搞东北独立。九一八事变后，张敬尧投靠伪满政权，被委任为平津第二集团军总司令。1933年，张敬尧在携带日军大笔活动经费进京策应攻城时，被国民党特务处派员暗杀在北京东交民巷六国饭店内，结束了其可耻的一生。

据《政海轶闻》载，冯玉祥对张敬尧曾有两次捉放：除北京政变这次之外，当年他逃出湖南后“曾一度赴南口，乞冯玉祥录用”，冯玉祥即“命缚之，且数其祸湘之罪，最后付以《新旧约》一巨册、《三民主义》

全集”，结果“张唯唯受教，两月，竟能成诵，冯怜而释之”。冯玉祥曾接受教堂洗礼，故有“基督将军”之称。但他由此也该明白：一旦脱离约束，再好的信仰或主义，也不能令贪鄙者的灵魂自动完全受洗。

冯国璋：“自污”难塞后人口

——家有“贪内助”，自命学萧何

冯国璋在所谓“民国八大总统”榜单上位列第四。此人也是北洋武备学堂出身的袁氏门徒，张勋复辟后虽只以副总统身份代理总统一年，却以“北洋三杰”资格成为北洋最大门派直系军阀的首领，退位后更摇身一变，成为“田连阡陌”的大地主和拥有多家企业及银行钱庄的大资本家。当人们指责冯“善自封殖”时，他却口称是模仿汉初“萧何自污”以“塞忌者之口”，堪称贪人“妙语”。

位于河北省河间市的冯国璋大院

冯国璋，字华甫，直隶河间人。据《民国人物传》载，冯国璋出身农户，童年时在家乡读私塾，青年时到保定莲池书院求学，因贫困辍学。后经人介绍到天津大沽口投淮军当兵，考入天津武备学堂第一期。冯国璋旧学基础较好，其间还一度回乡应科举，落第后回原校继续攻读，毕业后留堂当教习，不久即加入淮军将领聂士的麾下，甲午战争后又被推荐担任中国驻日本使臣军事随员。冯国璋在日期间留心考察军事，编成兵书数册，袁世凯誉其为“军界之学子无逾公者”，遂留他任小站新建陆军学堂督操营务处总办等职，修订新军兵法。此后，袁氏抚山东、督直隶，冯国璋一直是他的军中教务总管，又担任北京练兵处军学司司长，督理北洋各武备学堂等清末主要军校。经他之手，培养了一大批有浓厚北洋派系观念的军官，对北洋军阀集团的形成起了重要作用。

冯国璋作为袁世凯门徒，为袁氏自清末至民初揽权窃国尽效犬马。光绪末年（公元 1908 年）“两宫晏驾”，摄政王载沣携三岁幼子宣统帝溥仪临朝，为分化北洋集团势力，对冯国璋极力笼络，而冯国璋却始终效忠袁世凯。袁世凯被挤出朝廷“回籍养疴”期间，冯国璋亦对清廷不予合作。宣统三年武昌起义爆发，清廷派陆军大臣荫昌率军南下镇压，冯国璋与北洋各镇将领均不服指挥，迫使清廷不得不重新启用袁世凯。清廷被迫授袁军政全权后，冯国璋马上按袁指令与革命军激战四昼夜，攻陷汉口，纵兵烧杀，继而攻陷汉阳，炮轰武昌，为袁世凯赢得南北和谈的筹码，以功获封二等男爵。此时，京城满族亲贵控制的禁卫军反对清廷退位，成为袁世凯窃国的一大阻力，而冯国璋曾任陆军贵胄学堂总办，与满族亲贵们有着较密切的联系，于是按袁世凯旨意接掌禁卫军，对其中少壮派军官进行恫吓和利诱，终于使禁卫军官兵大都同意了谈判条件，最终促使袁世凯顺利当上了民国临时大总统。

最早有关冯国璋敛财的记载始于民国。宋教仁遇刺，孙中山发动“二次革命”，冯国璋奉命担任江淮宣抚使兼第二军军长，率师南下镇压。返京后，袁世凯为酬劳他，特地介绍自己的家庭女教师周砥与他订婚，又命他接替张勋担任江苏都督，坐镇南京。此时的冯国璋拥有重兵，雄踞东南，于是也像其他军阀一样开始割据牟利。据费行简《当代名人小传》载，冯国璋虽有“吝啬”名声，如喜欢在“诸友”圈中吃蹭饭，“远道风雨不能阻”；又如待客时将卤肉切得很薄，“免客攘其厚者”等。但毕竟“负气敢言，状甚激昂”，在军中“有冯蛮子之称”，不太关注生财之道。冯国璋的敛财，似与袁世凯给他介绍的那位续弦太太周砥有关：“周宿为女教员，敏达有识，乃劝其交荐绅，猎虚誉。”在这位“贪内助”的诱导下，冯国璋“竟易旧行”而“非复赳赳本色”，“镇吴四载，唯孜孜营利”，并且热衷经商，“石头城中商肆多所营业”。为了捞钱，冯氏使出了各种手段，甚至也不再顾及“虚誉”，“督江时至以贩烟，为报纸所诋”。冯氏在江苏任上着实捞了不少钱财，以至“廨宇火（冯的官舍失火），人谓钞币被焚者至数百万”。这样一来，冯国璋的官声自然扫地，他原本与王士珍、段祺瑞并称“北洋三杰”，后来竟演变为“段虎、王龙、冯狗”。那时的报纸也比较自由，“有某报訾之为狗”，结果冯国璋将该报“诉至大理院”，一时“传为笑柄”。

冯国璋还有一个“生财之道”，那就是吃空饷。许金城辑《民国野史》载：“冯国璋于辛亥革命时，曾由袁世凯调他为禁卫军”，此后这支军队的节制权便“永远落在”了冯的手上，“原来，清室当日的禁卫军，所定的军饷是特别优厚的，普通军队每师年饷约一百三十万左右，禁卫军却每师二百万”，这支军队共有一师一旅，“故每年多出了一百万以上，都是入了统帅的腰包里去的”。

袁世凯死后，冯国璋跻身黎元洪政府副总统之位；张勋复辟，黎元洪下野，他以副总统代理大总统。从南京到了北京，冯国璋更是急于寻找财路。另据荫余轩放著章回体《民国野史》载：“冯在军界多年，宦囊积蓄，本极充裕，无奈他前年运动副总统用去已经不少，去年在南京府中上房电灯忽然走电，竟被焚烧，所有多年收藏贵重物件，悉付一炬，家产又去其半，所以此时百计搜罗，急于要作桑榆之补。所有出进账目，概归亲信人张某一手经管。张某便想出种种法子，从中帮助。先将府内花园一部分划出，招人入内观览，在门口卖票，每人收券资一元。又将历年做寿所收联幛，摘去款字，招商估价承卖，得洋数千元。某日出外游玩，忽见三海中游鱼甚多，即招渔人入内包揽。先从北海试办，每年缴洋三万元，任其入内捕捉。原来三海地居上苑，自明清两朝数十百年，从来无人敢于过问。海中之鱼，皆系历朝放生之物，腮颊上都挂着金银牌子，刊明放生年月。在鱼可称得所，自有生以来，沾溉皇恩，游泳自如，万不料今日招此劫数。而且年深日久，这些鱼卵育其中，有增无减，数目不可胜记，大者数十斤，小亦有数斤之重。食料既丰，较之外间网得的格外肥美。因此一班酒馆饭店，又新发明了一宗佳品，情愿拿出加倍的价钱争先购买。一班渔人终日入内取之不尽，用之无穷，莫不利市三倍。后来被外国人晓得了，以为新奇，特出重资买了一尾去，果然鱼鳃上带有金牌，刻着嘉靖年号，外人即用水缸饲养，预备送回本国博物院去，任人观览。又特向中国官员询问，说是这种难得之物，贵国竟拿来当做普通食品，未免可惜，难道贵国总统，竟不加禁阻么？这官

冯国璋像

员不好明言，只得答道：现在总统政尚宽大，又值共和平等的时代，所以与民同乐。中国古时，周文王有囿方四十里，刍荛者往焉，雉兔者往焉，至今传为美谈。难道渔夫的纲罟，就应该独抱向隅么？”

这位官员的回答固然很有“文化”，但冯大总统本人的回答则更有“文化”。据《民国人物传》载，冯代理总统一年后，因与段祺瑞争斗而双双下野，回到河间故里，摇身一变，成为田连阡陌的大地主兼大官僚资本家。当人们指责他“善自封殖”时，竟答道：“吾学萧何田宅自肥之计，多为商业，以塞忌者之口耳。”此话与如今贪官以“人情社会”为借口受贿异曲同工，都是借用所谓“传统文化”的幌子，为自己的丑恶行径遮羞。

张宗昌：称霸绿林兴鲁难

——中韩复榘圈套遇刺济南

相比曾受训武备学堂的那些“北洋正统”，出身土匪、自称“绿林大学毕业”的张宗昌无异于一个军界暴发户。张宗昌于民国初年率匪投军，辗转钻营，两次直奉战争期间得到同为土匪出身的“奉帅”张作霖赏识，以此割据山东数年，实施残暴统治，被称祸鲁罪魁。

张宗昌，字效坤，清光绪七年（公元 1881 年）出生，山东掖县人。据社科院《民国人物传》载，张宗昌幼随父母流落东北为生，日与扒手小偷为伍，后来到北满当胡匪。清宣统三年（公元 1911 年），辛亥革命爆发，他“率胡匪百人至烟台，投山东民军都督胡瑛，后又跑到上海当上了光复军团长”。“二次革命”时，张宗昌于徐州背叛民军，投降了北洋军江淮宣抚使冯国璋。袁世凯称帝后，民党陈其美在上海策动反袁，他通过冯国璋的关系接受袁世凯金钱收买，派人将陈暗杀。袁世凯死后，冯国璋被选为黎元洪政府副总统，就任后留在南京，张宗昌做了他的侍从武官长，并在苏军内历任旅长、师长。但冯代理总统一年后，即被段祺瑞赶下台，随之死于河北老家，而张宗昌没了靠山，最终部队被解散，也不得不“只身北归”。

张宗昌人高马大，有“长腿”绰号

张宗昌在军界出身低贱，一生为此耿耿于怀。据曹芥初著民国史料集《死虎余腥录》载：张发达后，一次听部下各自介绍谁谁为某某学校毕业、谁谁为某某学校肄业时，乃大光其火，拍案吼道：“我张宗昌是绿林大学毕业!”当初只身北归后，成了“光杆司令”的张宗昌十分落魄，一度想再钻曹锟的门路，曾到保定向曹送寿礼进行活动，因受到秀才出身的吴佩孚歧视而最终无果。无奈去了东北，转投也曾做过土匪的奉系军阀张作霖，这位“绿林前辈”虽也给面儿将他收留，却只给了他一营宪兵，做了个小小营长。第一次直奉战争后，奉系退回东北，张宗昌在黑龙江一带逆势打了几场胜仗，收了些败兵及装备，逐渐有了实力。第二次直奉战争，张宗昌乘直系冯玉祥倒戈打了胜仗，一举收编了吴佩孚四个旅的兵力，由此队伍猛增。段祺瑞执政府成立后，张宗昌最终被任命为山东军务督办兼省长，从此独霸山东三年多，成为以“祸鲁”著称的当地军阀。

张宗昌独霸山东期间，全省陷入黑暗恐怖的局面。《民国人物传》载：张“勾结日本帝国主义，依靠地主豪绅，残酷地压榨人民群众，横征暴敛，无所不用其极”。他手下的大小爪牙也为非作歹，闹得济南城内乌烟瘴气。他到处招兵，但毫无军纪，又常不发军饷，一任其贩毒抢劫。山东百姓称张宗昌有“三不知”：“不知兵有多少，不知钱有多少，不知姨太太有多少”。他到任不久，就封闭进步报刊，把大批学生关进监狱。1925 年 5 月，更制造了帮助日本帝国主义镇压工人阶级的“青岛惨案”。张在山东杀人如麻，血债累累，还发明了“切开亮亮”（劈开头颅）、“听听电话”（把人头挂在电线杆上）等刽子手黑话。老百姓对他切齿痛恨，作歌诅咒：“也有葱，也有蒜，锅里煮的张督办；也有蒜，也有姜，锅里煮的张宗昌!”

张宗昌倚仗强权，大发横财。《死虎余腥录》载：“张宗昌踞鲁将近四年的功夫，搜刮的方法，除正赋外或是加捐加或是勒派，今天想多少钱，就下条子叫几县摊派，钱花完了就完事。那时山东人民真是在水深火热中，其痛苦实为全国之冠。其所纳之正赋数目，每地丁银一两，至少八元，多至二十元……按正额计算，有征至民国二十八年以上的。”书中开列了其从军事特捐乃至“娼捐”“戏捐”“鸡捐”等各项苛捐杂税名目多至五十一种。滥发的各种纸币、军用票、金库券等更是不计其数。说到这些钱的去处，书中写道：“张宗昌搜刮之民脂民膏，多为其私人享用，军队则多不发饷。兵士失去信心，战多失利。一次为鼓励军心计，筹款发饷，但粥少僧多，所筹之款不足分配，遂改为每兵士只发伍角。兵士领饷后语人：‘再给张宗昌打伍角钱的仗’。”陶菊隐《政海轶闻》亦载：“因军额无定，饷糈恒无所出，除其直属部队外，余皆按期摊派。兵士有衣不蔽体者，则以打劫为生。张知之，未便施督责。受委军、师长鉴于统兵为无上之投机事业也，只图军额之扩张，不计战斗之强弱，以故遍地皆兵，即遍地皆匪。”

张宗昌把搜刮来的大批钱财存入大连日本银行。他的姨太太有数十人之多，还到处强抢蹂躏妇女。《死虎余腥录》载：“一次宗昌兽性大发，醉心时髦女性，遂生一计，美其名曰‘参观某女校’，实为选妾。”又载其酗酒赌博一掷千金，生活极端奢靡腐朽：“张宗昌生活的奢侈是数一数二的，日用饰物无不奢华之极。仅一顶貂皮帽子便值千余元，其他可想。据在其内宅充过奴仆的人说，他家里天花板、木隔等糊的是花丝葛，地板铺的是外国丝绒毯，其他床帐被褥一应俱全，也是极尽奢华之能事。就指当老婆的说，已不是中等妇女的奢侈豪华可以比拟的。他最宠爱的七姨太太有一卷毛狗，是三千块大洋买来的，日食牛肉、牛奶、鸡子等食料，还有一个专门为之看护的狗妈。她装裱一座楼房花了五六千元，一双珍珠鞋值四五千元。姨太太均有副官一人，护兵二人，汽车一辆，其余婢仆、厨役无数。统计宗昌在鲁时，每年开支，比前任督军多至二十余倍。”

张宗昌耀武扬威的时间并不是很长。据《民国人物传》载：北伐战争开始后，张宗昌曾被任命为安国军副总司令兼直鲁联军总司令，南下顽抗，连遭挫败，退回山东。蒋介石叛变革命后，张宗昌与孙传芳乘宁汉分裂之机一度反攻，结果遭蒋、冯各军重创，再次退回山东老巢。1928 年，张宗昌终于抵抗不住，于 4 月底逃出济南，溃退至冀东，残师遭张学良及国民党白崇禧部夹攻，终被吞并，再次成为“光杆司令”。此后他跑到大连寻求日本主子庇护，逃到日本别府当了“寓公”。1931 年九一八事变后，张假谈“抗日”回国，一年后从北平窜回济南，引起山东新霸韩复榘的注意，利用张的仇人将他刺杀于济南车站。

张宗昌当年遇刺地点：老济南火车站

张宗昌当年为祸齐鲁，“鲁人慑伏威棱之下，敢怒而不敢言焉”，但在其老家一隅，却出现了另外一种景象。《死虎余腥录》载：“宗昌为鲁东掖县人，家本赤贫，不学无术，性憨。其父业吹鼓手（旧婚丧礼中之作音乐者），其旧居非茅屋即土屋。踞鲁后，为光其桑梓计，大兴土木，重建旧居之村，宛如一小城池，内筑洋房数座，城外导一小河似铁链，美丽如公园。”不仅如此，张老家一带乡邻故旧也都跟着沾光：“宗昌踞鲁后，其乡族、乡亲多奔赴济南求助。张关怀桑梓，抱‘既来之，则安之’之原则，多安插于其部下为军官。后鲁东民间为编一歌谣曰：‘会讲掖县话，就把洋刀挎！’”腐败作为一种负能量，有时会由一个人蔓延到一群人，产生“搭车腐败”现象。反腐败要做出正确的判断和决策，就要跳出“既得利益”群体的干扰，到更广大范围内去了解民意。

曹汝霖：媚外得肥激国愤

——由清末“日本通”变身民国汉奸

袁世凯称帝前，与日本签订了同意“二十一条”为主要内容的屈辱条约，成为几年后五四运动的导火索之一；而当时中方谈判的“主力”，就是身为外交次长的曹汝霖。五四当天，游行学生打出“外争主权，内惩国贼”的口号，冲进并火烧了曹氏豪宅“赵家楼”，曹汝霖多年间媚日卖国换取荣华富贵的秽声恶迹由此昭彰国史。

曹的媚日与其早年留日背景有关。曹汝霖，字润田，清光绪二年（公元1877年）出生于上海一旧官僚之家。社科院《民国人物传》载，曹幼读私塾，继入汉阳铁路学堂读书，后赴日本留学，先后就读于早稻田专门学校、东京法政大学。留日期间，曹对日本帝国势力十分崇拜，并站在维护清朝统治的立场上，鼓吹君主立宪，反对资产阶级民主革命。光绪二十五年，清政府派载振出使日本，曹以留学生代表身份极力逢迎，“大得载振欢心”。两年后回国被派任商部商务司行走，兼商律馆编纂，不久又通过留学生特科考试，中进士，授六品奏任官主事，归商部候补。费行简《当代名人小传》载，曹汝霖在清末“受知”于权臣弈劻和宰相那桐，二人将他当做“日本通”，“倚之若左右手”，凡与日本交涉事务“皆赖其赞画”，曹策划参与了一系列丧权外交。“东省疆吏人民咸指其损失利权太甚”，而曹汝霖反倒“朝眷日隆”，职务“迁至左丞，摄侍郎事”。奕劻的“皇族内阁”成立后，曹又升任外务部副大臣。

曹汝霖像

曹汝霖的媚日立场由清末延续到民国，一直左右着民初的对日外交政策。综合上述两传所载，早在日俄战争后，曹即曾作为袁世凯的随员参与东三省问题对日谈判，其所订条约使日本的侵占合法化。辛亥革命后，曹汝霖一度改当律师，袁世凯则“任之如初”，于民国二年任命其为外交次长，“仪同特任，与总长同等待遇”。民国三年，日本乘第一次世界大战之机，借口对德宣战，派兵登陆胶东半岛，强占了胶济铁路全线和青岛，曹的一系列绥靖外交策略遭到碰壁。民国四年，日方向袁世凯正式提交旨在灭亡中国的“二十一条”，曹汝霖奉命参与正式谈判的全部活动，而且曾受袁世凯之命多次私访日使，探听日方意图，密议成交条件，起草有关文件。经过几个月的交涉，日本以最后通牒方式，迫使袁政府签约，承认了“二十一条”中除“第五号”之外的全部条件，受到国人坚决反对。

曹汝霖更直接的卖国行为，则是以对日借款为由，不断向日本出卖中国主权。袁氏称帝后，曹汝霖当上交通总长，兼署外长。袁暴亡后，曹继梁士诒任交通银行总理，即通过日首相私人代表西原龟三，向日本兴业、朝鲜银行团借得五百万日元，成为“西原借款”的开端。张勋复辟，段祺瑞以“讨逆”为名起兵，曹汝霖又通过日本银行替段筹措军费，又与西原密谋，向日本特设银行团进行大宗借款。曹直接经手的“西原借款”公开数字达一亿多日元，这些借款主要供段祺瑞用于内战，充作推行“武力统一南北”的战争军需。为了取得这些借款，曹汝霖在谈判中不惜将中国的银行、矿山、交通事业等作抵押品。“一战”将要结束时，日本为保住其从山东掠夺到的利益，以两千万日元借款取得对济顺、高徐两条铁路的控制权，进而向中国提出处理山东问题的照会，特别强调战后胶济铁路“归中日合办”等内容。曹汝霖继续出卖中方主权，致电授权驻日公使章宗祥，授权他以“欣然同意”的复照交付日本。

曹汝霖帮助北洋政府卖国牟利，从而在交通、财政方面日益位居要职，逐渐取代了交通系头子梁士诒的位置，成为“新交通系”首领。“一战”结束后，中国以战胜国身份出席巴黎和会，参会代表在国人压力下曾向和会提出取消列强在华各项特权等要求，其中山东问题被列入讨论，但日本却以“二十一条”业已签订并有前述“欣然同意”复照文本等为借口，拒绝归还大战期间夺去的德国在山东占有的各种权利。当中国要求被和会拒绝及日本主张载入对德和约消息传入国内，引起国人一致反对，而曹汝霖则仍然坚持媚日卖国立场，还向大总统徐世昌进言“绝不可失日本之欢心，必须顺从其意”，并在国务会议上提出“独索日本之青岛甚非公平之道”，为日本侵占青岛辩护。1919 年 5 月 4 日下午，北京学生三千余人集会于天安门前，高呼“外争主权，内除国贼”、“拒绝和约签字”等口号，同时一致要求惩办亲日派卖国贼曹汝霖、陆宗舆、章宗祥三人。学生游行队伍包围并冲入曹宅赵家楼，现场揪住并痛打了章宗祥。曹汝霖躲藏并逃走，一场大火将其豪宅焚毁。

曹汝霖媚日卖国激起国人共愤，其藉此高官厚禄及暗中营植私利的逆迹也为“中外共瞻”，昭彰天下并形诸文字，载于各种史料。成书于民国十一年、署名荫余轩放的章回体史籍《民国野史》即载：巴黎和会消息传出后，“‘二十一条’之内容，亦完全宣布于外。又知近年所借日本款项，不下二三万万元，都是曹汝霖、陆宗舆、章宗祥三人经手，所得之款，均供给老段穷兵黩武及组织政党之用，弄得将山东、南满内吉林、蒙古等处筑路开矿及森林等权利，尽行拱手让与外人。而曹陆章等则因取得回扣之故，囊橐早满，且身居显要”。著名历史学家蔡东藩《民国演义》亦载：学生冲进曹宅后，“惟厅上摆设整齐，所陈桌椅，多是红木紫檀制成，学生免不得动怒，一齐喧声道：这都是卖国贼的回扣，得了若干昧心钱，制成这般物件，看汝卖国贼能享受几时！”书中援引五四运动中上海各界集会通电声援内容：“……夫段祺瑞、徐树铮、曹汝霖、陆宗舆、章宗祥等，迭与日本借债订约，辱国丧权，凭假外援，营植私利，逆迹昭著，中外共瞻，全国国民，岂有欲得甘心之意！”

学生及民众呼吁严惩曹汝霖

曹汝霖的下场耐人寻味。社科院编《民国人物传》载：“在工人阶级、爱国学生和全国人民爱国斗争的威力下，北京政府不得不于6月10日下令罢免曹、陆、章三人，并拒绝在《巴黎和约》上签字。”但此后，“由于北洋军阀和日本帝国主义的庇护，曹依赖搜刮所得的钱财，进行投资剥削……抗日战争时期，曹在北平，日本侵略军在华北扶植汉奸建立伪临时政府，曾聘曹为最高顾问，‘月赠公费二千元’。继又聘为伪华北政务委员会的咨询委员……1949年新中国成立前夕，曹汝霖逃往台北。1950年经香港赴日本，在东京等地居住，受到日本反动派吉田茂等的庇护和豢养。1957年曹汝霖迁居美国，1966年8月4日死于美国底特律。”尽管曹直到死前都在不断写文章替自己当年罪行辩白，但恶史是洗刷不了的，欲行涂改，也只能越抹越黑。历来贪官“洗心”难，要想在世人眼前“革面”，恐怕也没有那么容易！

韩复榘：祸鲁八年罪更深

——被军法处决前曾大骂蒋贪

军阀不除，鲁难未已。继奉系军阀张宗昌被北伐联军赶走后，叛于冯玉祥国民军旗下的新军阀韩复榘又祸害齐鲁大地近八年。与张宗昌的

“豪匪”作派不同，出身塾师之家的韩复榘在任时，常摆出“急于求治”的“儒帅”姿态，其统治则更加荒唐残暴，其搜敛方法、刮削民众的手段也更加毒辣。

韩复榘曾是冯玉祥军中最早的干将之一，在所谓“十三太保”中也属老资格。《民国人物传》载：韩复榘，字向方，河北霸县人，生于清光绪十六年（1890年）。韩的父亲在本村私塾当教师，韩随父读书，直至1910年因家庭困难辍学投军，入陆军二十镇冯玉祥营为司书生。不久，韩秘密加入了冯以读书名义组织的“武学研究会”。武昌起义爆发，韩参加了冯等人发动的滦州起义，事败被“递解回籍”。清廷覆亡后，袁世凯政府重新起用冯玉祥为左路备补军前营营长，韩复榘再投冯部，随冯升迁得到不断提拔，与石友三、孙良诚、孙连仲、刘汝明等十余人成为冯的亲信，有“十三太保”之称。第二次直奉战争爆发后，冯发动北京政变，建立国民军，韩由团长连续升至师长，但一度被阎锡山的晋军打败并接受收编。冯玉祥参加北伐，将韩召回，先后委任为国民革命军第二集团军第六军军长、第三方面军代总指挥等。后河北省政府成立，韩任委员；第二集团军缩编，韩改任师长。再往后，冯玉祥虽荐韩出任河南省政府主席，却又将他兼任的第二十师师长开了缺。韩认定冯因自己“投晋”一事产生不信任，对冯渐怀不满。

韩复榘逐渐叛冯投蒋，并由此换得了他在山东的割据统治。1928年冬，北伐战争结束，新军阀间开始争权夺利并于次年爆发“蒋桂战争”。蒋介石以中央名义任韩复榘为讨逆军第三路总指挥，令其率部讨桂，而冯玉祥则令韩按兵不动。此后桂系失败，冯仍不买蒋账，蒋即以劳军等名义对韩进行收买。蒋的优礼相加与冯的粗鲁责骂，令韩的立场逐渐偏移。后冯策划反蒋，韩因反对军队西撤被冯痛斥，于是率部东去转投蒋介石。1930年春，阎锡山、冯玉祥、李宗仁等联合发动反蒋的“中原大战”，蒋任韩为第一军团总指挥，在山东境内与晋军作战。当年秋，阎失败后，韩被蒋介石任命为山东省政府主席，直至1938年1月被蒋处死。

韩复榘统治山东将近八年之久。他与此前督鲁的奉系军阀张宗昌同样作威作福，成为骑在齐鲁百姓头上的土皇上，但与“绿林”出身的张宗昌一身匪气相比，少读私塾的韩复榘则多了些“仁义道德”的遮掩。传载：他摆出一副“急于求治”的姿态，严禁部下穿丝绸衣服，不准士兵上街游荡；他常到各地“巡察”或“私访”，随个人喜怒滥用赏罚；他可以把彻夜赌博的小职员误认为“能早起”而提升为县长，也可以据一封匿名诬告信而惩办他的僚属；他喜欢自己审案，当时流传着他判案的笑话：“左立者开释，右立者枪毙”。一次“途中发现短袖露肘之摩登妇女”，认为有伤风化，“当即逮捕”押往军法处，被《申报》报道，成为笑话；他成百地诱杀降俘，手段非常残暴；他成立“捕共队”，逮捕和屠杀了大批共产党员；他推行所谓“乡村建设运动”，用欺骗的手法来强化其封建统治。

韩复榘像

韩复榘指使山东省府参议郑继成刺杀前督军张宗昌一事，既出于保住自己“领地”的需要，也有为自己沽名钓誉的考虑。韩很注重自己的名誉，民国版《现代中国名人外史》载，九一八事变后，冯玉祥因抗日不成一度隐居泰山，其间“日用所需，全由韩担负供给”。韩还时常“躬赴泰山”，“以示安慰及尊崇”，被一些人赞为“贵不忘本，谦以自牧”的榜样。“冷眼”著《鲁风》一书记载了这样一则故事：济南珍珠泉位于省府衙门之内，警备森严，一名学生硬要走进省政府去看泉，与守兵发生冲突，被韩打了两个耳光，关了起来。但“关了两天，主席想到打学生耳光之不对”，便叫校长来领回学生，还声言要学生“打还我两个耳光”，最终以自罚五百元钱了事，此后更是下令“省政府于一年一度的省政府纪念日开放门禁，让大家赏赏珍珠泉”。

韩复榘的“好人好事”与其恶行劣性相比，则不啻九牛一毛。署名“景世仁”、刊行于民国二十八年的《韩复榘祸鲁七年罪恶录》一书载：“韩复榘出身贫寒，贵为主席后，仍视财若命，且性又贪婪。见党府正对彼倚重之时，乃利用机会广事搜集，大刮其地皮。第一先与各厅长商妥，每月各机关之政费，除正式开支外，须每机关报效若干。此各项政费，包括行政、建设、教育、司法及地方各款，每月不下数十万元，皆入韩之私囊。此为韩最大之收入。其次，各军队驻防各县，皆有所谓特别收入，如划定矿税为某师长管辖，统税为某师长经营。此各种收入中，每月又须为韩提出若干。其余如将各县长划分为四等，一等县一万元，二等县五千元，三等县三千元，四等县一千元。无论何人，如欲至某县任县长时，即须照规定先将运动费缴纳，然后始能前往任职。总计韩每月营收入不下七八十万元，数目之巨，实堪惊人也。”又载，“山东之烟酒税为鲁省各种税收中最大之收入，全省一百余县，均设有烟酒税分局，因此各县之分局长成为当时之美差……人之欲得是职者，须有相当贡献始可到手。其规定办法：一等局六千元，二等局四千元，三等局二千元。凡人欲得一烟酒局长，未就职之前先破费一笔巨款”。

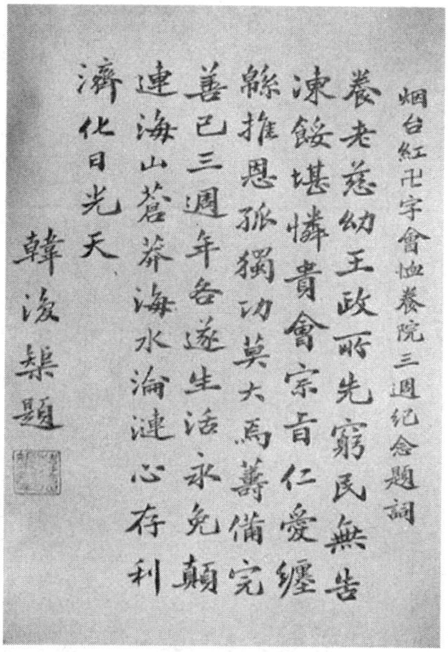

韩复榘墨迹

韩复榘在山东刮削民众，勒索富绅，利用金融工具狂发纸币大肆渔利，更截留侵吞中央政府下拨的治黄经费，导致大批水淹民众家破人亡。前书载：1937年抗战爆发，“蒋介石之命令是焦土抗战，韩只作了一半焦土而不抗战”，当年年底在纵兵大肆抢劫后即行溃逃。据载：“韩复榘在鲁横征暴敛，残民以逞，所积造孽钱约达六七千余万元，一部分购买金条，一部分早经汇出，余则均系现银与钞票……濒行之际，地方商民又被敲骨吸髓，共计刮去不下一千余万元。并将中国交通、民生各银行之纸币，席卷一空，预将所存金条、现银与纸币等项装载铁甲车内，运至开封车站守候，拟俟个人到开封时，再设法运往汉口，转汇香港等处，以备亡命后逃居香港、沪等处，度其寓公生活。”

韩复榘与蒋介石间矛盾重重，终于在1937年年底爆发。当时，蒋介石由南京退至武汉准备入川，韩则与刘湘、宋哲元密谋倒蒋，蒋介石接密报决心杀韩。1938年年初，蒋介石借口在开封召集北方将领会议，邀韩到会后将他逮捕押至汉口，不久即以“违抗命令，擅自撤退”的罪名将其处决。《罪恶录》一书披露，韩复榘被捕后曾“肆口谩骂”，将蒋、宋、孔等人贪污行为尽行揭出，“大意谓责我种种罪状……我较彼犹胜百倍云云”。这也许正是蒋不问其贪而只以军法将其处决了事的原因。己不正，何以正人？

第七章 一朝叛义陷沉沦 跨越“红黑”作恶深

那些曾经『革命』的贪官们

中国现代史上的多次革命浪潮，造就了无数为信仰抛头颅洒热血的仁人志士，也淘洗出了不少投机者、变节者。而当一个人背弃了对高尚目标的追求，失去了精神上的信仰，则极易走上反向的极端，不仅追臭逐腥，堕身贪腐，甚至会成为没有做人底线的危险人物。

陈炯明：投机革命叛北伐

——政客的明天往往就是贪官

在中国民主革命的历史上，陈炯明是一个极尽反复无常而又复杂多态的人物。他革命资历丰富，是多个革命组织的加入及创立者，多次革命行动的参与及领导者，同时又是广州起义的退阵者，辛亥革命的破坏者，“二次革命”的逃跑者，护国运动的观望者，护法运动的阻挠者，北伐战争的叛变者。此人“布衣粗食，貌似狷介质朴”，却“实则贪墨好货”。其“掊克聚敛，肥己害民”，亦丝毫不逊于前清及北洋政府的贪官污吏。

陈炯明，字竞存，广东海丰人。据《民国人物传》载，陈炯明生于富商之家，二十岁中秀才。后逢清政府取消科举，入广东政法学堂（中山大学法学院前身），以优等成绩毕业，被海丰县推选为省咨议局议员。又因“仗义执言”“建议独多”，博得一些社会声誉，并加入了由孙中山先生组织领导的同盟会，担任新军联络工作。另据鲁直之等编、民国十一年版《陈炯明叛国史》载，陈的这个广东省议员身份“来路不正”，是籍族亲陈炯光父之“赀助”以及同门师弟马育航之“奔走”换来的。后来广东新军起义“战二日而败”，陈炯明“与闻其事”，以“未执重要职务”而“幸免通缉”，从而保住了他的议员资格。

陈炯明的慷慨陈词给人印象深刻：“当时之属望于陈氏者，未尝不谓其能持正谊，或能不为势动，不为利诱。”然而过了不久，“前此之假面具”就被“全行揭穿”。辛亥革命前，新军曾于当年春天组织广州起义（即黄花岗起义），陈担任起义领导人之一，又负责率领一路敢死队进攻巡警教练所。但起义当天，黄兴等人率领敢死队冲进两广总督署，同敌人浴血搏斗，陈炯明却置众于不顾，单独逃跑出城。《陈炯明叛国史》载，黄花岗之役“革命党死者七十二人”，陈炯明因在起义时“无所举动”而“得幸免”。陈炯明避至香港，黄兴曾“语诸同志”说：“竞存此人，不足与共大事。观其眸子，足知其阴险，须亟除之，免为后患。”

陈炯明时隔数月再次“投身”辛亥革命，却乘机捞了个粤督的位子。

1920年年底任广东省省长兼粤军总司令的陈炯明

宣统三年（公元1911年）武昌起义后，同盟会南方支部决定在广东一带组织四路武装起义，陈炯明拉起一支数千人的队伍，命名“循军”，与另一路武装一同光复广州。广州光复后，胡汉民任广东都督，陈炯明任副都督，并于胡随孙中山赴南京后代理都督。陈炯明掌握广东军政大权后，即以“裁减”民军为名，强行解散和镇压当时光复广州的其他民军，枪杀老同盟会员，又以绥靖地方为名，对各地民军进行“剿办”和屠杀。但对清廷镇压革命的刽子手龙济光所率“济军”则“优礼有加”，并委任其为副绥靖经略。

陈炯明在“二次革命”期间的表现依然不佳。民国二年（公元1913年）宋教仁被刺后，孙中山策划反袁，陈炯明以“内部不一致，实力还薄弱”为由拒绝出兵。袁试图分化南方阵营，于是撤销胡汉民都督职务，正式任命陈炯明为广东都督。此后，陈对孙中山、黄兴的讨袁号令更是百般拖延，直到江西、南京等地纷纷举兵讨袁，陈才被迫宣布广东独立。但紧接着，他手下第二师师长苏慎初倒戈，自立为都督，炮轰都督府。陈炯明一闻炮声，立即携带巨款乘法国炮艇逃往香港，转赴新加坡。“二次革命”失败后，革命党人相继流亡海外，但与孙中山、胡汉民等人在海外艰难度日相比，陈炯明一伙人则过着富商的优裕生活。正如《陈炯明叛国史》所载：“时亡命海外者，胡部最苦，而陈部反之。盖炯明出走时，挟赀百余万，马育航、钟秀南等亦如之……故得设通益公司于新加坡，设银行于吉隆坡，种树胶、营锡米于山巴，复携亲友而畅游巴黎，以视孙公之在东京，月贷四百金维持数十党人者，苦乐迨天渊矣。”与此同时，他还在南洋另立组织，拒绝响应孙中山继续讨袁的号召。

陈炯明对革命首鼠两端，唯以一己之利权衡。袁氏称帝野心暴露，全国再次兴起声势浩大的护国讨袁运动，陈炯明几经观望，见袁大势已去，才回到广东组织民军起义，并于民国五年春成立所谓“粤军总司令部”，自任总司令。袁氏暴卒后，黎、段组织北京政府，陈炯明随即宣布拥护，却只得到一个“定威将军”的空衔。陈失望之余转而竞选议员，又被他人抢先。于是再次转投孙中山，于民国六年加入了反对北洋政府的护法运动。孙中山捐弃前嫌，任命陈炯明为援闽粤军总司令，陈炯明重掌军权，却只顾扩充实力而迟迟不肯入闽。后来，在孙中山多次催促及全党人力物力支持下，粤军十个月后终于打败福建北洋军，建立闽西南根据地，与北方军队达成停战协定，陈炯明又在漳州一带标榜“刷新政治”，建立独立王国，多次抗拒孙中山调遣。粤军回师攻克广州后，陈被任命为广东省省长兼粤军司令，又多方阻挠孙中山由沪返粤。民国十年，广州非常国会选举孙中山为非常大总统，陈炯明又跳出来极力反对。孙中山主张北伐统一全国，陈炯明则以“保境息民”“联省自治”加以对抗。后来更发展到与湖南督军赵恒惕结成反孙联盟，暗杀拥护北伐的将领，乃至以辞职抗拒北伐。

陈炯明反对北伐，很大程度上是出于维护自己在地方上的私利。据《陈炯明叛国史》一书所载，此人“贪墨好货”，“兼具其辣”，较清代官僚“更加一等”。“援闽之役，炯明在潮梅勒销公债，私抽盐厘矿税……统计搜刮之数总在三百万元以上，间有用于军事者，然入私囊总在半数以上”。“迨入闽南后，苛抽强勒，一如潮汕，复迫闽南人遍种罂粟……九年之役，犹携多量烟土返粤，世人目之为定威嘤（陈曾有定威将军封号）。故当粤军去漳之际，闽南人如释重负，漳厦居民歌舞相庆，匝月未休”。“及返粤后，即以马育航、陈达生为聚敛之左右手……断自十一年春，由粤汇新加坡之款，实有五百万元之巨……民选县长，则明明假自治之名，行卖官之实”。

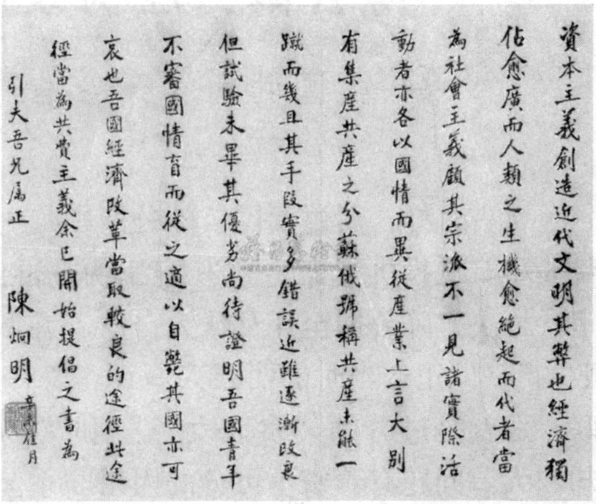
資本主義創造近代文明其弊也經濟獨
佔愈廣而人類之生機愈絕起而代者當
為社會主義顧其宗派不一見諸實際活
動者亦各以國情而異從產業上言大別
有集產共產之分蘇俄號稱共產未能一
蹴而幾且其手段實多錯誤近雖逐漸改良
但試驗未畢其優劣尚待證明吾國青年
不審國情盲而從之適以自斃其國亦可
哀也吾國經濟改革當取較良的途徑此途
徑當為共貴主義余已開始提倡之書為
引夫吾兄屬正
陳炯明

陈炯明手书。其中表达了他早年的一些政治观点

《国民人物传》载，为了破除陈炯明的干扰，孙中山下令免去陈的广东省省长、粤军总司令、广州政府内务部部长三职，仍保留其陆军部部长一职以观后效。但陈炯明不久即积极策划武装叛乱，并暗中与直系军阀吴

佩孚达成反孙协议，条件是"畀陈以两广巡阅使之职"。民国十一年六月十四日凌晨，陈炯明下令炮轰总统府，妄图置孙中山于死地，未能得逞。次年元月，孙中山通电讨陈，陈炯明逃到香港，仍指挥军队顽抗，最终被彻底打垮。传载："陈蛰居香港，鼓吹反共反革命，并拉拢一些人组织致公党，自任总理。"1931 年九一八事变后，陈又主张"宁（南京政府）任外交，收复失地；粤任剿共，巩固后方"，与蒋介石的"攘外必先安内"遥相呼应。直至 1933 年病死香港。孙中山奉行"天下为公"，而陈炯明一生则唯利是图，这便是政治家与政客的分水岭，也是识别公仆与贪官的根本性特征。

陈公博：汪伪政权"陈后主"

——被国共两党开除难道仅是"政治失败"

自古百奸，莫过卖国，陈公博则是一个由政治投机者变身卖国贼的现代典型。从投机革命，到追随汪伪，再到抗战后以头号汉奸被引渡、公审、枪决，陈公博至死都认为自己"在政治上是失败了，人格上是没有失败的"。但正如当时的明眼人所评，陈一生悲剧与其"两大毛病"不无关联，那就是过分的"贪恋女色"和"热衷禄位"。有些事看似"小节"，却与大节问题有着密不可分的因果联系。

陈公博曾撰写《少年时代的回忆》，透露自己自学生时代即想"向上爬"，成为"新贵人"；而这一切，都与他幼年家庭环境及经历有关。据社科院编《民国人物传》载，陈公博清光绪十八年（公元 1892 年）生于广东，父曾为广西提督。陈少年时，其父在广东举行反清起义事败被判永远监禁，陈一度避居香港半工半读，吃了不少苦；辛亥革命后广东光复，其父出狱当选为省议会议员，陈公博当过县议员、入过学生军、做过教员等。五四运动前，陈公博考入北大哲学系。陈后来回忆，他那时对五四运动"鼓不起兴奋"，却带部分广东学生组成"十人团"，提出"制造新贵人"口号，即"抓着机会便要向上爬"。

陈公博曾是中共一大广东代表。《民国人物传》载：1920 年，陈从北大毕业后回到广州，任法政专门学校教员。这时他已开始接受和宣传社会主义学说，并受陈独秀委托，在广州主办“宣传员养成所”，又和谭平山、谭植棠一起筹办《群报》，作为宣传新思想、新文化的阵地。年底陈独秀到广州找到他们三人，发起成立广东共产主义小组，并于1921年3月组建了广州共产党支部，陈公博负责宣传工作，还参加了广州马克思主义研究会和社会主义青年团的组织工作。当年7月23日，中国共产党在上海举行第一次代表大会，陈公博作为广东代表出席参加。在会议过程中发生法国巡捕搜查会场的情况，他不等大会结束，就带着自己新婚的妻子到杭州度蜜月去了。1922年陈炯明公开叛变孙中山，上海中共党组认为陈公博与陈炯明有勾结嫌疑，需要审查，他大为不满，自行宣布脱离共产党。组织上先是准备给他留党察看的处分，但他坚持己见，后被开除党籍。

陈公博像

陈公博离开中共后改变政治信念，加入国民党，并逐渐成为汪精卫的忠实追随者。早在中共一大后，陈公博回到广州，即与汪精卫有所接触。当时汪任广东教育会会长，陈“以文字见赏于汪”，并担任了教育会评议员。陈公博离开中共后于当年11月去日本，翌年2月由日赴美，入哥伦比亚大学学经济。他在《我与共产党》一文中回忆，在那里，他研读了马克思的著作，认为“马克思所说中等阶级消灭的理论绝对不确”，“马克思的辩证法不确”，“马克思所谓剩余价值也是片面的观察”，从而根本否认了马克思学说，认为中国不能实行共产主义。1925年2月，陈毕业回国，到革命高潮中的广州任广东大学（中山大学前身）教授，经廖仲恺介绍加入了国民党，并在当年7月汪精卫担任广州国民政府主席后，被委任为军事委员会政治训练部主任和广东省农工厅厅长，参加国民党中央党部工作。廖仲恺被刺身亡，他又继任国民党中央农民部部长。次年，兼任广东大学校长，又在国民第二次全国代表大会上当选为中央执行委员。

陈公博自北伐起逐渐公开反共，又与蒋介石政权形成对立。1926年7月，陈公博主持北伐军总司令部政务局，随总司令蒋介石北伐。陈在占领区湖北、江西等地任领导职务期间，对中共领导的工农运动十分不满。次年四一二反共政变后，蒋、汪间发生“宁汉分裂”，陈坚定支持汪精卫的武汉政权。7月，“宁汉合流”，陈公博追随汪精卫走上公开反共道路。后宁、汉再度分裂，陈高喊反蒋，依然反共；被蒋开除党籍后，又联络军阀策划倒蒋。1930年，汪、陈利用“中原大战”倒蒋失败，一度跑到欧洲。一年后九一八事变发生，陈回国，恢复国民党党籍；次年国民党各派成立“统一合作”政府，汪任行政院院长，陈任实业部部长。汪打着“一面抵抗，一面交涉”旗号同日寇勾结，与国民党内亲英美派矛盾日益激化，于1935年被刺。汪出国就医期间，蒋自兼行政院院长，陈不得不辞职再度赴欧。

陈公博自抗战爆发后开始走向叛国，最终走向覆灭。1937年七七事变发生后，陈回南京任中央民众训练部部长等职。次年国民政府撤退到四川，陈又兼四川省党部主任委员等职。但陈与汪精卫一样，对抗日早就丧失信心，不断鼓吹“抗日必亡”论调。1938年年底，汪携党羽离重庆叛逃越南，陈亦尾随出境并帮其发表投敌声明。经过一个时期的“徘徊观望”，陈决心彻底追随汪精卫，接受了参加伪政权的邀请。1940年3月30日，汪伪政权于南京正式“开张”，汪任伪国民政府行政院长、代理主席，陈任伪立法院院长兼伪军事委员会副委员长、政训部长，成为“二号人物”。嗣后，又兼伪上海市市长、上海市保安司令及法租界区公署主任等，兼职之多，被人讽为“五官俱备”。又任“清乡会”副委员长，对共产党和抗日民众进行打击。1944年11月，汪精卫因旧枪伤病发而死，陈公博就任伪行政院院长，代理伪国民政府主席，被讽为汪伪政权“陈后主”。尽管他因感到日本将败而与蒋合作，配合反共，联络军统等，但蒋并不买账。1945年8月，日本投降，陈公博解散伪政府后“率领妻妾，携具多金，逃往日本”。10月，经国民政府交涉，陈被引渡回国受审。1946年4月，蒋政权迫于国人要求严惩汉奸的舆论压力，判陈死刑。6月，陈在苏州被枪决。

陈公博走向罪恶道路并得到可耻下场，亦与其平日为人有关。据车吉心主编《民国轶事》所录时人著述称，“陈公博天资聪明”，“但此人有两大毛病：贪恋女色，喜欢拈花惹草，此其一。其二热衷禄位，爱慕虚荣，大有不可一日不做官之概。他参加汪精卫的伪组织，据说原本很勉强，最后弄到受国法制裁，一枪毙命，如果不是他太糊涂，就是热衷做官所得的结果”。胡开明辑、1946年1月版《汉奸内幕》一书载：“陈公博是个‘好色贪花，嗜财如命’的贪污种子。”又载，陈为揽权而自兼伪警察局局长，副局长卢英“为逢迎计，乃于愚园路卢之私邸设一密室”，其中“铺陈豪华，百珍俱备”，并有象牙床、犀角烟枪等“清宫珍物”，“卢以之敬局座”，陈“颇得意此室，每日下午四五时后，则必莅室”，在那里玩女人、“讲斤头”（谈生意讨价还价）以及“雀战”豪赌，“陈半生搜括所得，盖得自此密室不少”。此外，他将“所昵”情妇选为秘书，挂名职务，又将下级官员“进献”的舞女“藏之金屋”等，也都见于上述史料。据1946年4月13日《申报》载：陈公博听罢死刑判决，仍坚称“本人在政治上是失败了，人格上是没有失败的”。而事实上，对低级趣味和卑琐人生的追求，无疑是不断诱导此等败类走向毁灭的持续动因。

周佛海：“半仙”难救汉奸命

——自称做一大代表“就是政治野心”

汪伪政府有“三脚猫”一说，意喻汪精卫、陈公博和周佛海组成的汉奸“三巨头”联手卖国。周佛海早年也曾投机革命，他毫不讳言：“当时所谓个人的动机，就是政治的野心，就是 Political ambition。”正因如此，他竟然为了不愿交党费而闹情绪退党；也正因如此，抗战爆发后，周从依靠蒋转向依靠汪，主动叛国降日。周曾自倚抗战末期重新投蒋变身“接受大员”而有恃无恐，但由死刑减无期后仍病死狱中；其仗势敛财逐色的那些丑事也被曝光于天下。

周佛海像

周佛海是湖南沅陵人，清光绪二十三年（公元1897年）出生于一个官僚地主家庭，幼年丧父。《民国人物传》载，周佛海幼年顽劣，上高小即“因欺负新同学受到谴责而自动退学”，上中学时志愿不高，“只想进长沙省立高等师范，或在不能升学时谋求当一名县政府的书记（记录）甚至小学教员，就心满意足了”。而另据王觉源《近代中国人物漫谈》载，周佛海年纪稍大后“相貌不俗”，“平易近人”，给人以“文质彬彬”且“老诚儒雅”的感觉，因而“获得亲朋之资助，始得勉强入学”，并获赴日留学机会。周后来写回忆文章说，他在日本“看到共产主义和俄国革命的书籍很多，对于共产主义的理想不觉信仰起来”。但正如王觉源“漫谈”所评价：周的思想“民国十年前后忽左忽右，殊未固定，甚至可说，终其生亦未固定”。这恰恰揭示了周何以在日后变来变去，成为一个没有信仰、甚至没有道德底线的危险人物。

周佛海对马克思主义的研究比较肤浅，其一度入党并成为中共一大代表的经历，主要出于个人野心。1920 年，周由日本回湖南省亲，正逢省内因驱逐张敬尧运动而交通断绝，在滞留上海期间，结识了在那里避居的陈独秀以及共产国际代表魏金斯基，对在中国建立共产党组织产生了兴趣。另据丁民编《当代中国人物志》载，也就在此时，周在沪结识了日后成为其妻子的杨淑慧。《民国人物传》载：1921 年 7 月，中共第一次代表大会在上海召开，周以留日学生党员代表身份参加，会后仍回日本，升入京都帝国大学经济系。周回顾这段历史时，对其入党动机毫不讳言地说：当时的确是“抱负不凡，深以将来的大政治家或革命领袖自命”。甚至干脆承认这“就是政治野心”。他在比较了英国产业革命时期与当时的中国经济状况后，认为“人的要素和物的要素，在中国几乎等于零”，从而得出马克思主义不适合中国国情的结论。1924 年国民党一大开启国共合作，周应戴季陶邀请由日返穗，担任国民党宣传部秘书兼广东大学教授。按当时规定，周有了收入应向中共党组织交纳部分薪水作为党费，但其妻杨淑慧表示反对，周由此拒绝参加党的组织活动，并散布对党的不满情绪。最终，中共广州区执行委员会同意了他的脱党要求。

周佛海脱党之初，为表明他要当一名“国民党的忠实党员”，曾创办反共杂志，发表反共文章。1926 年北伐开始后，周通过戴季陶介绍得到蒋介石信任，历任黄埔军校秘书长兼政治部主任、政治总教官等职。1931 年当选为国民党中央执行委员。1933 年起，周担任国民党民众训练部部长，是“中统”特务首领之一，又是国民党军事委员会“蒋委员长”侍从室的组长之一，成为蒋的贴身机要人员。1937 年七七事变爆发，周佛海对抗日战争前途悲观绝望，认定“战必大败，和未必大乱”。上海八一三事变后，国共两党联合抗日，周却在南京与一些政客大唱“和平”低调，被胡适称为“低调俱乐部”；周又网罗一些“文化界人士”成立“艺文研究会”，制造反共降日舆论，成为以汪精卫为首的亲日集团骨干。1938 年，周瞒着蒋介石秘密派人赴日，与日本陆相板垣征四郎等多次晤商，协定叛逃，并于次年年底与汪等从重庆逃到越南，登报声明叛国降日。作为汪伪集团的谋士和重要推手，周在理论、宣传、组织等多方面不遗余力地发挥作用。1940 年 3 月，汪伪政府“开张”，周身兼人事、外交、军事、财政、特工等多方面要职，地位仅次于汪精卫和陈公博。他沾沾自喜地说：“此次中央，实余助汪先生组成”，“人生有此一段，亦不虚生此一世也”。

周佛海在汪伪政权中独具“优势”，使他在稳坐高位之余，安享腐败“红利”。《近代中国人物漫谈》指出，周胜于陈公博处，一是他的留日资历，使他“易与日人沟通声气”；二是曾任蒋幕府多年，认识文武高官多，“懂得玩弄现实政治”。日伪时，“中国南北两家银行系统，皆在日人操纵把持之下”，其中“中央储备银行完全是由周佛海一手搞成”，并“推荐钱大櫆担任中储总裁”。于是，“周、钱狼狈为奸，利用中储操纵了中国东南半壁的金融财政，财源滚滚，私囊日益充盈”。据载，“周、钱不仅在经济上勾结起来，即风流玩乐之事，也是合作的”，“钱公馆不仅成了周佛海来沪时的临时公馆”，“且有汪家班大观园之称”。钱夫人“原是北平八大胡同的女中英雄”，周佛海“在钱氏夫妇殷勤巴结下，便不觉落进了桃花潭里”，以至“在其众干女儿的脂粉阵里”大有“乐不思蜀之概”。

周佛海的私生活不断闹出绯闻。周发迹后，在十里洋场的上海“排场之阔绰、挥霍之豪奢”堪称“顶级”。胡开明辑《汉奸内幕》载，周“大权独揽，饱暖思淫”，引起其妻杨淑慧不满：“周逆大妇以周逆‘位极人臣’，享尽荣华，但犹引为不足，尝自叹曰：‘我们这有钱有势的人，要什么有什么，然亦有时处处不能称心！’”“漫谈”一书则披露：“周佛海系伪府的特务头子，杨淑慧亦有自己的特工组织。周的特务对外查究奸宄，杨的特务则对内监视老公。”此外，“周佛海的次子名幼海，当年因为老子有钱有势，儿子亦成了花花公子型的人物，风流不亚于乃父，更是一‘干父之蛊’之流耳。传说：周佛海有个情人施丹苹，为上海有名的交际花，幼海亦常与之谈情说爱”。多年后，这一“传说”也得到证实。1948 年 1 月，周佛海因汉奸罪在南京老虎桥监狱服刑期间心脏病发作，天津《真善美日报》即于 19 日报道：“此次周逆病势转重之缘由，说来颇为可笑，缘渠子小海近与名交际花施丹苹缔结秦晋之好……”

据《民国人物传》载，随着反法西斯战争节节胜利，投机成性的周佛海眼看大事不妙，又想重投蒋介石怀抱，并在“剿共”及“接收”等问题上与蒋多有合作。但战后国民党当局慑于舆论压力，还是以叛国罪判其死刑。周佛海不服，多次申诉，于1947年得蒋特赦令，改判无期，次年仍病死于狱中。周佛海死后其部分日记在香港发表，其中屡有“找刘半仙谈八字流年”的记载，“漫谈”一书指其叛国为奸“或许是为他的生辰八字信着了迷”。这倒又给如今那些“不信马列信鬼神”的“少数官员”们提了个醒：“玄机”算尽，不如时常摸摸良心！

李士群：同恶相济无久合

——为何蒋汪日特都要除掉他

当年周佛海减轻其汉奸罪责的证据之一，便是他曾按照蒋介石在重庆下达的“锄奸令”，与军统合谋借助日本特高课之手，毒死了汪伪政府特务头子李士群。李士群一生也经历了由投机革命到充奸卖国的多次叛变，他“杀人如麻，攫金无算”，“声名仅次于汪、陈、周三个巨奸”，最终作恶多端且众叛亲离，死在与之沆瀣一气的群魔手中。

李士群生于清光绪三十一年（公元1905年），浙江遂昌县人。《民国人物传》载，李早年丧父，少读私塾，后离开农村赴上海，入美术专科学校、上海大学读书，并曾游学苏联，肄业于莫斯科东方大学。多年后，汪精卫在《李士群墓碑铭》中说，其肄业原因是“值国内北伐军兴，投袂回国”。李回到国内，经同学介绍加入中共。大革命失败后，李以新闻记者身份在上海从事地下工作。1932年，李在某次被国民党特务逮捕后叛变。李与另两名叛徒丁默村、唐惠民一起为蒋工作，数年间并不得志。1937年12月，南京沦陷前夕，李士群奉命“潜伏”，不久即与日本特务头子土肥原贤二手下一名女特务姘居。在此背景下，李自感在国民党特务系统中爬不上去，决心投靠日本特务组织。

李士群叛国投敌死心塌地。1938年夏秋之间，李趁“中统”委派他为“国民党株萍铁路特别党部特务室主任”的机会，席卷全部特务经费逃到香港，拜会日本驻香港总领事，并由其介绍开始为日本做情报工作。李做了日寇鹰犬后经常向人炫耀：“蒋介石依靠英美，我李士群什么都没有，就依靠日本人。你说我是汉奸也好，流氓也好，反正我现在有的是钱，有的是力量。”李的“能量”确实不小，到上海不久，就将“中统”多位党政高官拉下水，一起为日本人搞情报。又与国民党上海市党部委员杜月笙的学生汪曼云“取得谅解”，进而与当时已到香港的杜月笙接上关系。同年年底，“军统”派人在上海谋刺李士群，就是靠汪曼云透露消息，才使他免于丧命。

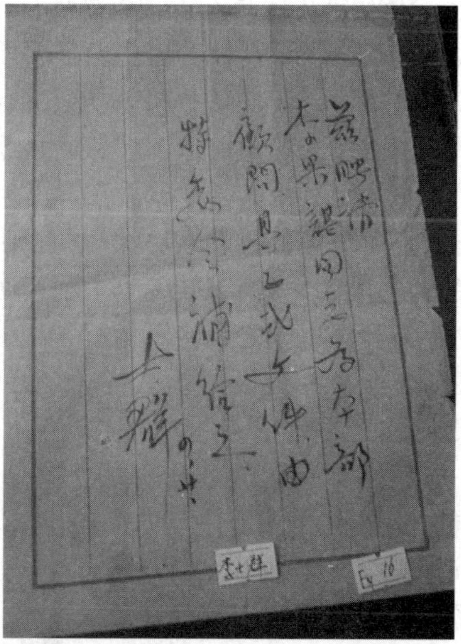

李士群曾加入过中国共产党，被日本人所杀，手稿存世极少，此件是研究汪政府的重要书证

李士群先于汪精卫集团创建武装力量，并靠此作为资本占据了汪伪政府的重要位置。为了进一步扩充实力，李将特务圈内声望较高、已当上“军统”第三处处长的昔日同伙丁默村从昆明邀来入伙，许诺推戴他为首领，并在1939年2月共同拜见土肥原贤二，提出要纠合“国民党同志”建立特工组织，以对抗重庆的特工活动，希望得到日军援助。3月，李、丁的计划获得日方支持，日参谋总长命令向他们出借手枪五百支、子弹五万发及炸药五百公斤，并每月支付贷款三十万元作为经费。李士群当即开始在上海招兵买马，通过青帮头目收买了以吴四宝为首的大批地痞流氓和以潘达为首的公共租界华籍巡捕“十兄弟”等，作为特务打手；同时又利用丁默村的老关系，招纳了一大批国民党特务、党棍及失意军人，作为特务骨干，初步形成了一支特工队伍。5月，汪精卫一伙抵沪开始组建伪政权，李、丁特务组织在日本主子授意下正式划归汪精卫集团领导，成为其叛国活动的第一支武装力量。8月，李在伪国民党六大上被指定为“中央委员”，并与丁一同被任命为“国民党中央特务委员会”的“特工总部”首领。

李士群不断扩大自己的势力范围，在汪伪集团内部越做越大。1939年年底，李赴东京取得日本参谋本部对他的信任，同时得到周佛海支持，逐步架空丁默村，独揽了“特工总部”的大权，不断扩展其业务领域及对地方的控制，并先后在南京、杭州、青岛、武汉以及其他沦陷区设立分支机构。1940年汪伪政府正式成立后，李士群一步步得到伪警政部部长、清乡委员会秘书长、伪江苏省主席等要职，飞扬跋扈，踌躇满志。在李士群的直接指挥下，汪伪特务暗杀抗日人士，镇压中共地下活动，并与“军统”展开对杀，在上海制造了“银行血案”等数不清的惨案。李士群及其手下特务爪牙也利用其手中暴力工具时常做些敲诈勒索的勾当，如绑架杀害爱国实业家方液仙、勒索协大祥绸布店老板等事件。他们还在沪西、南市一带开设赌台、烟馆、妓院等牟利，使这些“黄赌毒”场所的数量和规模均达上海开埠以来之最。汪伪特务将上海搅得腥风血雨、乌烟瘴气，其“特工总部”所在地极司菲尔路（今万航渡路）76号臭名远扬，附近沪西一带人称之“歹土”。

李士群（右）与七十六号特工总部头子丁默邨

李士群一伙为非作歹的同时，也为自己掘下了坟墓。前述被李士群收买的流氓头子吴四宝（一作吴世保）的下场即为写照。民国报界元老陶菊隐著《天亮前的孤岛》一书载：“李手下一个有力的助手就是人人闻名无恶不作的吴世保……以前这个赌台老板加入了杀人机关，实际上他却是明目张胆的绑匪头目，上海有名的财神被他一个个捉去了，谁不肯拿出钱来谁便是抗日分子，因此而送掉性命。不久他的资产列入上海富有阶级之前茅，同时却又变成了伪官中身为怨府之第一人……那时候敌人最恨的是伪官贪污，常有这样的表示：‘我们拼命打仗，是替你们制造升官发财的机会吗?’事实是敌人无不想在中国发财，财给汉奸们发了去，他们看得非常眼红，有欲得而甘心之意……姑且纵容他们贪污，等到他们的财发得够了，已毋需利用了，然后再拿出‘宰填鸭’的手段来，一方既可大快中国人之心，一方他们的造孽钱移转到日本人的手里，真是一举两得之计。传闻吴世保是被敌人秘密处死的……距吴世保之死一年零七个月，李士群也步其后尘，做了敌人第二个‘填鸭’，同样死得不明不白。”

关于李士群的离奇死亡，据《民国人物传》载，李士群的做大引起日本侵华当局的疑虑和反感，其与汪伪集团中其他人的矛盾也进一步激化，同周佛海、罗君强、林柏生等都发生激烈的权力冲突，而“特工总部”的一批骨干如丁默村、苏成德、马啸天等也先后离他而去，有的甚至成了他的政敌。1943 年 5 月，蒋介石下达了除去李士群的命令，交周佛海执行。周佛海“历四月之久，费了千多万”金钱，终于在 9 月 4 日勾结日本驻上海宪兵队特高课长冈村，借口调解李士群与伪税警总团副总团长熊剑东的矛盾，由冈村出面邀李士群、熊剑东两人至上海百老汇大楼（今上海大厦）赴宴。冈村妻子于食物中投下毒药，殷勤请李士群品尝。第二天，李士群回到苏州开始发病，挣扎至 19 日毙命。《天亮前的孤岛》一书则说，李士群的死，汪精卫也起了作用。“李恃功而骄，对汪的态度颇不客气”，“汪恨之切齿，恨他最厉害的还是汪的丑妇陈璧君，不但因礼貌关系，还有私人经济方面的明争暗斗”。古语说：“同恶相济无久合。”当下，透过上海法官集体召妓等腐败案件，人们看到一些贪官正试图通过“集体下水、抱团腐败”实现“自保”的新伎俩；而李士群的下场也早已说明，共同作恶者之间的苟合其实最难长久。

第八章 “打虎运动”收场忙 “腐败亡国”终亡党

那些『亡党亡国』的贪官们

把蒋家王朝送上绝路的，除经济的崩溃、军事的败退，最根本的是政治腐败。据说当年蒋经国公子掀起的『打老虎运动』被迫叫停，是基于『腐败亡国，反腐败亡党』这样的一种纠结。但这句流传甚广的『名言』实则又是一个伪命题：没有国，哪有党？国民党政权在大陆的彻底失败，足以证明了这种所谓『疑虑』的荒谬。

宋子文：以官涉商宦囊满

——携巨额黑金逃美被“FBI”侦悉

抗战胜利了，“四大家族”的腐败统治仍令国人饱受煎熬，而其中宋、孔两家族将国家垄断和私人官僚资本结合形成的经济压榨，更使民众发出“想中央，盼中央，中央来了更遭殃”的叹息。由于国民党当局经济溃败，宋子文不得不辞去行政院长职务，但多年间“近水楼台”的官商牟利早已令其宦囊爆满。新中国成立后，宋跑到美国，其所携巨额黑金被“FBI”侦悉，以至连杜鲁门也发出了“他们都是贼”的激烈谴责。

宋子文祖籍海南文昌，清光绪二十一年（公元1894年）生于上海的一个基督教徒家庭。据社科院编《民国人物传》载，宋子文的父亲毕业于国外神学院，回国后在上海做过牧师、经营过工商业，曾任同盟会的总司库，是孙中山民主革命的忠实支持者；为他取名英文为“Paulos”、中文为“子文”，就是“希望此儿将来能像圣徒保罗一样在中国弘扬基督教的福音，像革命家孙文一样在中国传播西洋富强之学”。宋子文自幼所受教育比较西化，1912年起赴美留学五年，先后获得哈佛大学经济学硕士、哥伦比亚大学经济学博士学位。宋子文回国后在原盛宣怀旗下的汉冶萍公司得到器重，后因向盛家提亲一事被拒而辞职。这之后，他尝试自己打拼，先后经商、炒股和在银行任职员，结果均未能有所展布。宋子文“由此而悟出如果自己没有资本，纵有天大的学问也未必能有所作为，除非打出一个天下来由升官而发财”。

宋子文由单打独斗转向从政，并逐步打开局面，成为既得利益者。1923年春陈炯明叛军被赶出广州，孙中山由沪抵穗成立大元帅府，宋子文亦随之前往，成为管理财政的急需人才，受命筹备中央银行，后担任副行长、行长，并任两广盐务稽核所经理等，在管理经济方面初露锋芒。1925年孙中山在北京病逝，广州大元帅府改组为国民政府，宋子文继续留任，并于当年廖仲恺遇刺后接任其职，成为国民政府财政金融的主要负责人。1926年北伐开始，宋随军转战长江流域，身兼党政多个要职，但1927年发生的宁汉对立，却使宋子文一度陷入彷徨。传载：在宋霭龄、孔祥熙的一再劝说和蒋的威胁利诱下，宋子文出于自身和家族利益考虑开始倾向于蒋，对蒋与宋美龄的婚事，也由反对转变为赞同。随后，宋子文转而到武汉劝说二姐宋庆龄“放弃革命立场或至少保持沉默”，遭到拒绝。7 月 14 日，宋庆龄发表声明“与背叛孙中山三大政策的蒋、汪一伙决裂”；12 月 1 日，被称为“中（正）美（龄）联姻”的一场盛大的政治婚礼在上海举行。《上海时报》次日报道称：宋子文由此可利用蒋氏这位“宁波拿破仑”的权力杠杆，步上升官致富的终南捷径。

宋子文像

宋子文身为国民党政府高层要人，也曾做过一些有益的事，但其以政营商发展官僚资本聚敛成豪，又是蒋介石政权腐败没落的一大罪魁祸首。1928 年年初，蒋介石由沪反宁，复任国民革命军总司令，宋子文任国民政府委员兼财政部部长，孔祥熙也于不久后被选为国府委员并特派为工商部部长。正如当时人们所说的：“蒋家天下陈家党，孔宋一门当部长。”“四大家族”统治由此开端。此后二十年间，宋子文历任财长、外长、行政院院长、最高经济委员会委员长等要职，为增加政府财政收入绞尽脑汁，在抗日、联美等问题上发挥过一定的积极作用，在西安事变和平解决上做了不少调停工作，在“二战”后期中国参与联合国筹建中也做了不少外交努力。与此同时，宋子文也很早就开始利用职权为家族和个人牟利，运用“公私交替”的运作手法巧取豪夺，成为无人匹敌的官僚资本大鳄。

宋子文的第一桶“黑金”得自于其首次“官场失意”的掩护。1933 年，宋子文因政策问题与蒋有分歧，一度辞职“下野”。其表面上离了开权力中心，却保留了国府委员身份和对全国经济委员会的实际领导权。他利用该委员会对美国“棉麦借款”巨额资金的支配，成立了“华南米业公司”与“中国棉业公司”，营取私利。1934 年，宋子文、宋子良兄弟与孔祥熙又利用与当局的特殊关系成立“中国建设银公司”，吸纳金融界巨头入股，迅速扩张资本；又筹集中外资本修筑杭甬、成渝、广梅等铁路，组建扬子电气公司，接管淮南路矿公司，控制上海证券交易所等，仅 1936 年一年，该公司就获利一千九百一十四万元。

宋子文还伙同蒋、孔攫夺了国内主要金融企业。当时国内最大银行中国银行与当局不配合，孔、宋密商后请示蒋同意，以财政部发出的二千万元公债预约券送交该行作为股本，利用“增资改组”一举控制该行董事会，宋子文成为新任董事长。同时，也以类似手法改组了交通银行。此举既使南京政府逐步控制全国金融业，获得庞大的国家垄断资本，又让宋子文得以运用国家银行的巨额资金投资营私。比如，一年后，宋子文即以国家银行资金投资于广东银行，从而将其改组，自任董事长；随后，又以其弟宋子安代理，将该行变成了宋家的私人银行。又比如，宋子文先以中国银行控制了新华储蓄银行，再运用该行将自己的势力扩展到许多民营企业之中，他由金融而实业，在聚敛财富的道路上迅猛发展。

宋子文在抗战期间及战后也发了不少国难财。《民国人物传》载，进入抗战后，宋子文以蒋介石特使身份赴美斡旋，为争取美国援助以利抗战出了力。但是，“宋在美国办事常常越过中国驻美大使胡适，因而胡、宋常生摩擦互不相能。胡更不齿宋借公营私的行径。1941 年 12 月宋被任命为外交部部长……从此宋就可以无所顾忌地去为所欲为，大发国难财了”。太平洋战争爆发后，宋子文于 1942 年代表中国签署宣言加入世界反法西斯战争，以外长身份同美、英等十一国签约废除了近百年间强加给中国的不平等条约。1945 年 4 月，宋子文率中国代表团赴美参与了联合国的筹建，回国后被任命为行政院院长兼外长，并重掌国民党政府金融大权。但 8 月 15 日日本投降后，作为中国行政首脑的宋子文本应对战后国计民生通盘筹划，他却“把主要精力放在接收敌伪物资事宜上，趁机膨胀国家垄断资本和私人官僚资本”。

1947 年，宋子文迫于经济崩溃、“四面楚歌”而黯然辞职下野，却依靠蒋的极力庇护躲过了监察院的弹劾。此后，又当上广东省主席，抢在国民党军队溃退前控制重要物资和金融牟利，“趁机把从政以来所掠夺的巨额财富及早转移到香港和海外”。新中国成立后，宋子文逃到美国，其在旧金山的私营广东银行大量动产引起联邦调查局的注意。对此，杜鲁门对话作家默尔·米勒时曾予谴责：“他们都是贼……他们从我们给蒋送去的三十八亿美元中偷去七点五亿美元。他们用这笔钱去圣保罗搞房地产，他们有的房地产就在纽约市。”1971 年，宋子文在美因食物卡喉猝然去世。但愿随时代进步，各类贪贼们卷款逍遥海外的渠道也能被彻底卡死。

孔祥熙：民国首富晒月薪

——自己当“清官”，老婆孩子发财

将财政、金融和行政院“打包”交由宋、孔两巨头轮流掌管，是蒋介石“家天下”的一大特色。孔与宋有着相似的西方教育背景及裙带政治关系，不过晋商世家出身的孔祥熙似乎更具“政商结合”的头脑。自 1933 年起，孔祥熙从宋子文手中接掌财政部、行政院和中央银行，完成了长达十一年的权力接力。他以“红顶商人”的途径发迹，将时已衰落的晋商重新带回财富巅峰，其无人能撼的“民国首富”地位也使他难逃民国最大贪官的指责。

孔祥熙像

孔祥熙，字庸之，号子渊，清光绪六年（公元 1880 年）出生于山西太谷县。据《民国人物传》载，孔祥熙祖籍山东曲阜，其先祖于明代成化年间因外派做官落籍山西，后人经商谋生。孔祥熙幼时家族经营的票号衰落，七岁随在村私塾授课的父亲读书，打下较好的国学知识基础。十岁入西洋教会所办小学，毕业后转到北京通州美国公理会所设的潞河书院读书，并受洗礼成为基督教徒。在校时曾响应孙中山兴中会革命宗旨，秘密组织“文友会”，联络同学探讨新思想。1900 年义和团运动爆发，各地教会首当其冲，孔祥熙在协助解决“山西教案”外交纠纷时两面讨好，既得到清廷议和大臣李鸿章的亲切约见，又获得教会学校师生的一致赞誉，不久即被保送赴美留学。1907 年，孔祥熙在耶鲁大学获理化硕士毕业回国，婉辞清政府留用，抱定举办教育和实业的志向回到家乡，创办教会学堂，开设进口石油产品代理公司，几年后成为当地小有成就的买办商人。

孔宋联姻，缘于孔祥熙与孙中山在海外的结识。“二次革命”失败后，孙中山流亡日本，孔祥熙也因丧偶心情不佳等原因，答应中华基督教青年全国协会的邀请，赴东京任留日基督教青年会总干事。孔祥熙在东京除了负责该会的活动外，还为革命党人筹募经费，并帮助孙中山处理文书函电，结识了孙中山当时的英文秘书宋霭龄。传载：“宋称赞孔为人谦和，‘赚钱赚得很得法’，‘似乎天生有一种理财的本领’；而孔对宋则‘在在佩服’。由于彼此投契，孔祥熙与宋霭龄遂于 1914 年春在横滨结婚。婚后，宋霭龄辞去孙中山的英文秘书之职，推荐她的妹妹庆龄接替。”1915 年秋，孔祥熙夫妇从日本回到太谷。孔祥熙继续主持学校和经营商业，宋霭龄“除生育两双儿女，相夫聚财，还在学校兼教英文”。此间，孔祥熙在“服务桑梓”方面也有所表现，被山西督军兼省长阎锡山聘请担任督军公署参议，参与外交事务等，博得不少赞誉。

孔祥熙协助孙中山工作逐步获得政治影响力，后来又成为蒋宋联姻的最大“功臣”。他曾受耶鲁校友、外交总长王正廷之邀驻奉天工作，其间帮助孙中山广州大元帅府联奉反直，与张作霖、张学良父子交往。1924 年年初，孔祥熙携孙中山所著《建国大纲》手稿赴北京联络陆军检阅使冯玉祥。冯玉祥发动“北京政变”反对曹锟、吴佩孚的统治，欢迎孙中山北上共商国是，即与接受《建国大纲》的影响有关。1925 年年初，孙中山北上赴京期间染病，孔祥熙“左右护持、无间晨夕”，是《总理遗嘱》的签字人之一。3 月 12 日孙中山逝世，他担任孙中山治丧处事务股长负责料理丧事，护灵南下。1926 年，蒋介石借“中山舰事件”掌握国民政府政治、军事实权，并誓师北伐，急于打出孙中山的大旗增加政治号召力，孔祥熙看准时机到达广州，被任命为国民党中央政治会议广东分会委员和广东省财政厅厅长，兼理北伐后方财政事务，从此正式跻身于国民党政界。孔祥熙曾自我赞许说，当“做大官”的“机遇”翩然来临，自己“最能把握时机”。1927 年四一二政变后南京政府成立，孔祥熙和宋霭龄极力劝诱内弟宋子文背弃武汉政府投蒋，为南京政府理财。在宁汉分裂期间，孔祥熙暗中奉蒋介石之命，奔走于沪、宁、豫、晋各地，拉拢冯玉祥、阎锡山等支持蒋介石。在蒋介石和宋美龄的婚事上，孔祥熙和宋霭龄说服了宋子文和宋母，促使这一影响深远的政治婚姻获得成功。

孔祥熙借助蒋的势力达到官、财“两运亨通”。1928 年 1 月，蒋介石恢复“国民革命军总司令”职务后，为了酬答襟兄孔祥熙在公私两方面所作的诸多贡献，特派任孔祥熙为南京政府工商部部长，选其为“国府委员”。1930 年工商、农矿两部合并为实业部，他继续担任部长。1931 年九一八事变，蒋介石因不抵抗政策导致内外交困而再次下台，孔祥熙辞去实业部部长职务以示与蒋“同进退”。1932 年蒋介石再掌军权，孔祥熙亦随之复出。1933 年秋天，宋子文因蒋介石“不恤财政”与之争吵进而辞职，孔祥熙继任行政院副院长、财政部部长，并兼任中央银行总裁，从宋子文的手中正式接过权力接力棒。自此直到抗战胜利前夕，孔祥熙专掌国家财政、金融和行政大权逾十一年之久。抗战前，他改革税制、控制金融、以法币取代银本位币、恢复债信等举措避免了南京政府陷入财政金融危机，他在和平解决西安事变问题上也起到了一定的积极作用。抗战打响后，孔祥熙通过外交努力争取到了欧美一些援助，在完成战时财政，保障供给方面采取了一系列措施。但与此同时，孔祥熙亦官亦商，并“因利乘便”，借公营私，甚至大发国难财，聚敛成豪，在新官僚资本家中居于第一位，成为国中首富。

孔 宅

孔祥熙在从政前虽也有些私产，但资产暴发则是到南京政府做官之后。《民国人物传》载，他利用手中所掌握的国家财政金融大权，在使国家垄断资本不断膨胀起来的同时，也使自家的私财随之迅速增长。孔家的资本主要是商业资本，抗战时期，孔家的商业主要由他长于敛财的妻子宋霭龄和长子孔令侃、次女孔令伟经营。宋霭龄在抗战前即曾专做证券、标金、棉纱、面粉等方面的投机，在交易市场上多次掀起风潮，引起对手的怨恨和舆论的抨击，但由于有蒋介石和宋美龄的庇护，终能无事。据现代著名记者恽逸群所著《三十年见闻杂记》所载，抗战初期，宋霭龄仅在套取外汇的投机中，就“捞了八百万英镑”。陈真编《中国近代工业史资料》则载，1939年时，宋霭龄在美存款，居重庆政府“所有要人在美国银行中的存款的第一位”，被美国记者赛利文称为“中国人民的钱袋”。

孔祥熙在抗战后期一系列不恤民生，只顾满足国家垄断和官僚资本扩充的政策引起国内各界抗议及美国盟友的指责，于1944年至1945年黯然卸去所任主要职务，最终交由宋子文重新接管。抗战后，孔家的财富继续增长，孔家企业违法经营的丑闻也时有发生，1948年爆出的扬子公司囤积案，甚至令蒋经国的“打老虎运动”不得不草草收场。1967年，孔祥熙因心脏病死在美国。1946年上海出版的《消息半月刊》揭露，孔祥熙在一次请客时曾当众表白自己“没钱”，“当部长薪俸才八百块”。这种“一人在外当‘清官’，老婆孩子发大财”的贪腐模式不难戳穿，但从法律和制度上如何切实防止官员亲属借势牟利，至今仍是反贪的一大难题。

杜月笙：结客多取不义财

——终结“打老虎运动”的流氓大亨

把孔记扬子公司推上风口浪尖，令蒋经国“打老虎运动”尴尬收场的不是别人，正是上海滩流氓“三大亨”之一杜月笙。杜月笙早年与青帮老大黄金荣“结义”称霸沪上，继而联合蒋介石政治势力做大，被蒋委为总司令部顾问、少将参议，由此势兼“黑白两道”。又以“散财养士”收买人心，当上“恒社”盟主、江湖领袖，自命“春申门下三千客，小杜城南五尺天”；但他“挥金结客”用资大多取自不义，其纵子囤积豪敛更为当时百姓所愤恨。

杜月笙自幼便有江湖情节，这从其当年盛极时的一些报道中即可窥知。民国二十四年（公元1935年）北平实报社出版的《现代中国名人外史》载：“杜名镛，月笙其字，年四十五（杜生于1888年），世居沪渎。

少读书，慕其乡先贤黄歇之为人，因尝慨谓：‘愿得轻裘肥马，并尽天下有肝胆之贤豪，殊不欲如春申君，以三千珠履客自限也!’”可惜的是，战国时“养士三千”的春申君黄歇原是楚国贵族，家世殷厚，才得以养士三千，与魏国信陵君魏无忌、赵国平原君赵胜、齐国孟尝君田文并称“战国四公子”，而杜月笙徒有其志，起步却未免太低——王觉源《近代中国人物漫谈》载：杜生于贫寒之家，“三岁丧母，五岁失父。六岁入学，仅读书四个月，因束修无所出，遂废学。年十五，入上海南市十六铺某水果店充店员，赖少数工资以维生活”。更可悲的是，另据社科院编《民国人物传》载：杜“寄居舅家，从小嗜赌”，入水果店不久，“也因偷窃聚赌被老板驱逐”。

杜月笙的发迹之路始于“黑道”。《民国人物传》载：杜被开除后即在上海鬼混，偶尔做小贩生意，但基本上是靠盗窃诈骗为生。在这期间，他拜了一个妓院老鸨做干娘，又在妓院里结识了青帮流氓陈世昌，拜陈为老头子，自此与一些青帮流氓在黄浦江轮船码头上干敲诈勒索和劫夺的勾当。1911 年，杜加入了专为毒贩提运黑货的“八股党”，同时还被法捕房的包探雇用做包打听伙计。当时，上海著名大流氓头目黄金荣任法捕房督察长，杜有机会出入其门，极力向黄献媚讨好，由起初给黄拿拿衣包，到后来参加捕房探目的聚会，逐渐得到黄的赏识与信任。经黄的介绍，他与上海最大的潮州帮烟土商发生关系，把持鸦片的提运，进而武装抢劫，成为黄浦江码头一霸。一次，黄金荣触犯了军阀卢永祥的儿子卢小嘉，遭监禁，杜与另一个大流氓张啸林出力营救，使黄获释，黄感其“恩义”，三人结拜为把兄弟。1925 年，杜与黄、张在法国驻上海总领事的策划下开设公司运销鸦片，给法租界当局带来巨大的经济利益，由此，杜被任为法租界商会总联合会主席兼纳税华人会监察。

杜月笙为蒋介石做事，逐步混成势兼“黑白两道”的“大佬”。1927 年蒋介石四一二政变前夕，杜月笙、黄金荣、张啸林三人接受蒋的指使，纠合上海青洪帮头子，盗用辛亥革命时期“共进会”的名义，打着“投袂奋起”、“甘作前驱”的旗号配合政变。他们向蒋领取经费、武器，在蒋介石派人协助下将流氓党徒编成队伍，于 4 月 11 日夜骗杀了上海市总工会委员长汪寿华，并令党徒臂缠“工”字符号冲出租界，血洗上海工人纠察队。杜月笙还率党徒到宁波“清党”，逮捕屠杀了大批共产党人及群众。四一二政变后，蒋介石建立反共的“国民政府”，杜月笙被任命为海陆空军总司令部顾问、军事委员会少将参议、行政院参议。法租界当局也任命他为公董局临时华董顾问。他多次破坏和镇压租界地区工人罢工、居民抗捐斗争，并凭借权势，肆无忌惮地从事各种敛财活动，如在法租界开设“五大赌台”、在上海为蒋政府包销截获的鸦片、在上海密设吗啡制造厂等。杜月笙为了充分利用自己手中聚集的大量游资、赃款，又将势力渗入金融领域。1929 年，他伙同大买办徐懋棠等开设了中汇银行，自任董事长，从事鸦片押款等肮脏业务。还想在上海纱布交易所当董事，就故意唆使流氓趁该所交易时进行捣乱，然后由他装腔作势出面喝止，以此达到目的。随着权势的增大，当时不少买办、官僚、党棍之类的投机分子拜倒在杜月笙门下，向他递帖称徒，于是杜月笙在 1932 年仿效“如月之恒”典故，建立了以他为中心的帮会组织“恒社”，公开以社团名义从事腐恶的政治活动。1934 年，“上海市地方协会”会长史量才被特务暗杀，他窃居其位，同时还担任了“中国红十字会”副会长，俨然成为“民间领袖”。1936 年年底西安事变中，杜月笙即曾以此身份急电张学良，要求保全蒋介石的性命。

杜月笙与张啸林（左）是当时上海滩有名的青帮老大

杜月笙与“军统”特务组织勾结，利用抗战时机发了不少国难财。1937 年 10 月，他与特务头子戴笠合作建立了“江浙行动委员会”，由杜月笙任主委，又在其属下建立“淞沪别动总队司令部”，派“恒社”成员充当骨干，该组织在 1938 年经戴笠改编成臭名昭著、被讽刺为“不救中国救东洋，专门袭击共产党”的“忠义救国军”。上海沦陷后，杜月笙一度逃居香港，经蒋介石简派为“中央赈济委员会”常委，又与戴笠合伙设立“港记公司”，在帮军统搞情报的同时运销国民党政府在川、康、滇、黔以禁烟为名掠夺的烟土。1941 年冬香港沦陷，杜月笙即留居重庆，次年设立

“中华实业信托公司”，自任董事长，由华中各地抢购物资内运经销，大发国难财。他又在中西部地区发展“恒社”组织，建立中国通商银行分行，并与戴笠合伙设立“通济公司”，借助弟子汪曼云等汪伪成员，直接与上海日特机关开设的“民华公司”交换物资，并与日寇进行秘密政治交易。1945年8月15日日本投降，杜月笙于9月即窜回上海，在“劫（接）收”中大捞一把。他还想谋取上海市市长一职，蒋介石指示他以“在野之身”效力，只好作罢。此后，杜月笙再将“恒社”做大，成员渗透党政军部门、金融工商及新闻文化各界，自兼七十多个机构的董事长、理事长，挂名二百多个“董事”、“理事”，一度当选上海市参议会议长，又以“谦退”博取声誉。1948年年底，眼看解放军就要打到长江，杜月笙在上海会见司徒雷登，打算搞一个类似租界时代“万国商团”的组织，配合美海军陆战队进驻上海，将上海“国际化”。1949年4月20日，渡江战役打响后，杜月笙只得于月底仓促逃到香港，两年后在香港病逝。

杜月笙一生很在意自己的“声誉”，但为其“犬子”却甘冒千夫所指。1948年，其子杜维屏因在上海扰乱经济秩序、牟取暴利被蒋经国逮捕，正是杜月笙抓住蒋介石不敢处理孔祥熙长子孔令侃的软肋将其子释放，从而导致蒋公子的“打老虎运动”无疾而终。据1948年《新星报》报道，蒋经国曾至杜月笙府上当面质问，却被他反问：“你这个小孩子，你懂什么？”虽说“虎毒不食子”，但杜月笙为“护犊”竟如此置“名节”于不顾，可见伪君子总是难过“拼爹”关。

刘峙：黑心工程致惨案

——曾伙同白崇禧吞韩复榘巨赃

把蒋家王朝送上绝路的，除经济的濒于崩溃，更直接的则是战场的节节败退。而这又与蒋介石统治下长期的军界腐败密切相关。蒋介石军队中带兵的骨干，大都是黄埔军校一期、二期、三期的学生，而他们在黄埔军校曾经的老师和日后的顶头上司当中，无论是“五虎上将”还是“八大金刚”，竟有一多半是著名的贪将。军中排名仅次于何应钦、被蒋介石称为

“福将”的刘峙即素有贪声。刘峙成名后仗越打越蠢，却与家中“贪内助”合伙舞弊贪赃。抗战时甚至因挪用防空款偷工减料，导致发生上万市民死伤的“重庆防空洞事故”，成为抗战时期三大惨案之一。

刘峙，字经扶，江西吉安人，军校科班出身。《民国人物传》载，刘峙生于清光绪十八年（公元1892年），自幼家贫。他童年入塾，随后在清末陆军开设的小学、中学读书，以学生军身份参加过辛亥革命和讨袁战争。后来升入保定军官学校，1916年毕业从军南下，加入过两广护国军、滇军、粤军。1922年春，孙中山在桂林誓师北伐，刘峙被任命为游击第一支队队长，带领北伐军先头部队入赣。同年6月，陈炯明在广州叛乱，他又被任命为东路讨贼军总司令部中校参谋兼卫队长。1924年5月，黄埔军校开学，刘峙至军校任战术教官、教导团营长等。刘峙在对陈炯明两次东征中建有战功，接连被晋升为国民革命军第一军第一师第一团上校团长、第二师师长。1926年3月，蒋介石发动“中山舰事件”，刘峙遵蒋介石命令迅速展开一系列行动，帮其逮捕共产党人，夺取国民革命军第一军的军权，从此成为蒋介石的忠实干将。

刘峙早年在蒋军嫡系中，有“福将”和“常胜将军”之称。1926年7月蒋介石誓师北伐，刘峙第二师作为总预备队入湘、入赣。江西底定后，他又率师入浙、入苏、入皖，一路北上击溃孙传芳部队。1928年升任第一集团军第一军团长兼第一军军长。同年4月，刘部会同各路大军北击奉张，连克山东重镇。北伐结束后部队缩编，刘峙改任第一师师长，当选国民党“三大”中央执行委员。此后，刘峙在蒋介石与其他军事实力派系的争战中一再担当大将：1929年3月，蒋桂战争爆发，刘峙任讨逆军第一军军长，日后“八大金刚”中的顾祝同、蒋鼎文等均被编入他的麾下。同年10月，蒋冯战争爆发，刘峙率顾祝同、蒋鼎文二将陈兵武汉，策应各路对冯军作战。年底在征讨唐生智、石友三的战争中，他又任前敌总指挥，率顾祝同、蒋鼎文及杨虎城等部迫唐军全部缴械。1930年蒋介石、冯玉祥、阎锡山、李宗仁之间爆发“中原大战”，刘峙被任命为第二军团总指挥，领重兵与冯玉祥、阎锡山陷入苦战，虽伤亡重大，最终成为胜利之师。

刘峙以“中原大战”功臣获封疆之任，被任命为河南省政府主席兼开封绥靖主任，1932年，又在第四次“围剿”工农红军时受到蒋介石嘉奖，河南新县还曾一度以其字“经扶”命名。但1937年抗日战争爆发后，刘峙的“军事才能”却似乎开始滑坡，甚至由人们口中的“常胜将军”变成了“长腿将军”。当年9月，日军三个师主力沿平汉线两侧大举南犯，

刘峙像

刘峙所率第一战区第二集团军负责防守的保定、石家庄、邢台、邯郸等地在一个月内相继沦陷。刘部一再溃退，最后竟然干脆把指挥权交给别人，自己则悻悻然回到了开封。与此同时，刘峙却开始了他的敛财之路。有记载表明，刘峙在开封得到的“第一桶金”并非在当地搜敛，而居然是由山东军阀韩复榘“送”上门来的一笔“过路财”。

刘峙拦截并私分这笔过路横财的经过大致如下：1937 年年底山东沦陷前，省主席韩复榘由济南西逃，路上接到由南京西逃的蒋介石电令赴开封参加重要军事会议，而该会议负责接待与会者并尽“地主之谊”的，正是时任河南省主席刘峙。《韩复榘祸鲁七年罪恶录》一书载：“韩复榘在鲁横征暴敛，残民以逞，所积造孽钱约达六七千余万元……濒行之际，地方商民又被敲骨吸髓，共计刮去不下一千余万元。并将中国交通、民生各银行之纸币，席卷一空，预将所存金条、现银与纸币等项装载铁甲车内，运至开封车站守候，拟俟个人到开封时，再设法运往汉口，转汇香港等处。”令韩复榘没想到的是，他从山东人民身上搜刮的这笔巨额财产，最终却永远地留在了河南。书载，韩的铁甲列车驶抵开封，刘峙“派员在站迎接”，韩即“下榻于刘峙公馆”。军事会议当天，韩尚与刘峙等人“在寓午餐，谈笑自若”。谁知，当天下午，韩即被蒋逮捕，数日后被下令枪决。韩复榘被逮捕后，“所有车内装载之金条、银元、纸币等项，悉为刘峙没收，而与白崇禧、蒋伯诚等瓜分”。

刘峙在国民党政府迁驻“陪都”后，曾任重庆卫戍司令兼防空司令。《民国人物传》载：1941 年 6 月 5 日，日机分批连续轰炸重庆，市民涌入较场口公共防空隧道，“造成窒息惨案，死亡逾万人”。上海人民出版社《中华民国史事件人物录》所载死亡人数相同，关于其原因则说：“抗日战争时期重庆只有一条公共防空大隧道……国民政府对这一战时重要安全设施毫不重视，设计极不合理，没有足够的通风、照明设备。”当夜，“洞内引起了剧烈骚动，人们涌向出口处，互相挤踏、撕扯，造成了骇人听闻的窒息惨案”。此案“与 1938 年的花园口决堤、长沙大火并称抗战期间全国三大惨案”。关于事故背景，民国时刊行的《蒋党贵妇罗曼史》一书披露：“刘峙失职，关系重大，因为他从中舞弊，将造防空设备的钱饱了私囊，以至有此不幸。”这一说法，亦与当时新中国报社出版的《中国内幕》丛刊载文披露内容互为印证。事后，蒋介石迫于民愤，组织了“大隧道窒息惨案审查委员会”，负责踏勘、调查，并做出抚恤死伤者的决定，但刘峙只是被撤掉防空司令一职，对其贪赃内幕并未深究。

抗战结束后，蒋发动内战，刘峙仍受重用，权盛时曾与副司令杜聿明统辖黄伯韬、李弥、孙元良、邱清泉、黄维等各兵团共八十万兵力，但在战场上却越发“不走运”，因“指挥无方”及在淮海战役中损兵五十五点五万而两次被撤职，两度赋闲。1949 年蒋介石逃到台湾，刘峙由广州逃到九龙，次年，定居印尼。1953 年，刘峙到台湾，挂名“总统府国策顾问”，直至 1971 年在台湾病逝。

《蒋党贵妇罗曼史》一书载，刘峙的一生“就靠太太”。刘峙的太太杨庄丽“是个名交际花出身”，“刘峙被老蒋提拔后，她的太太杨庄丽见是一个机会，便教他多拍蒋介石的马屁，可以升官发财，可是刘峙笨得连马屁也不知如何下手，太太没法，只得亲自出马”。防空洞惨案事发，“结果又是太太向老蒋缓颊，只革职留任而已”。真是“内助之功大矣”！

如果说，封建时代后宫及外戚干政尚有“后权”这一制度原因使然，现代官场上的“内助之功”则纯属道德和制度约束双双缺失的产物。当“妇德”不再作为一道传统藩篱，如何构筑防范配偶介入公权力的屏障，就成了现代政治制度设计中一道需要破解的难题。

顾祝同：枪杀报人掩丑行

——随蒋到台湾依旧高官厚禄

所谓“五虎上将”及“八大金刚”中，后来居上的顾祝同与刘峙类似。此人也曾被蒋倚为“福将”，也是在中原大战中以战功获封疆之任，家中也有个“助贪”的太太。抗战爆发后，顾祝同以第三战区司令长官身份统辖苏浙闽皖一带防御，对日作战保存实力，对内反共却十分卖力，为皖南事变三大祸首之一。他与“贪内助”夫人操纵所辖战区经济命脉，乘机发了不少国难财。为掩丑行，他还多次打击举报者、报复媒体，激起全国报业同仁和民众公愤。

顾祝同、刘峙与蒋介石都能论上保定军官学校的校友，但顾祝同得到蒋介石的“关照”似乎更多。《民国人物传》载，顾祝同，字墨三，江苏安东（今涟水）人，清光绪十八年年底（公元1893年年初）生。顾祝同自幼入塾七年，传统文化底子远比刘峙深厚。辛亥革命时由陆军小学参加北伐军先遣支队，临时政府成立后曾在部队任排长。“二次革命”时，他在黄兴讨袁军总部任参谋。1919年，顾祝同从保定军官学校毕业，1921年到桂林参加孙中山发动的北伐时，遇到该校校友蒋介石，得推荐在粤军许崇智部任副官，年底任东路讨贼军总部副官长。1924年，黄埔军校创办，顾祝同参加筹建，先后担任过战术教官、教导团营长等，并参与对陈炯明两次东征。1926年，蒋介石誓师北伐，东路军第三师进占福州，由副师长顾祝同升任师长。后率师一路北上征伐，予张宗昌、孙传芳军以重创，逐步升任第二路军纵队指挥官、第九军军长等。1928年，顾祝同率第九军跟随刘峙指挥的第一军团北上讨伐奉系军阀，将张宗昌赶出济南。北伐结束后部队缩编，任第一军第二师师长。

顾祝同治军松散，军中违纪和腐败现象较严重。传载：“顾统率部队，唯求上下和睦，作战勇敢，而不注重纪律和管理，对士兵不禁嫖赌，对军官允许‘吃空额’肥私囊。”此后的蒋桂战争、蒋冯战争及中原大战中，顾祝同一直隶属刘峙军团，但一直被蒋介石视为主力。1931年，他被蒋介石调回南京任警卫军军长兼第一师师长，该师配有德式装备、德式操典和德国顾问，成为蒋介石身边最得意的禁军头领。同年年底，顾祝同当选为国民党“四大”中央执行委员，会后调任江苏省政府主席，步刘峙的后尘，由战将晋升封疆。顾祝同掌苏政两年间，治政也同他治军一样，当地官场簠簋不饬，“期间发生了民政厅厅长卖官鬻爵和县长被非常拘捕等事件，受到舆论强烈抨击”。但此后数年，他依靠第五次“围剿”红军得手及西安事变中护蒋的表现，一直受蒋介石器重，人称军政两界的“不倒翁”。

顾祝同在蒋军中一向也有“福将”之称，但其“业绩”显然也主要限于内战而非抗日。七七事变爆发后，顾祝同任第九集团军总司令。八一三淞沪抗战中，又任第三战区副司令长官，辅佐司令长官冯玉祥（后为蒋介石）指挥上海会战，他在其间主要秉承“上峰”旨意“做些具体指挥

顾祝同像

事宜”。1938年1月起，顾祝同正式担任第三战区司令长官，统辖苏、浙、闽、皖南地区的抗战军队，并兼江苏省主席。汪伪政府成立后，第三战区长期处于日伪军包围之下，他以保存实力等为基本方针，与日伪军交战不多，在1940年的衢州会战中还因抵抗不力丢失大片国土。但顾祝同执行蒋介石“限共反共”的指令却十分卖力，1941年，他埋伏重兵对北移的新四军进行围歼，将前来谈判的新四军军长叶挺扣押解往重庆。他是皖南事变三大祸首之一。蒋介石十分夸赞他的“忠顺得力”，于1945年1月擢升他为军事委员会委员长赣州行辕主任，1946年又升为国防部陆军总司令。三年内战中，顾祝同依旧被蒋介石倚为股肱，却无力辅佐其挽回败局。退居台湾后，顾祝同任参谋总长、国防部部长等职，蒋介石去世后改任国民党中央评议委员会主席团主席，1987年在台湾病故。

顾祝同在抗战期间的“福将”之誉虽饱受诟病，但地处富庶之乡的第三战区却着实成了他发财的“福地”。据当时新中国报社出版的《中国内幕》丛刊所载《顾祝同与第三战区》一文称：“近年来，在‘第三战区’浙东、赣西、皖北一带，大大小小的战事不知发生了多少次，但都没有多大出入，浙江的口岸宁波固然失守了，但是从上海来的洋货，仍旧是源源不绝的运入，那些偷过封锁线运货的商人，一个个都好像悟空再世似的，总有办法将一批批的货物运到内地去。这便使‘第三战区’繁荣起来了，这繁荣的中心地便是今天浙东的省会金华。据统计，金华一年入口的货物，数目在千万万以上，从这数目中抽起捐税来，也就够惊人了。不说别的，就从这一点来看，‘第三战区’便够富丽了，何况浙、皖、赣又本是富庶之地。有了许多优越的条件，顾祝同也真的够称为‘福将’了。五年来（截至1942年），他坐镇在屯溪（‘第三战区’司令长官部所在地），不知享受了多少的福利，发了多少万万的财。他的太太王女士，凭着她的优越的政治地位与庞大的经济实力，在屯溪、金华两地，操纵了十八个有名的洋货商人，专门替她做着囤积居奇的买卖，她不仅操纵了整个‘第三战区’的经济命脉，就连广东、广西、湖南，甚至重庆的洋货的来源都被其垄断了，直气得赣南的蒋经国发昏，在赣州的市民大会上高呼要到重庆去告顾祝同一状。”

顾祝同所敛巨额赃财，很大程度上也是源于家中“内助”之功。前文载：“廿八年（1939 年）的秋天，金华的各种日用货物价格，一星期中高涨了数倍之多，重庆、湖南、广东各地的商人云集在金华，大批的货物堆积如山，运不出去，弄得各地的货物奇缺，要求货物从速运出的电报雪片似的飞来，一直有一个月之久，这些货物才被‘第三战区司令长官部’莫名其妙地扣留，又莫名其妙地释放了。原来，在这期间，顾太太所贩运的货物已通行无阻地运至各地，然后高价畅销。为了抨击这囤积居奇，东南日报的副编辑金君在东南日报的副刊写了一篇‘某夫人的手腕’，把顾太太的秘密完全揭穿了，隔了几天，金君却被‘第三战区’的司令长官部的宪兵队抓去了，整整关了四个月，一直到二十八年的冬季才被释出来。”不仅是揭露他的媒体人士受到打击报复，就连“渝蒋派来的一批蓝衣社的人员”中一位“军长王某”，也为此受到逮捕：“王某对顾祝同的一切秘密调查得清清楚楚，如顾祝同如何勾结商人，如何囤积居奇等，都有着详细的调查，而报告给渝蒋了。”为了报复，顾“便用着行动不规、达犯军纪的罪名，将王某逮捕下狱”。

顾祝同压制舆论、打击举报者的做法由来已久。早在 1933 年，顾祝同主政江苏时曾非法下令枪杀揭露其变相卖鸦片的《江声日报》主笔刘煜生，即引发全国各界强烈持久的抗议浪潮，最终导致旧中国最早记者节的诞生。如今的记者节虽已由那时的 9 月 1 日改为 11 月 8 日，但同贪腐的斗争，仍应是新闻界同人任重道远的使命。

汤恩伯：唯唯贪将铸败局

——溃逃前还在虚报兵额吃空饷

1949 年 4 月，解放军陈兵百万，渡江战役即将打响；直到这时，身负长江防务之任的“国军”京沪杭警备总司令汤恩伯还在干着贪污勾当。为了虚报人数“吃空饷”，甚至到寺庙拉来和尚临时假冒士兵。抗战结束后，汤恩伯取代顾祝同前往宁沪“受降”时，即曾趁机在“劫收”中大捞一把。而早在抗战中，他主持鲁苏皖豫四省边区防御时就已大发国难财，当地百姓将“水、旱、蝗、汤”并称“四殃”。

1945年日本投降后，沪宁地区对日军受降及敌占区接收中冒出一匹“黑马”，他就是奉命从黔桂湘边区赶来的第三方面军总司令汤恩伯。对此，恽逸群著《蒋党真相》一书披露：“对于接收上海，第三战区司令长官顾祝同曾事先有过详细布置，派了很多人在上海，与敌人及汉奸都有长久的联络。日本一宣布投降，他即电周佛海转告冈村宁次，要他派员向顾接洽投降……在顾祝同的心目中，南京、上海一定是由他接收的。不料后来重庆的命令发表，京沪由第三方面军司令官汤恩伯受降、接收，使顾祝同大失所望。”之所以会有如此变动，除蒋介石、何应钦认为顾祝同久在江苏，怕他借接收形成“雄厚的地方势力”外，“主要因为他（汤）对蒋的服从心较强，他的政治野心较小，容易控制”。

汤恩伯早年学成于日本，也曾在蒋介石、何应钦手下任教于军校。据《民国人物传》载，汤恩伯原名克勤，清光绪二十五年（公元1899年）出生于浙江武义县，家族世代务农。汤恩伯二十岁时曾入浙军，后来能够赴日本士官学校完成学业，主要得益于当时在浙军任师长的陈仪资助。1927年，他回国与陈仪外甥女结婚，经陈仪举荐入伍，任连长、少校参谋，又在蒋中正、何应钦、张治中等分别担任正副校长和教育长的南京中央陆军军官学校任教，因编写操典教材受到赞赏。1930年军校编组教导师参加中原大战，汤恩伯任第一旅少将旅长。

汤恩伯长期参加内战，以此起家。《民国人物传》载：中原大战后，汤参加“围剿”赣东苏区，其间“杀害大量苏区干部，以‘剿匪有功’升任第二师师长”。后“清剿”黄陂一带，曾一次枪杀苏区民众两千多人。第五次“围剿”，汤恩伯任第十纵队指挥官，与红军主力进行了九次激烈的阵地战，并抢占瑞金，对北上长征的红军进行“围追堵截”。1935年，他升任军长，率部北上追击红军，继而任“陕西剿匪善后办事处主任”，进攻陕北地区的红军。

汤恩伯在抗战初期曾有过积极表现，随后却拥兵自重，陷于内战和腐败泥潭。传载：1936年11月，汤恩伯曾协同傅作义在绥远抗御日寇，参与了收复百灵庙之役。1937年卢沟桥事件爆发后，汤军编入傅作义军团，在南口的东西大岭一带与日军搏杀半个月。9月，汤所部扩编为第二十军团，并于次年编入第五战区，在徐州外围阻抗日军，“与敌激战三天多，伤亡甚重”。1938年4月2日，李宗仁下令向台儿庄之敌发起总攻，汤恩伯指挥所部配合孙连仲部击溃台儿庄之敌，歼灭日军万余人。4月7日，汤部又采取“精兵夜袭”战术追歼撤退日军，攻占九山。台儿庄大捷后，汤恩伯任第三十一集团军总司令，并于1941年兼任鲁苏皖豫四省边区委员会主任。自此，他开始制造国共摩擦，进攻长江以北的新四军。1942年1月，汤恩伯升任第一战区副司令长官兼四省边区总司令，即揣蒋意旨，将主要精力用于对付八路军和新四军，并扩充实力，拥兵自重。1944年，日寇以十二万兵力发动豫湘桂大战，“汤恩伯虽拥有四十万兵力，但他部署不当，指挥失误，所部闻风丧胆，一触即溃，只五天即弃守郑州……前后仅三十三天，河南全省沦于敌手。汤之主力部队在撤逃中，还被地方武装包围缴械，汤本人化装成伙夫才得逃脱”。

汤恩伯（后）与蒋介石合影

汤恩伯“昏庸误国引起朝野极大愤怒”，豫籍参政策员纷纷弹劾，要求对其军法审判。河南党政代表团写请愿控诉书，历数汤之十大罪状。新就任第一战区司令长官的陈诚严厉责备汤恩伯之失败缘于“四不和”：将帅不和、军民不和、军政不和、官兵不和。后因蒋介石庇护，汤恩伯于8月被撤职了事。出乎所有人意料的是，他被撤职仅半年，就又被任命为第三方面军总司令，而且很快又被派到上海负责接收，被任命为京沪卫戍司令兼第一战区绥靖司令。据《蒋党真相》一书载，更具讽刺意味的是：“汤恩伯到上海的一天，《苏商时代日报》正连续译载苏联杂志关于检讨中国抗战军事的文章，那一天刚刚登载一九四四年河南战役汤将军命令他的士兵为他搬运工厂及商品的情形，使人回忆起河南群众中所流传的‘河南四殃，水旱蝗汤’”关于河南民众中流传的这个段子，《民国人物传》也有记载：“汤及其所部在所在地区横行霸道，苛征暴敛，肆意杀人，祸害至深，民众苦不堪言，比之与蝗虫一样，当地有‘水旱蝗汤’之说，连其好友戴笠都为他的作为感到不安。”

在汤恩伯主持下，接收中“贪污舞弊的故事，流传甚多，数说不尽”，被民众讽为“劫收”。《蒋党真相》载：汤的接收委员会“共计缴到日本的枪支六万左右”，但“上海地区的日本陆军，大家都知道有二十余万……为什么只有这一些枪呢？那是一个无从查问的秘密”。1946 年担任上海市市长的吴国祯晚年出版《口述回忆》也说：“在一个仓库里，可能有日本人的财产，有通敌者的财产，也可能有清白无辜者的货物，但是当局会宣称这一切均属于敌产，而且可能随后就在黑市上将其处理掉。”变卖的收入属于谁，老百姓自然懂得。蒋介石宣布引退及败走台湾前，曾于 1949 年 1 月派汤专任京沪杭警备总司令，嘱其凭借长江天堑守住中枢要地。汤为表忠心，将策动他起义立功的“恩公”陈仪出卖，致其被捕并最终被杀。但随后在 4 月 20 日解放军渡江战役及 9 月底厦门战役中溃不成军，退至金门，才勉强站稳脚跟。汤到台后，蒋不满其一路溃败，只给了他一个“战略顾问”的虚衔。1954 年汤因病赴日就医不治身亡。

汤恩伯直到战败溃逃前仍在贪污。吴国祯《口述回忆》说，“当共产党将要过长江时”，他以“三十万”士兵“薪饷很差”为由，通过吴国祯得到上海商界一笔“令汤将军满意的款项”。但随后吴国祯即发现汤恩伯所报士兵人数纯属虚构，为了应付检查组清点士兵人头，某寺庙三百多名和尚竟“均被事先安排穿上了军服”。第二天，吴国祯“正打算与汤将军吵一架”，又发现“汤将军的司令部正在黑市上抛售汽油”。吴国祯总结国民党失败的教训，首要一条即是腐败，继而分析道：“在关键时期，中国的领导权仅仅由一个人也就是蒋介石把持着……他对下属的腐败是乐意的，因为一个人如果变得腐败了，那么对他就更加唯命是从了。”可见，由专制到腐败，这一在中国历史上导致无数封建王朝垮台的古老成因，也依旧是蒋家王朝走向衰亡的病根所在。而要抑制贪腐，必须以民主克服专制，以法制制约权力。